经济管理学术文库·经济类

人口营商投资理论与实践

Investment Theory and Practice in
Renkou Doing Business

陈敬东／著

经济管理出版社
ECONOMY & MANAGEMENT PUBLISHING HOUSE

图书在版编目（CIP）数据

人口营商投资理论与实践/陈敬东著. —北京：经济管理出版社，2021.8
ISBN 978 - 7 - 5096 - 8227 - 2

Ⅰ.①人… Ⅱ.①陈… Ⅲ.①股票投资—研究 Ⅳ.①F830.91

中国版本图书馆 CIP 数据核字（2021）第 176088 号

组稿编辑：白　毅
责任编辑：杨国强　白　毅
责任印制：黄章平
责任校对：陈　颖

出版发行：经济管理出版社
　　　　　（北京市海淀区北蜂窝 8 号中雅大厦 A 座 11 层　100038）
网　　　址：www. E - mp. com. cn
电　　　话：(010) 51915602
印　　　刷：唐山玺诚印务有限公司
经　　　销：新华书店
开　　　本：720mm × 1000mm/16
印　　　张：16.75
字　　　数：319 千字
版　　　次：2021 年 9 月第 1 版　　2021 年 9 月第 1 次印刷
书　　　号：ISBN 978 - 7 - 5096 - 8227 - 2
定　　　价：98.00 元

前　言

当《人气营商投资理论与实践》《人群营商投资理论与实践》与广大读者见面之时，第三本著作已经进入深入思考中，经过近两年的时间，《人口营商投资理论与实践》这本著作终于与广大读者见面了，人口营商是在人气营商、人群营商理论的基础上，基于鼎盛时期的大背景，对于营商奢侈品投资的鼎盛价值创造的全新理论，它借鉴工业社会的产品营销理论研究体系，顺应时期演进的哲学思维，帮助人们创造龙头个股的绝对价值。

《人气营商投资理论与实践》这本书能够帮助投资人投资商品，创造比较价值，理解人气承诺、人气满意、人气对策、币值对策、金钱对策、权力对策等理论，从而进行深入思考，推动人类社会进入商业社会。具体实践中人们要弄懂房价、股价、物价"三价"这条人气线关注力转移逻辑，进行有效投资，创造比较价值，使人们理解房价、股价、物价都会上涨，如何投资才能跟上商业社会发展。

《人群营商投资理论与实践》这本书能够帮助人们投资衍生品，利用持续、反复上涨的股价指数板块，投资人宽容股价的起起落落，特别是股价指数板块的上下波动，有利于行业板块的上涨和下跌，共同创造三种人群环蓝海相对价值；利用动机心理学，研究股价指数板块的波动形成的人群环，通过股价指数板块、行业板块的契合分析，运用人群、路径、系统、组合四个决策，进行有序的板块投资决策，创造相对价值最大化。

《人口营商投资理论与实践》这本书是在《人气营商投资理论与实践》《人群营商投资理论与实践》的基础上，运用学习心理学形成的人口顶，结合龙头个股的投资实践，总结出专业投资人利用人口营商学理论投资龙头个股更易实现绝对价值的创造的结论。龙头个股投资的特点——股价可以增值8倍。投资策略运用得当，作出正确的投资策略，吸引资本投资龙头个股，有利于产业链的形成，站在产业链的价值分工的顶端，使龙头个股投资成为绝对价值创造的研究重点。龙头个股投资的研究在人口营商学的研究中脱颖而出，使人口营商学的鼎盛时期奢侈品研究超过虚拟时代金融学衍生品研究成为可能，金融学帮助实体经济发展，营商学有利于产业链形成。

鼎盛时期奢侈品的投资是绝对价值投资的主体，营商奢侈品投资对于产业链形成影响巨大，也是鼎盛时期带动兴盛定期、昌盛周期的具体体现，一个国家只有正确认识和把握鼎盛时期的奢侈品投资，才能进一步吸引专业投资人投资该国的奢侈品，发展该国的营商投资，顺应和推动时代的演进。

《人口营商投资理论与实践》这本书是从人气线—人群环—人口顶、认知心理—动机心理—学习心理、比较价值—相对价值—绝对价值、倍增—成倍—百倍、波士顿咨询公司矩阵—通用电气公司矩阵—人口矩阵、人气关注对策—人群跟随决策—人口集中策略、币值平台对策—路径规划决策—饥饿地位策略、金钱杠杆对策—系统动力决策—圈子核心策略、权力契约对策—组合优化决策—标杆象征策略、满意—契合—后悔，这些大量的知识和思维中凝练而来，本书的重点是龙头个股信任头部，这些思想是在丰富的投资实践中领悟到的，人口顶思想是奢侈品投资的积累和对龙头个股的抽象和具象思维，没有这些知识和近30年证券投资经验积累，笔者也无法凝聚出这本书的思想。目前为止还没有学生完整地学习本书内容，也就无法得到学生的反馈，本书是人气、人群理论研究的升级，真心希望这本书能够让专业投资人理解龙头个股投资的重要性，了解该理论研究龙头个股投资的合理性，使自己真正成为从商业社会投资商品的中产阶级，迈入虚拟时代投资衍生品的精英阶层，最终成为鼎盛时期投资奢侈品的领军人物。

人气营商是营商研究的基础，人群营商是营商研究的支撑，人口营商是营商研究的发展，是人气营商思想、人群营商思想的进一步深化，人口营商涉及的学科门类更加复杂、学科跨度更大、要求更高，投资龙头个股比投资一般股票更加需要专注和耐心，笔者希望本书能够抛砖引玉，从一个新的视角出发成为提升营商学科研究的新亮点，通过人口营商让中国人通过鼎盛时期的"共建共享"思维讲出的"故事"帮助世界人民追求更加美好的生活，让奢侈品投资成为全人类共享，让每一个进入鼎盛时期国家的投资人增长自己的悟性，发现新的产业链顶端分工，通过信任头部吸引专业化投资，创造更加明确的、具有时期特征的绝对价值。最后要感谢与我一起进行思维碰撞的博士生陈沫和参与研讨的2018～2020级的学术硕士生，感谢经济管理出版社领导和编辑们的辛勤劳动！笔者的知识和阅历还有不足，所以书中错误和不足之处在所难免，恳请广大读者批评指正！邮箱为2274634176@qq.com。

陈敬东

2021 年 6 月于西安

目　录

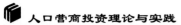

第一章　鼎盛时期的到来

第一节　人口集中的时期演进

对于"演进"这一词汇的内涵定义，尽管人们在频繁地使用，但很少有人给出具体的阐述。演进意为演变发展，出自鲁迅的《中国小说史略》第二篇、朱自清的《中国歌谣》。鲁迅的《中国小说史略》第二篇："迨神话演进，则为中枢者渐近于人性，凡所叙述，今谓之传说。"朱自清的《中国歌谣》："又潘力山先生有'自然民谣'、'技巧民谣'之说，则系就歌谣的演进而言，与此有别。"

迄今为止，人类经历了不同的时期演进。站在人类历史的长河中，从今天的角度划分，人类经历的第一个时期为兴盛时期。在兴盛时期，人们因地制宜，不同地域生产各地特产，"一方水土养育一方人"，通过精耕细作，生产不同地域的特产。"地方特产"如字面上所说，普遍意义指的是：在一定的区域范围条件下，最具地方代表性、最为人所熟知的单个或多个有产业或无产业的文化产品。地方特产本身具有多个特点与个性，从宏观的角度看，地方特产是一处地域历史积淀、文化环境和当地人民智慧的结晶。"各个地方的特产承载了特别的回忆或联想"，在特殊条件下，特产往往可以超过物品原本所具有的功能，这依托于地方特产的几类特征。首先是独特性，地方特产由于各地的自然资源和历史环境各异，不同地区的特产区别性大，具有很强的独特性与地域性，这点是地方特产与其他产品产生界限的基础特征。刘玉来将特色产品的独特性分为：稀有独特性、优势型独特性、新颖型独特性和强势型独特性。而相对来说独特性具有地域局限性，在特殊环境下同类型的产品与其他地域特产相比也大不相同，所以特产类产品往往在某一局限区域内才能发挥出最大价值。媒介性，地方特产承载着地方的历史积淀、文化氛围以及风土人情等因素。随着地方特产镇与镇、区与区之间交易活动的产生，也自然地成为人们传递感情、沟通交流的物质媒介。近年来地方政府愈加重视地方特产的销量，地方特产成为了宣传地方文化的重要手段之一，正因如此，更应注重对其的形象设计打造，并以合理高效的渠道进行包装，成为人们所需熟悉的上品传播推广。稀缺性，地方特产往往对起源环境具有很强的依赖性，一类特产的产生往往受特定的环境、特定的工艺、特定的文化所局限，这直接导致了特产的稀缺性。"物以稀为贵"，稀缺性为特产增加了更多的价值，在一定层次上也满足了消费者对上品的档次需求。

昌盛时期是继兴盛时期之后的时期演进的阶段，从时期演进的历程看，人们追求精密，精益求精是推动昌盛时期演进的主要动力，昌盛时期在一次又一次的专业化中演进。萌芽时期，可以一直远溯到地球上不同地区的部族、民族之间的交往。但由于当时经济具有封闭性，那时的专业化具有外在性、偶然性和不自觉性的特征。发展时期，始于近代资本主义的对外扩张和世界性发展。其发端可追溯到 15 世纪的地理大发现。残酷竞争的外在压力和资本追求最大利润的内在驱动，促使资本主义在不到 300 年的时间内迅速地建立起庞大的世界市场和殖民体系，初步形成世界范围的产业链。形成时期，以两次世界大战为标志和起点，这时的专业化已经成为一种世界性潮流，成为一种不可阻挡的世界发展大趋势。第三次科技浪潮的到来，特别是一批精品的出现，例如瑞士的手表、德国的汽车，使得当代人们感受到专业化浪潮的震撼。

随着人们对投资学和金融学关注的增加，一门研究商业投资的崭新学科——营商学，进入人们的视野，昌盛时期逐渐过渡到鼎盛时期。本书在金融投资的基础上，提出人口营商投资思维，创新性地提出鼎盛时期到来，人类已经由昌盛时期演进到鼎盛时期。鼎盛时期，每个国家的经济、社会、文化都非常繁荣，投资人热衷于学习集中形成奢侈品，信任龙头个股的头部顶格极度，只选择每个行业的龙头个股进行投资，例如白酒中贵州茅台就是专业化龙头，证券板块中信证券就是专业化龙头等。这一时期，世界大势是和平与发展，各国之间，人们通过营商的思维集中龙头，从而带动相关产业引领世界前进的步伐，如当代美国的苹果手机作为移动终端的龙头给世界互联网产业带来的影响深远。

一、时期特征划分根源

"时期"的使用可谓五花八门：有的用于时期的演进，有的用于技术形态的进步，有的用于政治形态的变革；有的以社会性质命名，有的以标志性生产工具命名，有的以社会变革的首领命名，林林总总，不一而足。关于时期划分的不同观点，有学者做过归纳，以全球化是分为两阶段还是三阶段或是四阶段为标准，分别为两分法、三分法或四分法。时期的划分，是分析和研究营商学在鼎盛时期发展的一个重要方面。对"时期"划分的不同理解，导致学界对全球化时期划分的观点很不一致。观点不同主要表现在经济、社会、制度方面。

（一）依据经济

人们在研究全球化的时期划分时，倾向于从经济发展的历史进程来把握不同时期的特点，这是多数学者认同和接受的一种划分方法。德国社会学教授狄特玛尔·布洛克把全球化划分为两个时期，第一个时期为"历史上的全球化"，从16世纪欧洲现代国家体系形成开始，是全球劳动分工和经济体系的全球化；第二个时期为"今天的全球化"，从20世纪70年代中期全球网络结构的形成开始。这两个时期就是从民族的国民经济到全球化的世界经济的发展过程。还有学者认为，全球化的第一阶段是自由资本主义时期商品贸易的全球化，从19世纪40年代开始；第二阶段是垄断资本主义时期金融资本的全球化，是从20世纪中叶特别是20世纪90年代以来的全球化。

相当一些学者认为，从经济角度可以将全球划分为三个阶段：第一阶段是从16世纪初到"二战"以前，第二阶段是从"二战"结束后到"美苏冷战"结束以前，第三阶段是"美苏冷战"结束以来的全球化浪潮。有的学者认为全球化从开始发展至今共经历了三个时期：第一个时期从18世纪中叶到19世纪，从19世纪末20世纪初进入第二个时期，"二战"以后特别是到了20世纪八九十年代进入第三个时期。约翰·H.丹宁、小岛清将全球化做了如下区分：第一，封闭经济；第二，部分开放经济，通过自由化扩大贸易；第三，完全开放经济，通过直接投资和企业合作提高世界和结构性一体化程度；第四，形成过程中的全球化经济。今后的全球化将进入第五阶段。在这一阶段中，随着全球市场逐步形成，无国界、无国籍的经济日趋繁荣的全球化形态不断形成，是真正意义上的全球化。

有学者指出，全球化的历史进程实际上就是资本的产生、发展过程，据此可把全球化分为四个时期：第一个时期是原始资本积累的全球化，第二个时期是商业资本的全球化，第三个时期是工业资本的全球化，第四个时期是金融资本的全球化。

（二）依据社会

从社会变迁的角度来考虑全球化时期的划分，也是一种有代表性的观点。但因社会变迁包含有更多的内容，所以笔者倾向于称之为泛全球化观点。王逸舟认为，"我们倾向于从宏观、抽象的层面上理解全球化，即把它看作人类走向单一社会的长时期、大规模的社会变迁过程"。李慎之认为，全球化作为一种社会变迁过程（不仅仅表现为经济方面），并不是当代才有的事情，应该说它至今已有了 500 年的历史。全球化运动开始于 15 世纪的地理大发现，以 1492 年哥伦布发现美洲新大陆为发端分成两个阶段：从 1492 年到 1992 年，这 500 年为不自觉的全球化时期；从 1992 年以来进入下一个为期 500 年的自觉的全球化时期。有学者提出，最早人类从非洲翻山越岭、漂洋过海而到全球各地，应该算是第一次全球化浪潮；处于不同地方的原始部落的交往和冲突，是第二次全球化浪潮；从原始的部落联盟到大大小小的国家的形成，是第三次全球化浪潮；从许多小国家中诞生出罗马帝国和中国等覆盖广大地域的政权，是第四次全球化浪潮；从哥伦布发现新大陆到全球化运动如火如荼的 20 世纪，是第五次全球化浪潮。

著名学者戴维·赫尔德等把全球化划分为四个阶段：①前现代时期，开始于 9000~11000 年前，结束于 16 世纪，标志是在欧亚大陆、非洲大陆出现了分散的定居农业文明中心，是"稀疏全球化"。②现代早期全球化时期，1500~1850 年，推动全球化的是欧洲、美洲以及大洋洲之间的人口流动、环境转变以及流行病的传播，全球经济交往不断加深，远距离联系更加便利，出现了早期的跨国公司等。③现代全球化时期，1850~1945 年。在这个时期，欧洲社会建立了工业化的资本主义经济和不断强大的国家制度；在所有领域中，全球联系的强度都增强了。④当代全球化时期，从 1945 年开始一直到现在。1945 年以来，全球流动和相互联系浪潮获得了新的生命力，从全球化如何组织和复制意义上讲，在几乎所有领域，全球化的当代模式都不仅在量上超过了前面的时代，而且还在经济、政治、社会等领域表现出了前时代无可匹敌的质的差别。

（三）依据制度

制度变迁往往是考察历史时期的一个重要方法，因为制度的变迁本身就意味着一个新的时代的开始。全球化离不开与它相联系的社会制度，在全球化进程中，制度性因素起了相当大的甚至是决定性的作用，正因为如此，有的学者把制度变迁作为考察全球化发展时期的一个标准和线索。有学者以资本主义为界把全球化分为两个时期，认为原始社会部落间的冲突和融合产生了全球化的最初萌芽，这种萌芽在资本主义产生以前只表现为简单的时断时续的相互联系，由于这种联系是出于自然状态缺乏推动力，因而未能建立持久而广泛的有机联系，不是真正意义上的全球化，至多只能算是局部的全球化。真正意义上的全球化与资本的产生发展密切相关，其实质就是资本全球化的过程，资本的全球化即全球资本主义化才是真正意义上的全球化。

有学者认为，社会主义与资本主义两种社会制度的竞争对全球化进程产生了重要和决定性的影响，依此全球化可有以下三个阶段：第一阶段，从资本主义生产方式的出现及其全球扩张到"一战"爆发。这一阶段，全球化实质上就是资本主义或西方的扩张过程。第二阶段，从俄国十月革命胜利到冷战结束前。第三阶段，从冷战后的 90 年代初至今，是全球化进程不断加快并日趋明朗化的阶段。这一阶段资本主义和社会主义双方互相吸收有益成果，在一定意义上超越了制度偏见，进入了不同社会制度国家达成共识的新境界的全球化。

还有学者从世界革命的角度，把全球化以"二战"为界分为前后两个完全不同的时期。这种观点认为，全球化的最早进程可追溯到文艺复兴时期，伴随着资本主义的兴起开始了自身的发展历程。这一时期的全球化运动和资产阶级革命的发展相联系，是资产阶级主导着的单一性全球化运动。"二战"后，全球化随着科学技术的进步和世界无产阶级革命的出现而得到新的发展，这一时期的全球化是各阶级、各国家、各民族共同主导着的全球化运动，全球化运动呈现出多样化的特点和格局。如表 1 – 1 所示。

表 1 – 1　对时期演进的划分

划分依据	专家	时期演进划分
经济	狄特玛尔·布洛克	历史上的全球化时期、今天的全球化时期
	约翰·H. 丹宁、小岛清	封闭经济时期、部分开放经济时期、完全开放经济时期、形成过程中的全球化经济时期、全球化第五阶段时期
社会	戴维·赫尔德	前现代时期、现代早期全球化时期、现代全球化时期、当代全球化时期
制度	崔兆玉	前资本主义时期、后资本主义时期

以上林林总总的时期的使用或时期的分法，都是经典作家根据论述的不同语境、不同需要而作的。但是，无论是哪一种分法，都是从历史唯物主义原理出发的，都是对社会基本矛盾运动的某种阶段性特征的概括。从人类自身主观和客观自然相互融合的角度，站在以奢侈品为主的鼎盛时期的时间节点上，看待人类每个时期演进的过程，时期可以划分为三个：从上品为主的兴盛时期保障上品特色，到精品为主的昌盛时期满足精品特别，最后到达奢侈品为主的鼎盛时期创造奢侈品赞美，追求富强、民主、和谐、生态文明，使人类进入全新的鼎盛时期。如图 1 – 1 所示。

二、时期特征划分内容

（一）以保障上品特色为目的时期划分

在以保障上品特色为目的时期划分中，把时期划分为丝绸时期、陶器时期、瓷器时期，体现为定期性。

丝绸是中华文明的标志物之一，在中国古代贸易互通，国家政治、经济、文

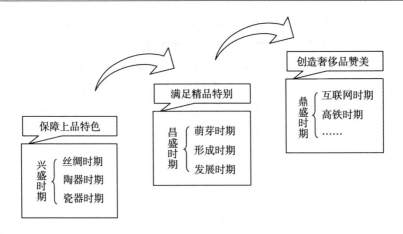

图1-1 时期划分根源

化领域有举足轻重的地位。中国因盛产丝绸，曾被冠以"丝国"的称号，张骞对西域的"凿空之旅"以及"丝绸之路"概念的提出，乃至后来的"海上丝绸之路"，丝绸都是珍贵的礼品和商品，扮演着国之重器的角色。丝绸的用途随着时代的发展也在发生着转变，从最初的"敬鬼神"，到后来成为备受青睐的商品及在一定程度上代替了货币，这些转变无一不彰显了其独特地位。丝绸真正被应用到服饰上是在文明灿烂的春秋战国、列国争霸时期，最初流行在王公贵族间。春秋战国时期，各国忧患意识很强，大力发展农桑以求富国强民，甚至将农桑发展情况作为评判百官业绩的指标之一，这使得丝绸的产量和质量均大幅度提高。自此，绫罗绸缎成为王公贵族、达官贵人特有的衣服材料。同时，春秋战国时期，周礼文化兴起，作为上等织品的丝绸也成为"分尊卑、别贵贱"的礼制工具之一。按照代代传承的舆服制度，穿戴丝绸都是一种显赫的特权。在中国古代士、农、工、商的"四民"结构中，虽然商人最有钱，但却不可以穿丝绸衣物。这种禁令在秦汉时就很严厉，直到明朝初年，即使农民都可以穿绸纱，商人仍不被准许。至明朝后期，万历皇帝多年不上朝，导致地方官员职位大量空缺，对百姓生活的各方面的管控都开始放宽，农民可以进城打工，商人可以穿原来不允许他们穿的丝绸，也自然解除了对商人的限制。由此可见，丝绸从最初的用于"敬鬼神"到后来的用于服饰，走入寻常百姓家，经过了漫长的过程。

陶器，是用黏土或陶土经捏制成形后烧制而成的器具。陶器历史悠久，在新石器时代就已初见简单粗糙的陶器。陶器在古代作为一种生活用品，在现在一般作为工艺品收藏。陶器的发明是古人造物活动的飞跃，制陶之前的人类造物活动是对自然的材料进行加工，制陶则表明人类已经能够通过化学方法改变自然材料的性质。陶的烧结性、不漏水、耐火烧等优良特性，大大超越了人类以往使用自然物做成的器皿的性能。陶器成为史前时期人们日常生活中广泛使用的器物。中国最早的陶器出现于新石器时期早期。大约在距今 15000 年，首先在中国南方可能已经开始了制陶的试验，到距今 9000 年左右完成了陶器的发明和探索。1962 年于江西万年县仙人洞遗址发现的圆底罐，其年代据放射性碳素测试为公元前 6875±240 年，为夹砂红陶，外表有绳纹。裴李岗文化（公元前 5500～前 4900 年）中的陶器则多为泥质或夹砂红陶，亦有少量灰陶。在接下来的磁山文化（公元前 5400～前 5100 年）、大地湾文化（公元前 5200～前 4800 年）、仰韶文化、马家窑文化、大汶口文化、龙山文化中可以看出古代中国人的制陶工艺在不断发展，品质提高，种类增多。

瓷器是由瓷石、高岭土、石英石、莫来石等烧制而成，外表施有玻璃质釉或彩绘的物器。瓷器的成形要在窑内经过高温（1280℃～1400℃）烧制，瓷器表面的釉色会因为温度的不同从而发生各种化学变化，是中华文明的瑰宝。中国是瓷器的故乡，瓷器是古代劳动人民的一个重要的创造。谢肇淛在《五杂俎》中记载："今俗语窑器谓之磁器者，盖磁州窑最多，故相延名之，如银称米提，墨称腴糜之类也。"当时出现的以"磁器"代窑器是磁州窑产量最多所致。这是迄今发现最早使用瓷器称谓的史料。瓷器的发明是中华民族对世界文明的伟大贡献，在英文中"瓷器"（China）与中国（China）同为一词。大约在公元前 16 世纪的商代中期，中国就出现了早期的瓷器。因为其无论在胎体上，还是在釉层的烧制工艺上都尚显粗糙，烧制温度也较低，表现出原始性和过渡性，所以一般称其为"原始瓷"。经历了陶器时期，进入瓷器时期，中国瓷器是从陶器发展演变而成的，原始瓷器起源于 3000 多年前。至宋代时，名瓷名窑已遍及大半个中国，是瓷业最为繁荣的时期。当时的汝窑、官窑、哥窑、钧窑和定窑并称为宋代五大名窑，当时比较有名的还有柴窑和建窑。被称为瓷都的江西景德镇在元代出产的青花瓷已成为瓷器的代表。青花瓷釉质透明如水，胎体质薄轻巧，洁白的瓷体上敷以蓝色纹饰，素雅清新，充满生机。青花瓷一经出现便风靡一时，成为景德镇的传统名瓷之冠。与青花瓷并称"四大名瓷"的还有青花玲珑瓷、粉彩瓷和颜色釉瓷。另外，还有雕塑瓷、薄胎瓷、五彩胎瓷等，均精美非常，各有特色。这些都是以手工作坊为主，在一定的时期生产的手工制品，并不断地替代。

（二）以满足精品特别为目的时期划分

在昌盛时期，人们追求精密，精益求精是推动昌盛时期演进的主要动力。以满足精品特别为目的，把时期划分为萌芽时期、形成时期、发展时期，体现为周期性。

萌芽时期从珍妮机的问世开始，在英国各个工业部门中，为了提高生产的产品质量和效益，给人们提供特别的精品，珍妮机开始在纺织业中被应用，这种在当时非常精密的机器并不是出现在英国传统的工业中，而是出现在新兴的工业部门棉纺织业。这是因为棉纺织业作为一个年轻的工业部门，没有旧传统和行会的束缚，容易进行技术革新和开展竞争。同时，棉纺织品的价格比毛纺织品便宜，市场需求量大，为满足市场不断增长的需求，需要扩大生产规模以增加产量，所以对技术革新的要求比较迫切。精密机器的发明和使用是第一次工业革命的第一阶段，珍妮机的出现是棉纺织业第一项具有深远影响的发明，使纺织效益提高了40倍以上。珍妮机的发明，一般认为是英国工业革命的开始。之后，为了在别的行业中提升产品质量和生产效率，提供各个行业的精品，有更多的精密机器被发明出来并得以应用，在冶金、采煤等其他行业，也出现发明和使用精密机器的高潮。

形成时期从交通运输革命开始，进入19世纪后，随着蒸汽机技术的不断完善，它成为车辆、船舶等交通工具上通用的动力机器，促成了以铁路建设为代表的交通运输业的繁荣。1800年后，人们开始研究用蒸汽机作为牵引动力。1814年，英国人史蒂芬孙研制出的世界上第一台蒸汽机车试运行成功。1825年，英国建成世界上第一条铁路，史蒂芬孙的火车头拖着一长列客车和货车前进，时速达25千米。此举开拓了陆地交通运输的新纪元，人类进入了所谓的"铁路时代"。铁路运输的优越性一经确认，英国迅速掀起一股铁路建筑的狂热。1840年以后，欧洲大陆和美国也相继开始大力兴建铁路。人类水上交通技术的变革，同样始自蒸汽机的使用。1807年，美国人富尔顿发明蒸汽汽船。他使用从英国进口的万能蒸汽机，驱动客轮在哈得孙河航行，揭开了蒸汽轮船时代的序幕。1811年，英国人利用这项发明也很快造出了自己的汽船。这样英国担任远洋航运的商船队力量大大加强了。远洋货轮把英国的消费商品运销到世界每个角落，又把英国所需要的各种工业原料、生活用品运回。交通运输革命从根本上改变了地球上各地区彼此隔绝的状态。它迅速地扩大了人类的活动范围并加强各地之间的交往，为世界市场的形成提供了条件。火车出现以后，英国掀起修建铁路的热潮，不到30年的时间就修建了近万千米的铁路，把各个城市都连接起来。

发展时期从内燃机的创制和使用开始，这是昌盛时期技术上的一个重大成就。19世纪80年代中期，德国发明家戴姆勒和卡尔·本茨提出了轻内燃发动机的设计，这种发动机以汽油为燃料。19世纪90年代，德国工程师狄塞尔设计了一种效率较高的内燃发动机，因它可以使用柴油作燃料，又名柴油机。内燃机的发明，一方面解决了交通工具的发动机问题，引起了交通运输领域的革命性变革。19世纪晚期，新型的交通工具——汽车出现了。19世纪80年代，德国人卡尔·本茨成功地制成了第一辆用汽油内燃机驱动的汽车。1896年，美国人亨利·福特制造出他的第一辆四轮汽车。与此同时，许多国家都开始建立汽车工业。随后，以内燃机为动力的内燃机车、远洋轮船、飞机等也不断涌现出来。1903 年，美国人莱特兄弟制造的飞机试飞成功，实现了人类翱翔天空的梦想，预告了交通运输新纪元的到来。另一方面推动了石油开采业的发展和石油化学工业的产生。石油也像电力一样成为一种极为重要的新能源。1870 年，全世界开采的石油只有 80 万吨，到 1900 年猛增至 2000 万吨。这一时期，欧洲国家开始逐步形成各自国家的工业精品，例如，德国汽车、瑞士手表等。这些都是实体企业的兴起和科学技术的发展，从产生—成长—成熟—衰退，周期制造产品，不断迭代。

（三）以创造奢侈品赞美为目的时期划分

以创造奢侈品赞美为目的，把时期划分为互联网时期、高铁时期、营商时期。

以电子计算机为代表的信息技术广泛应用于生产与生活的各个方面，信息技术和信息产业在技术体系和产业结构中迅速占据了主导地位，从而进入了互联网时期。人类时期的演进，最终是由社会生产力所决定，鼎盛时期中科学技术的第一生产力作用日益凸显，信息科学技术作为现代先进科学技术体系中的前导要素，它所引发的社会信息化则将迅速改变社会的面貌、改变人们的生产方式和生活方式，对社会生活产生巨大影响。生产力的技术工艺性质的重大变化总会导致人们的生产活动方式的变化。正如机器的普遍采用将手工工场的生产方式改造成为精密机器大工业的生产方式一样，互联网也形成了新的生产方式。互联网时期，传统的机械化的生产方式被自动化的生产方式所取代，最大限度地提升人类的生活品质。

高铁时期是从精品制造的汽车、飞机、普通火车的昌盛时期演进而来的鼎盛时期，对高铁的想象更加丰富，高铁速度快、平稳舒适、安全性能高，成为人们出行的第一首选，其他交通工具成为补充，高铁成为拉动相关产业的龙头，其产生的各项效应日益显现，如同互联网时期的移动终端——苹果手机，对于互联网时期的演进起到推波助澜的作用，高铁的生产和研发、人们思维的转变，成为推动和形成高铁时期的强劲动力。这些都是人们思维的转变，从而产生新的产业，从题材炒作—业绩稳定—未来成长，不同时期投资的奢侈品，反映时期的演进。

营商时期是指人们通过思维的进步创造价值，每个投资人从自己的经历、阅历、学历出发，给自己进行自我形象设计，希望创造自己的人生绝对价值和辉煌，这是一个个性张扬、自我发展、自我激励、自我展现、自我退出的具象思维逻辑。营商理论表现在人气关注的"三价"的商品投资、人群跟随的衍生品投资、人口集中的奢侈品投资上，通过营商思维来带动人类社会发展、时代变迁、时期演进。

三、时期特征划分意义

每当一个旧的时期特征被新的时期特征所取代的时候，历史时期就会有所前进和上升，虽然历史发展过程中总免不了少许的退后和停滞，但终究会伴随着时期特征的不断改变而前进，正如列宁所指出的："把人类历史设想成为一帆风顺的向前发展，那是不辩证、不科学、在理论上不正确的。"时期特征的不断向前发展是必然的。

时期的不断演进就仿佛车轮在一轮一轮地向前滚动，清晰科学地解析划分不同的时期特征，在理论上对不同的时期特征进行统一归纳、具体把握，对于每一种时期特征下的生产运作方式、经济文化政治制度的掌握使得时期历史的步伐在思想和理论上更加完善充实，只有清晰地划分了时期特征演变的全过程，人们才能在回顾历史前进脚步时更系统成熟，从而有助于揭示出演进所内含的逻辑，因此，时期特征的划分也是推动人类历史进步的一个重要动力。正确把握时期演进的脉搏、科学预测时期演进的未来走向，是推动时期进步的重要因素，是制定一切路线、方针、政策的基础。

划分时期特征是历史唯物主义用以研究和把握时期的基本方法，正确划分时期演进形态，不仅关系到对时期特征沿革的准确把握，而且关系到对未来时期演进形态的科学预测。这不仅符合时期演进的本来面貌，而且对促进时期演进具有重要意义。学习各个时期演进的特点和本质，正确把握时期演进的脉搏，是人类自身正确地珍惜过去、学习现在、抉择未来的重要依据，是推动时期演进的重要因素，是制定一切行动方案和正确决策的基础。划分时期演进形态的准确与否，不仅关系到对时期特征沿革的准确把握，而且关系到对未来时期演进形态的规律探索、科学预测和哲学判断，对于人类认识过去、把握现在、走向未来具有十分重大的现实意义和历史意义。

四、时期特征创新划分

时期特征的划分无论以经济特征、社会特征还是制度特征划分都伴随着全球化、证券化、专业化发展的过程，这些都是当时时期演进的产物和必然。本书是站在哲学社会科学新时期的时间节点上，体现以人为本的思想，按照时期演进进程，从人们思维认知形成的人气线角度创造性地提出兴盛时期、昌盛时期和鼎盛时期三个时期，这是人气营商理论在人口营商学研究中的灵活运用，是对于人类准确划分时期演进的理论探索和深刻把握。

本书在汲取以往研究成果的基础上，依据时期演进的客观实际，提出一种新的时期特征划分标准，具体如图1-2所示。

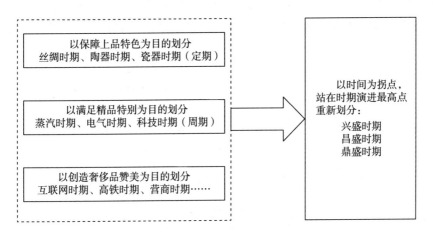

图1-2 时期特征创新划分

中国兴盛时期的文明非常发达，传统文化源远流长，对整个时期的演进有着深远的影响，对人们的思想观念、生活方式有着重大的影响。中国丝绸是中华民族的骄傲。中国曾被外国学者誉为"丝绸之源"。丝的发明和丝绸的制作，是中华文明的见证。同时，中国是瓷器的故乡。瓷器这种工艺化学产品，最早由中国发明制造。商朝时已烧制出原始瓷器。东汉烧出成熟的青瓷，北朝烧出成熟的白瓷。至唐朝，已形成南青北白两大制瓷系统。宋朝时，中国制瓷技术大放异彩，瓷窑遍布全国各地，并出现了五大名窑。明清时期瓷器种类丰富，青花瓷、彩瓷、珐琅彩争奇斗艳。明宣德年间制造的青花瓷，至今被人们奉为珍品。江西景德镇是著名的瓷都。古代中国就处在兴盛时期，瓷器是中华民族对世界文明做出的又一伟大贡献。

经历了兴盛时期之后，昌盛时期每个国家都在努力形成自己国家的名牌。国家经贸委、国家技术监督局指出，名牌产品是指产品质量好、市场占有率高、信誉良好、经济效益显著的产品，名牌的构成需要产品质量、市场占有率、企业效益等要素的结合，在一定程度上，名牌产品可以反映一个国家的经济及科技发展水平。名牌是指企业通过实施名牌战略，不断提高产品质量和服务水平，以使产品和企业获得较高的知名度、市场占有率及巨额的信誉价值，获得名牌商标。当一个品牌拥有较高较好的声誉和信誉时，那该品牌可以称之为名牌。名牌产品至少具有四个特征：法律注册商标、较高的知名度、较高的美誉度、较高的市场占有率。实施名牌战略可以给企业带来很多有形或无形的价值：名牌战略可使企业获得丰厚的经济收益，名牌可以使企业获得更高的市场占有率，名牌战略可以激发企业不断创新发展的潜能，名牌战略可以给企业带来知名度、声誉等附加价值。

2005~2007年人民币币值上升，以及2014~2015年的金钱杠杆运用形成了中国股市A股的两轮大牛市，特别是2016年以来，贵州茅台个股股价持续上涨，人们在昌盛时期对名牌的热爱形成的购买也转向了鼎盛时期对高端的奢侈品的持续集中投资。自此，人类已经由昌盛时期演进到鼎盛时期，鼎盛时期人口集中高端奢侈品投资形成人口顶。从兴盛时期、昌盛时期再到鼎盛时期，上品、精品和奢侈品之间的关系由浅到深、环环递进，具体如图1-3所示。上品是一种地域文化代表性的物品及品种，精品是指技术发展代表性的产品及品牌，奢侈品则是思维抽象和具象代表的商品及衍生品。

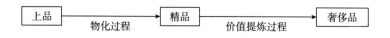

图1-3 上品、精品和奢侈品之间的关系

在鼎盛时期，人们追求高端奢侈品的品质生活，如同昌盛时期消费者追求优质精品的物质生活，高端奢侈品这一概念在不同历史时期、社会阶段都有其特定的适应时代潮流的表现形式。事实上，回顾历史，无论是古埃及的裙褶、克里特时期的豪华与优雅、古希腊的装饰品，还是罗马的繁华与奢靡、拜占庭的珠宝、中世纪的巴黎裁缝，都是适应当时社会发展需要的奢侈品。相比较欧洲奢侈文化的源远流长，亚洲的奢侈文化兴起得较为后知后觉。一方面是受到第二次世界大战重创的日本，在经济萧条的背景下人们对物质的追求热情有所降低；另一方面是在当时的中国，奢侈本身就是个奢侈的话题。虽然20世纪二三十年代，上海宛如东方巴黎，设计独到、做工精致的中式旗袍是当时最富有时代特征的"奢侈产物"，成为那个年代上层社会追逐的奢侈焦点。由此看来，奢侈品的发展经历了最初的彼此馈赠以提高威望的原始阶段，到接下来代表阶级和地位的炫耀阶段，再到文艺复兴后艺术化的生活方式，最后到如今大众化的富有创造性的奢侈工业四个阶段。它的诞生和发展具有极强的时代感、社会感和历史感，站在鼎盛时期的时间拐点上，中国的奢侈品文化也开始慢慢发展，以贵州茅台为代表的白酒形成A股市场上独特的奢侈品。中国酒文化历史绵长几千年，最早可追溯到夏商时期，文化底蕴和内涵极为丰厚，某种程度上映射着中华民族的历史发展和变迁。从奢侈品管理和发展的角度看，中国白酒大概经历了三个阶段，分别是白酒奢侈品形成时期、白酒奢侈品产量与产品化时期、白酒奢侈品形象强化时期。在奢侈品形成时期，一、二线城市的名酒及具有较强地域特色的白酒得到发展壮大，白酒品牌的数量也在该背景下倍增，这是品牌初步发展壮大的体现，同时也体现出中国白酒行业对其发展的重视。品牌产量与产品化时期，是与中国消费者的消费能力的提升息息相关的。品牌管理在该阶段的特点是白酒产品品牌与企业品牌逐渐开始分离，产品的销量也与企业整体销量出现层次划分，以老白酒品牌为核心，其他新兴白酒品牌及其建设逐渐兴起，这也为第三个阶段的白酒品牌管理奠定了坚实的市场份额基础。在第三个时期，奢侈品建设在白酒行业品牌管理中的地位逐渐上升，以贵州茅台为代表的奢侈品开始出现在人们的视野中。近年来，规模快速扩大的白酒行业，不断提升产量、品质，先进酿酒技术与新颖的白酒品牌管理理念也不断应用于实际的品牌发展中。但在 2008 年金融危机的影响以及进入鼎盛时期的大背景下，随着经济结构调整与升级，与白酒相关的产业政策也进行了相应调整。因此，中国白酒企业在形成奢侈品的战略上也开始寻求新的资源配置手段和方式，选择适合市场变化的奢侈品发展战略，更加注重奢侈品资产的培育，注重目标市场的细化，提供个性化服务，以此来满足消费者多样化的需求，提高白酒奢侈品在消费者心目中的稳定地位，进而提升奢侈品资产价值含量。

第二节　鼎盛时期的提出

从依靠精细的纺织和冶炼技术进行丝绸和陶瓷生产的兴盛时期，到依靠精密的数学、物理、化学知识设计手表、汽车、飞机等精品的昌盛时期，上古兴盛时期人们对于悠闲生活的追求终究还是被昌盛时期人们对于物质生活的追求所取代。时期的演进从未停止过，从兴盛时期到昌盛时期，时期主客体、时期秩序等方面都发生了翻天覆地的变化，并且是在对这种变化的学习中不断地向前推进，昌盛时期也必然不是整个时期的终点，还将向更加高级的时期继续演进。此时期正处在演进的十字路口，传统昌盛时期正在逐渐消逝，一种具有新型特征的时期——鼎盛时期正在加速向人们走来。

一、鼎盛时期提出的背景

丝绸和陶瓷时期，先进的纺织和冶炼技术使中国历史上出现了较长的兴盛时期，而欧洲没有经历这个时期。一般说来，中国古代政府采取鼓励、重视农业发展的措施，其直接目的是发展经济，根本目的是巩固统治。每个王朝建立的初期，统治集团都比较奋发向上、励精图治，都有自己的治理目标，它们的政策往往行之有效，也充分说明了生产关系对生产力、上层建筑对经济基础的反作用。兴盛时期的特点是以农业为基础的纺织业、冶炼、制瓷业的发展，这种经济的主要部门是农业，它关系国计民生和国家兴衰存亡，因此，历代统治者都十分重视农业，"农本"和"以农立国"思想是历代统治者一贯的指导思想，从战国的商鞅变法，到清朝统治者，都在推行"重农抑商"政策，这种做法是中国古代封建自然经济和专制主义中央集权制度发展的产物，它的实行，在封建社会初期，对国家安定、新兴地主阶级政权的巩固和社会经济的发展起过一定的积极作用，应该给予肯定，但该政策把工商业和农业对立起来，进行压制，其结果必然是阻碍商品经济的发展，使农业长期停止在自然经济的低水平上，其弊端在明清时期更加严重，它阻碍了资本主义萌芽的成长，是中国落后于世界的重要原因之一。

改革开放40多年来，中国已经成为世界第二大经济体，中国是一个14亿人口的绝大经济体，在这短短的40年间，不仅中国发生了翻天覆地的变化，而且整个世界也在发生巨变。中国经济近30余年保持高速增长，当然，从昌盛时期演进到鼎盛时期，中国经济增长速度从高度增长转变为中高速增长，人们对名牌的关注逐渐转变为对更高端的奢侈品的关注，中国开始逐渐形成本国的奢侈品，将人口更多地集中到高端奢侈品上，推动时期演进，这是昌盛时期进入鼎盛时期的内生动力。

二、鼎盛时期提出的时机

在哲学社会科学进入新时期的时间拐点，提出鼎盛时期的到来，对国家和民族未来的发展至关重要，如果一个国家不能认识到鼎盛时期的新特点，这个国家就会在创造绝对价值的过程中被淘汰，导致国家整体落后。典型的例子就是荷兰的郁金香泡沫，17世纪荷兰的郁金香一度在鲜花交易市场上引发异乎寻常的狂热，郁金香球茎供不应求、价格飞涨，荷兰郁金香市场俨然已变成投机者伸展拳脚的、无序的赌池。"郁金香泡沫"是人类历史上第一次有记载的金融泡沫。16世纪中期，郁金香从土耳其被引入西欧，不久，人们开始对这种植物产生了狂热。到17世纪初期，一些珍品被卖到了不同寻常的高价，而富人们也竞相在他们的花园中展示最新和最稀有的品种。17世纪30年代初期，这一时尚导致了一场经典的投机狂热。人们购买郁金香已经不再是为了其内在的价值或作观赏之用，而是期望其价格能无限上涨并因此获利。郁金香原产于小亚细亚，1593年，传入荷兰。17世纪前半期，由于郁金香被引种到欧洲的时间很短，数量非常有限，因此价格极其昂贵。在崇尚浮华和奢侈的法国，很多达官显贵家里都摆有郁金香，作为观赏品和奢侈品向外人炫耀。1608年，就有法国人用价值3万法郎的珠宝去换取一只郁金香球茎。不过与荷兰比起来,这一切都显得微不足道。当郁金香开始在荷兰流传后,一些机敏的投机商就开始大量囤积郁金香球茎以待价格上涨。不久,在舆论的鼓吹之下,人们对郁金香表现出一种病态的倾慕与热忱,并开始竞相抢购郁金香球茎。1634 年,炒买郁金香的热潮蔓延为荷兰的全民运动。但在 1637 年 4 月,荷兰政府决定终止所有合同,禁止投机式的郁金香交易,从而彻底击破了这次历史上空前的经济泡沫。在这个打击之下,荷兰的郁金香投机市场一蹶不振,再也没有恢复元气。这些历史的经验和教训告诉人们奢侈品投资导致的金融危机,对于投资人和整个世界是一种灾难,昌盛时期的精品与鼎盛时期的奢侈品研究理论完全不同,人们不能正确认识到鼎盛时期已经到来,全新的营商理论对"抱团"集中带来资产泡沫破灭进行了充分的研究,势必影响一个国家和世界的发展。

三、鼎盛时期提出的意义

当今世界正经历百年未有之大变局,世界经济增长乏力,贫富分化日益严重、地区利益分歧不断加大,各类非传统安全威胁持续蔓延,国际经济、科技、文化、安全、政治等格局都在发生深刻调整,世界进入动荡变革期,特别是疫情全球大流行,使这个大变局加速演进,不稳定性、不确定性明显增加。大变局呼唤大格局,新时期需要大智慧。越是在国内国际环境复杂多变的局势下,越要看到一个全新的鼎盛时期对实现国家繁荣富强的价值。"中国开放的大门不会关闭,只会越开越大!"在鼎盛时期,加快形成以国内大循环为主体、国内国际双循环相互促进的新发展格局至关重要,近年来逆全球化趋势明显,在疫情影响叠加国际政治、经济形势不确定性加大的大环境下,"内循环"的提出是应对当前形势的必然选择。在逆全球化趋势之下,"内循环"为主,"双循环"相互促进的战略不仅可以有效缓解国内对外围环境的依赖,也能够推动全产业链的发展,在全球化分工中拥有更强的话语权,对国内经济的稳定也将起到一定的提振作用。同时,中国要继续秉持开放包容、合作共赢的精神,坚持实施更大范围、更宽领域、更深层次的对外开放,以高水平开放带动改革全面深化,建设更高水平的开放型经济体制,逐渐形成国际合作和竞争新优势,为全球经济增长和世界共同发展释放更多"中国红利"。推动共建"一带一路"高质量发展,加强中国与沿线国家以及世界各国的深度合作,积极构建人类命运共同体。深度参与全球经济治理体系改革,为建立公平正义的国际新秩序、建设一个更加繁荣美好的世界贡献中国智慧和中国力量。总而言之,适时提出鼎盛时期来临,对于把握当前国际发展大势,认识营商学对促进时期演进的重要性具有重要意义。

四、鼎盛时期的演进分析

(一) 兴盛时期以永久保持为核心

在兴盛时期，最重要的上品就是丝绸、陶瓷，以永久保持为核心，纺织和制瓷技术的广泛应用对提高劳动生产率、制造具有特色的上品具有非常重要的作用。除此之外，丝绸和陶瓷也大多被用来当作贡品献给帝王。每一种具有特色的上品都代表了一个时期的文明，从丝绸时期到陶器时期再到瓷器时期，人类的文明不断进步，技术和生产效率不断提高。因此兴盛时期具有特色的上品大体上可以细分为三个阶段，如表1-2所示。

表1-2 兴盛时期的上品

时期	代表	来源	特点
丝绸时期	丝绸	用蚕丝或合成纤维、人造纤维、短丝等织成	吸、放湿性好
陶器时期	陶器	用黏土或陶土经捏制成形后烧制而成	既耐用又脆弱
瓷器时期	瓷器	由瓷石、高岭土、石英石、莫来石等烧制而成	典雅含蓄，高贵朴实

人在不同时期追求的顶级生活是不同的，按照人气线，悠闲、自由、尊敬的生活是三个不同时期的顶级，而且不同的个体在鼎盛时期达到的顶级是不同的。在兴盛时期，特别是春秋战国的诸子百家时期，各个国家来往密切，每个国家都在谋求成为中原霸主，例如，齐桓公、楚庄王、秦穆公等，这些国家通过定期相互进贡本国的特色上品，永久保持战略上的同盟，依靠强大的军队进攻其他国家。从图1-4可以看出，兴盛时期的核心就是依靠先天出身永久保持上品特色，是否提供具有本国特色的上品与他国形成同盟关系直接影响一个国家在兴盛时期的兴衰，因此，通过特色上品往来成为一个国家能否在兴盛时期立足、永久保持国家地位的关键。实际上，春秋战国时代，周王朝衰微，诸侯列国产生，基本上形成了一个独立的政治产业，初具"国"的雏形。特别是后期的各个诸侯国之间各自拥有相对明确的领土和人口，具有了独立的政权，国家内部完全不受周王朝的控制，在对外事务上则相互承认各自的权力，直接绕过周王朝进行互相的来往，已形成独立的国际关系主体的地位。齐国、晋国、郑国、宋国、楚国、秦国、吴国、越国都是当时兴起的独立国家。这些新兴的独立国家，虽然其样貌还比较原始，但它们已经具备了近代国家的基本内容，与欧洲《威斯特伐利亚和约》后产生的近代独立主权国家相比，只是发展程度的高低不同，并没有本质的区别。这也使春秋战国时期在此基础上形成了一个早于西欧体系的华夏体系。可以看到，古代意义上的外交关系、国家间关系，都是未完全成形的初步阶段。但

是未成形，并不意味着没有价值，我们仍可以用今天的概念和理念来回顾和解读古代的国家之间的来往关系。列国之间，信使不断，盟会频繁，在丰富的外交实践上更产生了许多相对成熟的外交思想，具有早熟和惊人的现实性和普遍性。一个国家，甚至是一个人如果出身环境不好，则名不正言不顺，即使通过上品往来也难以立足于兴盛时期。国家之间是如此，当时下级进贡上级是这样；同时民间的友好来往也是不断，以五缘文化为核心的来往是上品的顶级表现，都是人们将自己心爱的东西进行相互来往，体现友情、亲情。本书用来往、挑选、交易分别对应上品、品种、物品。

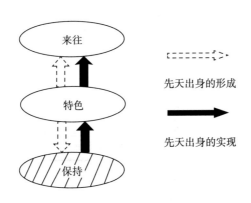

图 1 - 4　以"保持"为主形成的先天出身

（二）昌盛时期以寻求特别为核心

与兴盛时期各个国家通过相互进贡本国的特产与其他国家来往，形成密切的同盟关系不同，昌盛时期注重贸易往来的国家朝着正确的方向演进，封闭的封建王朝开始没落，在长时间"闭关锁国"政策的影响下，中国逐渐落后于西方国家，开放的欧洲各国通过频繁的贸易交往寻求精品的特别，保证技术生产效率。在昌盛时期，产品的技术进步速度非常快，每一种产品，都有自己的生命周期。产品生命周期理论（Product Life Cycle Theory）一开始是研究产品进入市场后销售量的变化规律。随着时期的演进，产品生命周期的概念发生变化。目前，经济学家用产品生命周期来表达产品的国内外循环及国际间的经济技术交往关系。20世纪 90 年代，产品生命周期又被赋予了要满足可持续发展的要求，是产品研发模式的新内涵。从营销学的角度来看，产品生命周期是指为交换而生产出来的产品从投入市场到被市场淘汰的全过程，即生产产品在市场上的寿命，与产品的物质寿命或使用寿命无关。因为产品的物质寿命反映精品的物质消耗的过程，与产品自身属性有关，而市场寿命反映的是产品的经济价值，是市场上的变化过程。

产品生命周期的首次提出，始于 20 世纪 50 年代，"二战"结束后世界发生了巨大的变化，贸易的发展使得产品的竞争日益激烈，这样的环境促使人们开始研究产品的销售趋势和规律，希望在产品生产的过程中树立品牌意识，制造出精品，只有在生命周期中生产精品，才能说明该国进入昌盛时期。1957 年，美国学者波兹、阿隆等提出，产品是具有生命周期的，可以依据销量划分为投入期、成长期、成熟期和衰退期。品牌的迭代和精品的周期都离不开科学技术的进步，因此，各国应该大力发展科学技术，实施科教兴国、人才强国战略，设置严格的考试制度，通过会考帮助国家挑选一流科技人才，使国家在产品的周期生产中始终处于领先，寻求特别是精品获得消费者周期购买的心理关键，实现从产品、品牌、精品的对应交换、选择、交往，如图 1-5 所示。

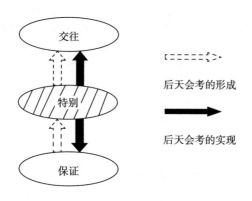

图 1-5 以"特别"为主形成的后天会考

（三）鼎盛时期以共同赞美为核心

昌盛时期发展到顶峰，精品通过贸易交往以及各种经济活动形成的名牌不足以反映人们的心理需求，而各种投机产生的资产泡沫破灭，进而引发郁金香金融泡沫危机，严重影响荷兰以及西欧各国经济发展，表明鼎盛时期即将到来。鼎盛时期，人们在日常生活中通过购买高端奢侈品来享受品质生活，以共同赞美为核心，实际上是投资人通过培养个别奢侈品龙头个股实现资产的快速升值。对个人投资者而言，未来股市的投资机会从居民资产角度来看，地位会逐渐显现。从 2018 年开始，房地产市场进入比较严厉的调控阶段，中央出台房价调控政策，力度不可谓不大。同时央行又通过几次降准来提高货币的流动性，中国 A 股"入摩"和"入富"以及金融对外开放的进一步扩大都会给中国股市带来大量的增量资金，更多的居民未来可能会把资金投向股市。股市将成为新的资金蓄水池。在鼎盛时期，人们投资是以奢侈品所获的赞美为依据，哪一个个股奢侈品获得的赞美多就投资哪里，从而推动鼎盛时期的演进。昌盛时期人们通过参加会考进入优秀团队制造精品已经变为鼎盛时期人们通过智慧思维对奢侈品龙头个股的投资抉择，人们投资奢侈品获得更多的人口集中，受到大多数人的赞美，确定性更高。一个国家要获得全世界的认可，也需要培养个别的能代表本国的奢侈品吸引全世界的人口集中。例如，法国的红酒、中国的白酒等。每个投资人都希望自己抉择投资的奢侈品能获得较大增值，拥有更多优质资产。只有享有奢侈品增值的个别资产才能够带来巨大投资收益。个别资产必须通过专业培养才能形成和实现，打开奢侈品的增值空间、减少奢侈品投资的损失（时间、金钱、精力、体力损失）是奢侈品投资的关键。培养个别头部奢侈品需要通过不断对奢侈品进行赞美获得价值。因此在鼎盛时期的演进中，投资人保持对奢侈品的赞美将是绝对价值创造的主流，由赞美、个别和培养构成的以奢侈品赞美为主的时期将是鼎盛时期的主导模式，如图1-6所示。

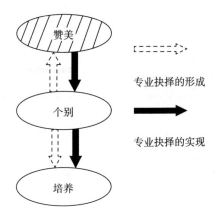

图1-6 以"赞美"为主形成的专业抉择

兴盛时期的文明非常发达，传统文化源远流长，对整个时期的演进有着深远的影响，对人们的思想观念、生活方式有着强大的影响。中国的丝绸和陶瓷都是中华民族的骄傲。各诸侯国通过相互朝贡特色上品，永久保持来往，形成同盟关系。昌盛时期每个国家都在努力制造特别的国家名牌。各个国家通过频繁的贸易交往，提供本国的精品，促进各行各业的经济繁荣和昌盛，积累更多的财富。人类经由昌盛时期演进进入鼎盛时期，使得赞美成为这个时期的热词，培养个别的奢侈品就是为了持续获得赞美，无论是哪个投资板块都应该培养板块中的"奢侈品"，形成板块中的龙头，获得人们的赞美，使人口进一步地集中到该板块的奢侈品龙头上，以此带动整个产业的发展，利国利民。兴盛时期、昌盛时期、鼎盛时期的演变过程可用图1-7表示。

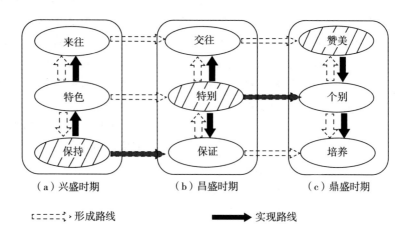

图1-7　从先天出身到后天会考再到专业抉择的演进过程

综上所述,在鼎盛时期,必须以奢侈品的赞美为核心。鼎盛时期奢侈品持续获得专业投资人的赞美将是时期演进的主流方式,由培养、个别和赞美构成的以赞美为主的鼎盛时期将是时期演进的主导模式。

第三节　鼎盛时期的共建研究

一、鼎盛时期赞美概念共建

以时期演进划分,用共建代替创新,是基于"双创""双互""双共"的思维认知,用赞美取代商业社会的价值和虚拟时代的寄托,赞美也是价值和寄托,赞美与时期相对应,是对价值和寄托的提升,人口营商学以赞美的概念研究为基础,以时期特征为标准,将赞美划分为三个方面:兴盛时期的赞美、昌盛时期的赞美和鼎盛时期的赞美。

（一）兴盛时期的赞美

在兴盛时期中,拥有特色上品的国家会获得其他国家的赞美,例如中国的丝绸、陶瓷就获得欧洲国家的赞美。兴盛时期,最大的投入要素则为人们精细的投入,劳动力精细投入的必要性是由于人们要生产制造一些区域特产。在兴盛时期通过精细的投入,人们因地制宜,生产本地的特产,例如,中国的丝绸、陶瓷等上品，因此，兴盛时期赞美的根本来源是不同特色上品的定期产出，如图 1 - 8 所示。兴盛时期赞美主要由具有艺术的上品所表现出来，工艺美术品之所以被称为艺术品，是因为其被赋予了文化价值。根据商品属性的二重性使用价值和价值的相关概念来阐述的话，艺术品具备了使用价值和价值，它的使用价值和价值是合二为一的，满足人们某种审美情感的需求。比如陶瓷大师设计制作的陶瓷花瓶，就其使用价值而言与普通花瓶没有区别，但由于是陶瓷大师之力作，因此价值不菲。拥有 5000 多年古文化的中国，具备艺术品属性的工艺美术品不胜枚举、应有尽有，涉及人们生活方面的陶瓷、漆器、刺绣、丝绸、书画、绘画、金银器、青铜器、玉器、印石等，可谓数不胜数。这些中国古代的"特产"具有种类多、品种全、品质优良、艺术审美性高的特征；这些工艺美术品，承载了中国工匠大师的技艺精湛、精雕细琢、精益求精，力求每一件作品都能够达到真、善、美的完美统一，是一个国家在兴盛时期长期保持的特色，是立足本国、放眼世界、专业打造上品的表现。工艺美术品之所以被称为器物，是因为它具备了器物的属性。器物有上品和下品之分，上为精神层面的文化载体，下为生活中使用的物体。工艺美术品的一个系列代表，主要是陶瓷、丝绸、漆器等，其体现上品的赞美价值，影响波及东南亚和欧洲一些国家。这些上品获取别的国家的赞美，使古代中国获得世界的认可（见图 1 - 8）。

图 1 - 8　兴盛时期的赞美

（二）昌盛时期的赞美

在昌盛时期特征中，产生了对于名牌精品的赞美。精品的赞美也是随着时期的演进而变化的，从赞美的定义可以看出，兴盛时期的上品赞美＝定期产出/投入，到了昌盛时期的精品赞美＝周期利益/成本。

人类经过兴盛时期的漫长进程之后，纺织、冶炼以及制瓷技术逐渐成熟，生产的上品知名度越来越高，影响全世界，例如中国的丝绸、陶瓷等。随着尖端科学技术的发展，人类由兴盛时期进入昌盛时期，尖端技术精密制造主要有精密和超精密加工技术和制造自动化两大领域，前者追求加工上的精度和表面质量极限，后者包括了产品设计、制造和管理的自动化。因此，工业革命所带来的不仅仅是巨大的时期演进，还有崭新的尖端技术，这些技术给人们带来了前所未有的变化，兴盛时期需要永久保持特色，在昌盛时期，先进的尖端技术大大提高了精品的质量保证，使得人们从少量的、低级的产品供给转变到大量高级的精品保证，尖端技术的进步成为人类迈进昌盛时期最好的支撑，兴盛时期的上品结构也渐渐被昌盛时期的精品组合所取代。昌盛时期，庞大的机器设备和尖端技术早已不需要人们大量地投入体力辛勤劳作，最大限度地减少投入已经发挥不了实质性的作用，而增加利益成为关键，昌盛时期的赞美从兴盛时期永久保持上品特色转变为寻求保证精品特别，购买者通过精品周期性的演进来获取更多利益。如果说兴盛时期赞美的最高境界在于让人们尽快过上悠闲的生活、减少体力投入，那么昌盛时期赞美的最高境界是让人们尽快实现自由的生活、财务自由，这也就改变了人们对于赞美的认知，相比于体力的悠闲生活，财务自由的生活显得更加诱人。

先进的尖端技术促使生产规模不断扩大，功能利益越来越强大，使产品成本稳定下降，因此，精品的周期利益提升成为赞美的重点。企业为了获得更多的赞美，提升精品在顾客中的地位，必须使得精品周期利益最大化并且伴随着成本尽可能地降低，企业的活动在昌盛时期本质上就是使生产出来的精品不断获得赞美的过程，具体如图1-9所示。

图1-9　昌盛时期的赞美

（三）鼎盛时期的赞美

兴盛时期人们追求悠闲的田园生活，昌盛时期追求财务自由的物质生活，而鼎盛时期人们更在意受人尊重的精神生活，最终落脚在对精神层面受人尊敬的追求。鼎盛时期人们对于精品的热爱，已经转向于奢侈品的心心想念，每人都有自己想念的奢侈品，不是简单的利益，而是精神的愉悦，赞美体现在奢侈品增值空间的放大和时间损失的减少上，是在鼎盛时期获得投资人赞美的重要思维。从增值和损失的双向思维入手，加大增值的空间和减少时间损失都有利于奢侈品获取投资人的赞美，可以帮助人们真正理解奢侈品赞美的含义并进行有效的运用，让奢侈品获得更多人的赞美。在人气定义中，商品价值=增值/损失，体现人气关注社会、经济、文化价值内涵基础上，本书详细定义鼎盛时期的奢侈品赞美=增值/损失，体现不同时期的人口集中，如图1-10所示。

共建奢侈品赞美概念作为鼎盛时期的核心内容，鼎盛时期共建奢侈品赞美（增值/损失）是人们共同的愿望，与前面两种时期特征所表现出来的赞美不同，在鼎盛时期，奢侈品赞美的增值和损失是紧密相关的，是二者共同作用的统一，奢侈品赞美通过不同时期进行增值，形成奢侈品赞美增值龙头。与此同时，体力损失、时间损失、精力损失以及货币损失紧密伴随着奢侈品赞美的共建。鼎盛时期进行投资就是为了最大可能地增加奢侈品赞美带来的时期增值，同时减少时间损失，提升时期增值空间，并且减少各项损失，这才是获取赞美的正确思维，所以要从增值和损失两方面同时入手，增值和损失是相生相伴的，不仅要注重增值，还要减少损失，分子、分母必须同时加以判断，否则会出现判断失误，与兴盛时期的上品赞美概念不同，兴盛时期的定期产出基本一定，主要考虑投入最小化、分母最小化；与昌盛时期的精品赞美概念不同，昌盛时期成本是市场的平均成本，主要考虑利益最大化、分子最大化；鼎盛时期奢侈品赞美价值概念必须同时考虑时期增值空间和时间损失，使分子最大化、分母最小化，这是人们突破传统思维的一次重大转变，高铁时期一定是中国进入鼎盛时期赞美的奢侈品，其他国家不可能产生赞美，这是因为其他国家增值空间太小和时间损失太大。

图 1-10 鼎盛时期的赞美

赞美思维和商科智慧是创造绝对价值的基本保证，利用人气营商、人群营商、人口营商，创造比较、相对和绝对价值是商科的核心，超出人们传统观念中过上悠闲田园生活和财务自由物质生活的追求，在专业化的背景下，过上受人尊敬的精神生活成为鼎盛时期人口集中的核心，也表明受人尊敬的精神生活在这个时期增值空间最大化，前二者的想象空间已经受到极大限制。

二、鼎盛时期人口营商概念共建

与分配、购买、投资人气线相对应的人口顶是出身、会考、抉择。兴盛时期，出身是兴盛时期顶格，出身好坏，可以在很大程度上决定一个人的命运，出身于地主家庭或者名门望族，绝对丰衣足食；出身于贫下中农，打长工、短工，衣不蔽体，食不果腹，只靠勤劳是很难养家糊口的，如果分配不均，穷人只有造反闹革命。出身好只要永久保持住家族的辉煌，就会少投入，家庭出身可以说是兴盛时期营生的顶点，也就是人们常说的"干得好不如生得好"，所以不能笼统地说出身对错，不能唯出身论，只能说出身在兴盛时期对一个人一生的命运很重要。

昌盛时期，会考是决定一个人命运的关键。会考是昌盛时期的顶格，考上大学进入城市，城市让人们的生活更美好，学习好工科知识，进入工矿企业，生产优质产品，进行精品营销，畅销国内外……个人会考成绩好坏，直接影响自己的前途和命运，考上大学和考上好大学，国家投入的培养师资和实验设备是不同的。会考中数理化是考试内容的核心，昌盛时期有一句话"学好数理化，走遍天下都不怕"，从来没有像昌盛时期这样崇尚会考，虽然中国是考试制度的故乡。考试制度在中国历史悠久，成绩是评价一个人文化水平的重要指标。

鼎盛时期是一个继全球化、证券化之后，专业化抉择的时期，在这个时期人们依靠多增值和少损失的共同赞美，抉择是鼎盛时期的顶格，是决定一个人命运的关键。人口集中的奢侈品成为鼎盛时期人们的赞美对象，正确抉择奢侈品进行赞美是一个人在鼎盛时期成功的核心要求。这个时期的出身和会考对于抉择奢侈品有一定影响，但是一个人抉择的正确与否需要专业分析，需要长期的坚持和对于抉择的奢侈品空间的把握和时间的掌控。本书的核心赞美是帮助专业投资人正确抉择具有 8 倍增值空间的龙头个股奢侈品赞美，创造绝对价值最大化，是人口营商理论研究的重点，通过培养、个别，进行赞美，把这只个股作为人口集中的奢侈品，通过人气理论、人群理论研究，结合人口理论，准确抉择个股的奢侈品龙头进行赞美投资，多增值和少损失的共同赞美是鼎盛时期人口营商的基本概念。由培养、个别和赞美构成的以奢侈品研究为主的鼎盛时期将是未来抉择的主导模式，具体如图 1–11 所示。

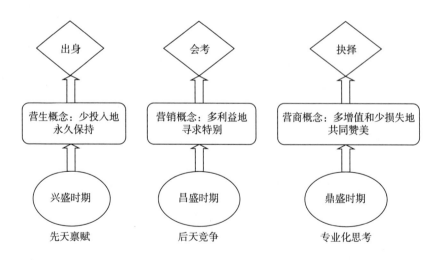

图 1–11　鼎盛时期演变过程中的营商概念共建

三、鼎盛时期赞美载体——奢侈品概念共建

昌盛时期演进到鼎盛时期的过程，也是人们从精品交往走向奢侈品赞美的过程，赞美奢侈品逐渐成为鼎盛时期主流。从兴盛时期来往的上品到昌盛时期交往的精品最终转变为鼎盛时期赞美的奢侈品，这是营生、营销、营商在兴盛、昌盛、鼎盛三个时期的顶格思维。

奢侈品的历史由来已久，近几十年，随着奢侈品市场的飞速发展，奢侈品市场中又增添了许多新成员。食品和饮料也日益成为奢侈品市场的重要组成部分，比如日本的酱油、新西兰的牛奶、希腊的橄榄油、澳大利亚的啤酒和阿拉斯加的大马哈鱼以及中国的白酒贵州茅台。现在对于奢侈品的定义也更为广泛，奢侈品市场从以往单一的货物发展到包含商品、服务等多个方面。为了满足广大奢侈品消费者的需求，市场上的奢侈品种类一直在增多。主要的奢侈品种类有香水、化妆品、家居装饰、美食、服装、皮革制品以及手表、珠宝……其中服装和皮革制品是奢侈品市场最主要的商品，在美国奢侈品市场中，挎包每年的交易额达到7000万美元，并且是增长最快的奢侈品。奢侈品能够展现和提升消费者的社会地位，购买奢侈品也就获得了一个高品位、高档次的标签，它可以满足消费者的精神需求。上述这些特点便是大多数奢侈品的共性，现在奢侈品消费在中国突飞猛进，消费者也出于各种原因，不惜花重金购买奢侈品。

上述奢侈品概念是学者从不同角度对奢侈品进行定义的。关于奢侈品的概念在不同时代和文化之中也是不同的。电视机在20世纪七八十年代的中国是奢侈品，但是现在却成为了普通品；对于一个人来说是奢侈品，可能对别人来说却是普通品。不同的消费者也是从不同的角度对奢侈品进行定义的，经济学上对奢侈品的定义是功能性价值远远低于其价格比值的产品，简单地说就是有形的价值远远低于其无形价值的产品。基于对鼎盛时期的研究，本书对奢侈品赋予新的含义，由学习心理形成的越来越多的专业人士心理抽象并持续喜爱的、长期赞美的具体表现载体。奢侈品是通过专业人士抽象、具象思维，形成人口集中心理依赖的所有物品、产品、商品、品种、品牌、衍生品、上品、精品，有形和无形载体。如人们对于白酒的长期喜爱，产生茅台酒奢侈品；教授对于研究的热爱，产生学问奢侈品。只不过是，很多奢侈品不是一个学科或者几个学科可以研究的，本书着重研究人气关注的物价、股价、房价"三价"商品，人群环研究的金融衍生品，最后落脚在成长板块的龙头个股上。如表1-3所示。

四、婚姻制度共建——象征婚姻

鼎盛时期的到来，婚姻制度也发生演进，其影响每一个家庭和孩子的成长，

引起人们的广泛关注和社会学家的研究，但是从另外一个角度来看，它是时期演进的必然产物，是时期演进的表现，鼎盛时期这种注重精神层面的象征婚姻是一种时期进步。三个时期的婚姻，即包办婚姻、自由婚姻、象征婚姻都是人们顶格思维的表现。在户主的决策下，一个家庭以效用最大化为目标，通过对有限资源的合理配置来进行家庭生产。Wong（2016）研究了同族婚姻的婚后生活情况，发现相较于异族婚姻，同族婚姻对养育孩子、住房投资产生了积极效应，但是减少了妻子的劳动力供给，并且发现这些效应呈现出逐年下降的趋势，说明异族婚姻在一些不易察觉的方面提高了婚姻福利。上述婚姻概念是学者从不同角度对婚姻进行研究的，本书站在鼎盛时期的时间节点上指出，兴盛时期的婚姻是包办婚姻，昌盛时期的婚姻是自由婚姻，鼎盛时期的婚姻是象征婚姻。

表 1-3 上品、精品和奢侈品在不同时期含义的变化

	兴盛时期	昌盛时期	鼎盛时期
上品	保障上品特色的东西，包括茶叶、木耳等农产品	本地特产的涉及产业流动的生产资料，保障工业生产的正常进行所需最基本供应的东西，如澳大利亚铁矿石、新疆的天然气	即时推出、适合本国的金融上品种类，如股票、期货、期权等金融品种
精品	兴盛时期中的能满足精品特别的东西，如中国的丝绸、陶瓷	能够集中生产、提供市场购买，并能满足人们需求的优质产品，如格力空调、宝马、奔驰汽车等精品	金融衍生品的行业、地区、指数板块，如沪市主板A股、深交所主板A股每只个股
奢侈品	兴盛时期能够创造绝对价值的任何东西，如古玩、名人字画	昌盛时期高档、稀缺、物超所值的任何东西，如新西兰牛奶、法国香水、瑞士手表	鼎盛时期能够创造绝对价值的个别龙头个股股票，如茅台股票

兴盛时期的婚姻特征是包办婚姻，是当时婚姻的最高境界。所谓的包办婚姻，就是指遵从"父母之命，媒妁之言"达成的婚姻，不考虑男女双方当事人的意见，全权由双方父母做主。包办婚姻是封建社会和奴隶社会的婚姻缔结的主要方式。恩格斯在《家庭、私有制和国家的起源》一书中曾说过："一定历史时代和一定地区内的人们生活于其下的社会制度，受两种生产的制约，一方面受劳动的发展阶段的制约，另一方面受家庭的发展阶段的制约。"传统的包办婚姻作为封建社会的主要婚姻制度也毫不例外。在兴盛时期，一个人基本的人身自由不是最重要的，生活是吃饭穿衣，女人的地位较低。将地位低下、不受重视的女性购买赠送给其他人都是很正常的，在这种情况下，包办婚姻更是理所当然的存在。在封建社会中，封建地主阶级基于对物质生产资料的绝对掌控，

从而在政治经济文化等社会生活的各方面都拥有绝对的主导权。在这种社会环境下产生的婚姻关系，其婚姻关系缔结的成功与否就是建立在男女双方经济条件和政治条件之上的。决定两性婚姻的不是男女之间的爱，而是家族的利益。以婚姻为媒介，男女两家可构成一定的联合体，形成家族资源的有效重组，使两个家族通过联姻更好地发展壮大。在"父命不可违"的思想观念下，子女必须对父母绝对服从。从最高统治者到最底层的人民大众，在婚姻大事上，首先要考虑的问题就是门当户对。夫妻之间的爱情在婚姻面前沦落到附属品的位置。不论是王公贵族，还是普通的老百姓，婚姻均由双方的父母决定，婚姻当事人完全丧失婚姻的自主权。

昌盛时期的婚姻特征是自由婚姻，这是这个时期婚姻的最高境界，自由婚姻存在的基本前提是男女关系平等。没有爱情的婚姻，如同鲁迅先生援引一青年读者所控诉的："仿佛两个牲口，听着主人的命令。"恩格斯在《家庭、私有制和国家的起源》一书中，阐述了撰写人类婚姻史的目的，科学地论证了人类家庭的起源、演变的历史和发展的趋势，系统地分析了人类社会在不同发展阶段所对应的家庭形式以及婚姻的模式，深刻剖析了人类婚姻基础的演变发展过程，论述了爱情在人类社会中产生、发展的过程。恩格斯第一次将人类的婚姻与爱情在历史唯物主义的角度上进行了统一，从恩格斯的论述中我们开始真正意识到，在社会主义初级阶段，爱情可以成为婚姻的基础。自由婚姻正是在爱情这块基石上成长出来的。新文化运动为婚姻自由创造了条件，李峙山在《打破翁姑儿媳的关系与应取的步骤》一文中曾说过："自由恋爱是建立在坚定的人生观基础之上的，只有在追求共同事业、目标的过程中相互了解而结交的朋友才有可能产生爱的萌芽，这才是自由恋爱；而那些对自由恋爱观念错误的理解只能更加阻碍包办婚姻乃至传统大家庭制度的打破。"戊戌变法、五四运动等历史大事件的发生使无产阶级登上历史舞台。一个个历史事件的发生不仅促进了中国伦理思想的变革，更促进了中国现代婚姻伦理的嬗变。恋爱婚姻是人群营商研究的问题，而自由婚姻是昌盛时期人口营商研究的问题，是与包办婚姻相对立的，男女平等，都有自己的经济收入，没有从属地位之分，这时的婚姻才真正演变为现实婚姻，人们不只是为了生存，只有双方富裕了，婚姻才可能自由。

鼎盛时期的象征婚姻是这个时期婚姻的最高境界，适应人们追求美好的生活——受人尊敬的精神生活。鼎盛时期人们所认同的美好生活肯定不再只是幸福和富裕，而且还要追求更加高级的精神生活。为了赢得别人的尊敬，更加追求获得人们的认可，在道德、法制的框架下，寻找象征婚姻，是在自由婚姻的前提下发展，选择适合自己、提升自己、精神愉悦的配偶，不会被传统的物质婚姻所束缚，各自追求自己受人尊敬的精神生活。在遵守法制、道德前提下，更要关注社会舆论，处理好婚姻关系，否则可能因为婚姻身败名裂，特别是名人的婚姻更容易受到关注。在鼎盛时期可以看出象征婚姻是婚姻制度的更加高级形式，象征婚姻处理得好，可以获得名誉，成为模范夫妻、别人学习的榜样和经典的案例，双方都会受人尊敬。象征婚姻意味着可以受人尊敬，但也可以让人们拿来说事，能够体现夫妻二人对于婚姻的智慧。象征婚姻的实质是通过婚姻实现个人8倍增值和8倍减值，是人们进行赞美和贬低的核心，特别是具有名人效应的婚姻更加需要谨慎，其婚姻会起到对于社会的8倍正面、负面影响效应，特别是对于年轻人影响较大，很多艺人因为婚姻出轨而成为污点艺人，负面效应8倍减值，可能因此要长久离开舞台，得不偿失。农业社会、自然时代以及兴盛时期是相互平行的时间状态，只是研究的角度不同，农业社会着重研究德治婚姻，自然时代着重研究媒妁婚姻，兴盛时期着重研究包办婚姻；工业社会着重研究法制婚姻，物质时代着重研究恋爱婚姻，昌盛时期着重研究自由婚姻；商业社会着重研究契约婚姻，虚拟时代着重研究优化婚姻，鼎盛时期着重研究象征婚姻。不同社会发展、时代变迁、时期演进的婚姻制度总体如表1-4所示。

表1-4　社会发展、时代变迁、时期演进的婚姻思维

	农业、自然、兴盛	工业、物质、昌盛	商业、虚拟、鼎盛
人气营商学	德治婚姻	法制婚姻	契约婚姻
人群营商学	媒妁婚姻	恋爱婚姻	优化婚姻
人口营商学	包办婚姻	自由婚姻	象征婚姻

综合上面分析可以看出，婚姻是人类家庭生活的一个重要时间节点，人们对于婚姻的研究可以帮助人们启发思维，变得更加智慧。按照人气线的研究，男女相互吸引是：爱情—婚姻—陪伴，陪伴是比婚姻更加高级的要求，年轻人追逐爱情，中年人注重婚姻，老年人注重陪伴，只是随着人口老龄化进程的加快，陪伴将成为人们的主流研究，怎样实现三者兼顾，是每一个智慧的人着重思考的问题，婚姻地位将会下降。

五、人口制度共建——领军人物

社会由每个个体共同构成，人口制度的变化和研究是社会学家研究的重要课题，也是营商学者必须研究的新内容，否则对于世界、国家和民族的进步是不利的。时期的演进给人口制度的变化提供了与社会发展、时代变迁不一样的抽象和具象思维。兴盛时期的人口制度是鼓励多子多孙，昌盛时期的人口制度提倡独生子女，鼎盛时期的人口制度是共建领军人物。

兴盛时期人们主要还停留在体力劳动、吃饱肚子、寿命短阶段，选择的生育观是鼓励多子多孙。二三千年前的原始先民就对人类繁衍生息有着美好的愿望。不仅《诗经》中有多处表达了这样一种"宜尔子孙振振兮"的愿望，"多子多福""生生不息"的生命理念在中国古代文化中一直占据着极其重要的地位，在民间也处处可见这种愿望和理念的留痕。《庄子·天地》记载了"华封人三祝"的故事："尧观乎华。华封人曰：请祝圣人，使圣人富，使圣人寿，使圣人多男子。"在尧的时代，"富、寿、多男子"就是见面最热忱的祝福。《列子·汤问》则记载了"愚公移山"的民间故事，更表达了古之先民"虽我之死，有子存焉；子又生孙，孙又生子；子又有子，子又有孙；子子孙孙无穷匮也"的美好愿望。为什么古人如此急迫地表达子孙不息的愿望，这与中国人所处之"黄土－黄河"生存环境有着莫大的关系。黄仁宇《中国大历史》认为："易于耕种的纤细黄土、能带来丰沛雨量的季候风，和时而润泽大地、时而泛滥成灾的黄河，是影响中国命运的三大因素。""黄土－黄河"是中华文化的根基，也是洪水、干旱等自然灾害的摇篮。柏杨《中国人史纲》一书中说，"黄河每一次改道，都是一场恐怖的屠杀。仅次于改道灾难的小型泛滥，也每次都造成人畜的可怕伤亡。所以黄河也是世界上吞没生命财产最多的一条河流""尼罗河泛滥后留下的是沃土，黄河决口后留下的却是一片黄沙。然而就在这种艰苦的环境中，产生了灿烂的古中国文明"。在"黄土－黄沙"的生存背景下，一场灾难往往造成的是人口减少、部落势微、族群衰落，于是先民就只有祈求能够多生多育，"子子孙孙无穷匮也"。

昌盛时期人的寿命在延长、体力劳动大幅减少，减少人口过快增长是保证人们过上富裕生活的前提，提倡独生子女是这个时期的人口制度。独生子女是指一对夫妻生育唯一子女，无论是男还是女，换句话说，一家一个孩子。独生子女的父母往往用较多的时间和精力来关心子女的智力发展，要求孩子认真读书，参加小学、中学、大学的各项考试，通过会考，考上好大学，进入好城市，毕业后有好的工作，努力奋斗，拿到高工资，过上富裕生活。一家夫妻都有工作，收入就会不错，工作和就业是昌盛时期人口政策制定的重要依据。多子多孙不可能是昌盛时期的人口政策取向，多个子女不但没有兴盛时期的多子多福，子女如果不上进，没有工作还可能产生啃老现象，独生子女不一定比多个子女过得差。独生子女是昌盛时期的人口制度最高境界。开始时人们有些接受不了这种制度，还留有传宗接代、男孩比女孩重要的封建思维模式，实践证明独生子女是少生少育、男女平等人口制度思维的高级体现。同时，经济迅速发展，城镇化水平不断提高，人口大量向城市聚集，而且随着人们生活水平的提高，人的寿命延长，城市人口就会迅速暴涨，为了保障城市人口的就业、资源的有效分配，减少人口过快增长产生的环境污染，昌盛时期必须树立独生子女的观念。昌盛时期生产率大大提高，许多生产活动机器可以代替人进行生产，根本没有必要通过多子多孙来获得劳动力。相反，多子多孙可能会导致许多人失业，成为社会不稳定的因素和增加家庭经济负担，因此必须树立独生子女的观念，昌盛时期的大多数人都选择独生子女。

人类进入鼎盛时期人口政策随着时期必须演进，又要发生改变，独生子女的生育观念不能适应鼎盛时期，人们选择的生育观念是共建领军人物。各个时期的演进依靠杰出人物的带领和不懈努力，产生重大转折和变化。中国革命的历史就可以说明这一点，没有一大批革命先驱，中国社会就没有这样大的飞跃，特别是一些核心领袖人物的作用非常明确。鼎盛时期领军人物是人口制度的顶格，更能说明领军人物的作用重大，是专业人才，而并不只是表现在政治、经济方面的才能，需要分清领袖、领导和领军人物。领军人物是各行各业的灵魂人物，智能手机、移动终端没有乔布斯，互联网时期就没有了领军人物，互联网就不可能发展得这么快速和完善；钟南山是新型冠状病毒防控方面的领军人物，没有领军人物在关键时期的正确判断、决策、执着、担当，在推动重大时期演进的过程中，就会贻误时机。每一个领域的领军人物都可以推动时期的演进，领军人物不一定开始就会被大家认可或者永远保持不变，需要通过时期演进得到验证，共建领军人物。领军人物就是鼎盛时期人口制度的核心，优生优育、社会精英是鼎盛时期人口制度的前提，领军人物才是人口制度的最高境界。不同社会、时代、时期人口制度如表1-5所示。

表1-5 社会发展、时代变迁、时期演进的人口制度思维

	农业、自然、兴盛	工业、物质、昌盛	商业、虚拟、鼎盛
人气营商学	多生多育	少生少育	优生优育
人群营商学	男尊女卑	男女平等	社会精英
人口营商学	多子多孙	独生子女	领军人物

农业社会、自然时代和兴盛时期是平行的，只不过研究角度不同，农业社会研究多生多育，自然时代研究男尊女卑，兴盛时期研究多子多孙；工业社会研究少生少育，物质时代研究男女平等，昌盛时期研究独生子女；商业社会研究优生优育，虚拟时代研究社会精英，鼎盛时期研究领军人物。

第四节 鼎盛时期的特征

鼎盛时期是在兴盛时期和昌盛时期的基础上发展起来的，具有更加高级、复杂的时期特征，在这个时期特征中，共建奢侈品赞美是这个时期的主题，而围绕鼎盛时期的奢侈品赞美形成不同于以往的时期特征。本书依据丹尼尔·贝尔对社会的划分，对时期特征进行了划分，从职业、资源、时期主体等方面进行对比，分析鼎盛时期的一些基本特征，具体如表1-6所示。

表1-6　鼎盛时期的特征

	兴盛时期	昌盛时期	鼎盛时期
部门	以纺织业、制瓷业为主	以机械制造业为主	以开拓思维的营商学教育为主
职业	第一产业，农、林、牧	第二产业，制造业	第三产业，服务业
资源	精细	精密	卓越
资源配置	出身	会考	抉择
社会主导	上品特色	精品特别	奢侈品赞美
战术	先天禀赋	后天竞争	终身进步
思维	稳健-激进	现实-想象	抽象-具象
时间观点	定期观	周期观	时期观
中轴原理	以生产特色上品为核心	以制造特别精品为核心	以营造奢侈品赞美为核心
时期主体	拓荒者、师徒	指挥长、设计师	领军人物、营商大师

一、鼎盛价值思维

（一）兴盛时期——以稳健思维为主

在兴盛时期，人们的思维受着各种各样的局限，这些局限包括来自文化的、地理的、阅历的以及时期的。兴盛时期的思维以稳健为主。什么叫稳健思维？稳健不是平衡，稳健也不是持久，稳健的科学定义是对外界干扰的抵抗能力。换言之，稳健不关乎状态的好坏，只关乎是否能保持原来的状态，哪怕这个状态并不那么理想。在兴盛时期，人们不用考虑物质生产，也不用考虑价值投资，因为兴盛时期思维具有稳健性，稳健意味着失去了改变的可能性，不管这个改变是好的，还是坏的。当然，稳健思维也有好处，因为它杜绝了变坏的可能；但稳健思维也有坏处，因为它把变好的可能也一并屏蔽了。是利大于弊，还是弊大于利，需要每个人自己掂量。兴盛时期，由于交通运输工具不发达，人们只能被局限在某一片很小的区域，学习自己部落的文化、习俗。所以直到欧洲的哥伦布发现新大陆之前，人们一直以为地球是平面的，地球才是宇宙的中心，这些都是兴盛时期人们追求稳健造成的，人们不愿意创新，不愿意尝试新的东西。因此，兴盛时期以稳健思维为主。同时也有一些人的思维激进，尝试变化，需要打破自己的认知，所以人们应该尽量去跟世界接触，去认识更多的人，去看更多的风景，去经历更多的事情。这样才可以拓宽自己的视野，更全面地认识整个世界。

（二）昌盛时期——以现实思维为主

兴盛时期演进到昌盛时期，科学技术飞速发展，兴盛时期的稳健思维逐渐被打破，开始进入昌盛时期的现实思维。文化可以表现为经典思想、艺术作品、道德标准、生活方式等形式，然而贯穿其中的核心是思维方法。思维方法是筌，各种文化形式是鱼。不同文化有不同的思维方法，文化差异的本质是思维方法的差异。当前弘扬传统文化，重要的是要认识和总结中国文化中的思维方法。中国文化中的思维方法，与西方最为不同，对中国社会发展影响最大的当数"现实思维方法"。李泽厚先生把中国人的思维概括为"实用理性"。理性思维方法本书暂不论及，但就"实用"而言，与"现实"指的是同一思维特点。"实用"是从目的和效果而言，"现实"是从前提和方法而言的。与中国文化中的现实思维方法相比，本体思维方法研究的问题不是来自现实，而是来自于人的思维。世界的本质不是现实的存在物，而是思维的产物。西方哲学家最初认为，世界是由水、气、土、火之类的具体事物构成的，后来转向数、理念、上帝等抽象的概念。今天看来，这些认识结果都是难以成立的。本体思维方法最有影响的产物是宗教，这是其对西方社会最重要的影响之一。马克思主义的产生，终止了本体思维方法对西方文化的统治。马克思提出："全部社会生活在本质上是实践的。"实践是一个不断发展变化的过程，人类的实践活动以其所处的时代为基点，向历史和未来两个方向发展，永无止境。马克思主义作为一种思维方法，核心是"具体问题具体分析"，毛泽东将其表述为"实事求是"，其最鲜明的特征，就是强调一切从现实出发。这与中国文化中的现实思维方法有异曲同工之妙。现实思维方法是中国文化中重要的思维方法。由于对儒学的神化和外来本体思维方法的影响，唐代以后现实思维方法在中国文化中逐渐失去了主流地位。当现实思维方法居主流时，社会就会呈现勃勃生机，反之则会裹足不前。现实思维在昌盛时期表现明显，一切都是现实，是看得见、摸得着的，不是凭空而来的，但是在这个时期又出现了想象思维，没有想象无法突破，只是这种想象经常被现实拉回。

（三）鼎盛时期——以抽象思维为主

在鼎盛时期，稳健-激进、现实-想象的思维方式很难进行奢侈品抉择，对奢侈品的抉择是在想象思维中，通过大胆的抽象思维，进行具象分析，唤起投资人对于个别奢侈品的持续集中赞美。因此，鼎盛时期的奢侈品赞美只能靠抽象思维和具象思维来分析推理。

所谓的抽象思维，是指用词进行判断、推理并得出结论的过程。抽象思维以词为中介来反映现实。这是思维的最本质特征，也是人的思维和动物心理的根本区别。抽象思维凭借科学的抽象概念对事物的本质和客观世界发展的深远过程进行反映，使人们通过认识活动获得远远超出靠感觉器官直接感知的知识。科学的抽象是在概念中反映自然界或社会物质过程的内在本质的思想，它是在对事物的本质属性进行分析、综合、比较的基础上，抽取出事物的本质属性，撇开其非本质属性，使认识从感性的具体进入抽象的规定，形成概念。空洞的、臆造的、不可捉摸的抽象是不科学的抽象。科学的、合乎逻辑的抽象思维是在社会实践的基础上形成的。抽象思维作为一种重要的思维类型，具有概括性、间接性、超然性的特点，是在分析事物时抽取事物最本质的特性而形成概念，并运用概念进行推理、判断的思维活动。抽象思维深刻地反映着外部世界，使人能在认识客观规律的基础上科学地预见事物和现象的发展趋势，预言"生动的直观"没有直接提供出来的但存在于意识之外的自然现象及其特征。它对营商学的研究具有重要意义。抽象思维与形象思维不同，它不是以人们感觉到或想象到的事物为起点，而是以概念为起点去进行思维，进而再由抽象概念上升到具体概念——只有到了这时，丰富多样、生动具体的事物才得到了再现，"温暖"取代了"冷冰冰"。可见，抽象思维与具体思维是相对而言、相互转换的。只有穿透到事物的背后，暂时撇开偶然的、具体的、繁杂的、零散的事物的表象，在感觉所看不到的地方去抽取事物的本质和共性，形成概念，才具备了进一步推理、判断的条件。没有抽象思维，就没有科学理论和科学研究。然而，抽象思维不能走向极端，而必须与具体思维相结合，由抽象上升到具体。抽象思维是用概念来代表现实的事物，而不是像形象思维那样用感知的图画来代表现实的事物；抽象思维是用概念间的关系来代表现实的事物之间的联系，而不是像形象思维那样用图画的变换来代表现实的事物之间的联系。这为人类超越自己的感官去认清更加宏观或者更加微观或者更加快速变化的世界提供了可能性。但是，如果没有抽象思维的准确性，即不能准确界定概念和概念间的关系，这种可能性就无法变成现实性。因此，准确地形成概念以及概念间的关系是抽象思维方法的最基本的规则。例如营商学的研究先要准确地形成一套完成的概念词语，然后按照股票的实践经验找出各个概念词语之间的联系。在鼎盛时期中，人们必须树立抽象思维，依靠推理是时期演进的主要趋势。时期正在演进，人们的抽象思维正在逐渐形成。表1－7为不同时期思维方式的差异和特点。

表 1-7 不同时期思维方式的差异和特点

	思维特点	制胜条件	追求目标
兴盛时期	稳健-激进	先天	及第
昌盛时期	现实-想象	后天	级别
鼎盛时期	抽象-具象	终身	极致

人类进入鼎盛时期，人们从会考进入抉择，奢侈品赞美是时期的主旋律，无论是中国的机构资金抱团投资，还是美国的散户大战机构都是人们抽象思维和具象思维成功抉择奢侈品个股的典范，只要有被严重低估的和增值空间巨大的奢侈品个股，就会集中人口赞美，导致股价大幅上涨，未来还会继续演进，虽然不能科学预测，但还是可以对未来做出哲学判断的。哲学社会科学要符合时期演进，更加抽象出绝对价值，具象个别赞美对象。本书就是利用人们的抽象、具象思维寻求四个投资策略，进行共建赞美，形成个别龙头个股。如图 1-12 所示。

图 1-12 人口营商四个策略

二、鼎盛时期主体的转变

随着时期的演进，不同时期的主体是不一样的，只有在不同时期正确把握时期主体，厘清每个时期主体对于时期演进的重要作用，才能正确地将人口集中到时期主体，不与时期脱节。区分不同时期的主体可以帮助人们更好地理解时期演进的关键。

（一）兴盛时期的主体——军备

军备，意思是军事编制和军事装备。从古代一直沿用至今。中国古代十分重视军备，提出军备程度高低对战争有重大影响。如《宋书·颜师伯列传》记载："军备夙固，逆时殄，颇有力焉。"《清史稿·鄂莫克图列传附安达立列传》记载："崇德三年，从贝勒岳托伐明，将至墙子岭，闻明军备甚固，安达立与固山额真恩格图率所部趋岭右，陟高峰间道入边，击败明军。"意为得知明军战争准备充分，安达立等率部沿山岭右侧山道袭击，打败明军。有时，军备也指兵役、动员工作，如《清史稿·属国三·缅甸列传》记载："军备仿德国征兵制，常备军三万人，战时可增十倍。"后来，军备泛指武器装备、军队人员及其战备程度，说明军备即一个国家的军事实力，至今仍然得到广泛应用。在兴盛时期，各个部落为了领土和权力频繁地进行战争，军备是影响战争胜败的重要因素之一。粮食、甲兵等军备是保障国家安全的重要储备，例如，秦始皇二十五年（公元前222年）建迁陵县，直至岭南三郡建立，迁陵县都位于秦西南边境地区，有成卒戍守，储藏大量甲兵等军备物资。迁陵县隶属于洞庭郡，汉代隶属于武陵郡，有都乡、贰春乡、启陵乡三乡，地形崎岖，崇山峻岭。传世古籍对迁陵县的记载主要见《汉书·地理志》。随着里耶秦简的出土，我们对迁陵县的相关资料得以进一步了解。湖南里耶秦简记载了秦迁陵县及其下属三乡的官方活动，其中涉及地方戍边人员口粮享领、借贷问题，以鸟雁为代表的畜产管理问题，甲兵制造和输运往来，迁陵县库的设置等相关内容。迁陵县仓作为禀粮单位，在里耶禀粮简中还存在乡直接给罚戍、屯戍人员发放粮食的记录，由乡基层行政官员直接参与。由于迁陵县地形的特殊性，其成为制造羽箭的重要原料产地，县乡多次派遣人手组织捕羽活动，鸟雁成为迁陵县较为独特的物产。迁陵县设有县库，由徒隶参与兵器制造原料获取、兵器的制造与储藏等劳作，库具有制造和储藏的双重职能。再比如三国时期的诸葛连弩，诸葛连弩是三国时期蜀国的诸葛亮制作的一种连弩，又被称作元戎弩，一次能发射十支箭，火力很强，帮助蜀国多次在同魏国的战争中取得胜利。在兴盛时期，皇亲国戚、世家大族为了维护皇权，保证权力的稳定，拥有强大的军备成为关键，包括军备的规模大小还有人的数量。军备是以设施为主，是兴盛时期保证权力、赢得权力的根本保障，就如伟大领袖毛泽东曾经说过的"枪杆子里出政权"，因此，军备成为兴盛时期的主体。农业社会主体是军队，自然时代主体是军事，兴盛时期主体是军备，按照这样的主体发展，这个国家才有强大的武装力量，美国的军备力量在全世界有目共睹，本书理论也很好地解释了美国、苏联多年的军备竞赛。

（二）昌盛时期的主体——产业

产业是时期演进和生产率不断提高的产物，昌盛时期的主体是产业。产业的内涵是生产物质产品的集合体，包括农业、工业、交通运输业等部门，一般不包括商业。有时专指工业，如产业革命。有时泛指一切生产物质产品和提供劳务活动的集合体，包括农业、工业、交通运输业、邮电通信业、商业饮食服务业、文教卫生业等。产业是指由利益相互联系的、具有不同分工的、由各个相关行业所组成的业态总称，尽管它们的经营方式、经营形态、企业模式和流通环节有所不同，但是，它们的经营对象和经营范围是围绕着共同产品而展开的，并且可以在构成业态的各个行业内部完成各自的循环。20世纪20年代，国际劳工局最早对产业作了比较系统的划分，即把一个国家的所有产业分为初级生产部门、次级生产部门和服务部门。后来，许多国家在划分产业时都参照了国际劳工局的分类方法。第二次世界大战以后，西方国家大多采用了三次产业分类法。在中国，产业的划分是：第一产业为农业，包括农、林、牧、渔各业。第二产业为工业，包括采掘、制造、自来水、电力、蒸汽、热水、煤气和建筑各业。第三产业分流通和服务两部分，共4个层次：流通部门，包括交通运输、邮电通信、商业、饮食、物资供销和仓储等业；为生产和生活服务的部门，包括金融、保险、地质普查、房地产、公用事业、居民服务、旅游、咨询信息服务和各类技术服务等业；为提高科学文化水平和居民素质服务的部门，包括教育、文化、广播、电视、科学研究、卫生、体育和社会福利等业；为社会公共需要服务的部门，包括国家机关、政党机关、社会团体以及军队和警察等。产业集群发展规划是产业链有效整合，通过确立产业链环节中的某个主导企业通过调整、优化相关企业关系使其协同行动，提高整个产业链的运作效能，最终提升企业竞争优势的过程。产业链整合发展具有降低成本、创新技术、开拓市场、扩张规模、提高效益、可持续发展的强大竞争优势，同时它还是发展区域经济、促进产业转型的重要形式。产业集群发展就是要形成强大的板块效应，如A股市场上的茅台酒大幅上涨，带动白酒板块，股票既是金融证券服务业以及第三产业，又有力推动了白酒形成第一、第二产业链。

产业链是对产业部门间基于技术经济联系，而表现出的环环相扣的关联关系的形象描述。区域产业链条则将产业链的研究深入区域产业系统内部，分析各产业部门之间的链条式关联关系，探讨城乡之间、区域之间产业的分工合作、互补互动、协调运行等问题。在经济实践中不少地区也在进行产业链构建与延伸的积极尝试。以整合企业在产业链上所处的位置划分可分为横向整合、纵向整合以及混合整合三种类型。横向整合是指通过对产业链上相同类型企业的约束来提高企业的集中度，扩大市场势力，从而增加对市场价格的控制力，获得垄断利润。纵向整合是指产业链上的企业通过对上下游企业施加纵向约束，使之接受一体化或准一体化的合约，通过产量或价格控制实现纵向的产业利润最大化。混合整合又称为斜向整合，是指和本产业紧密相关的企业进行一体化或是约束，它既包括了横向整合又包括了纵向整合，是两者的结合。以整合是否涉及股权的转让可分为股权的并购、拆分以及战略联盟。股权并购型产业链整合是指产业链上的主导企业通过股权并购或控股的方式对产业链上关键环节的企业实施控制，以构筑通畅、稳定和完整的产业链的整合模式。拆分是指原来包括多个产业链环节的企业将其中的一个或多个环节从企业中剥离出去，变企业分工为市场分工，以提高企业的核心竞争力和专业化水平。战略联盟型产业链整合是指主导企业与产业链上关键企业结成战略联盟，以达到提高整个产业链及企业自身竞争力的目的。美国苹果手机出现以后，核心技术产生，对于美国以及全世界的互联网产业链形成、发展、深化作用巨大，奠定了美国在互联网产业全世界的领导地位。世界各国在昌盛时期的主体是牢牢抓住产业链主体进行竞赛，完善、发展、创新、共建以本国企业为龙头的产业链，是昌盛时期的顶格思维和顶层设计。

（三）鼎盛时期的主体——营商

鼎盛时期的主体是营商，这来源于教育－金融－营商的人气线。这条人气线会带来名誉，类似于军队－军事－军备是维护权力的人气线，企业－实体－产业是赢得金钱的人气线。充分说明营商活动对于产业形成和产业竞争的重要作用。各国政府、相关企业和全社会都会参与到这个宏大的故事之中，有时掌握核心思维比掌握核心技术还要厉害，错误的思维就会导致产业失败、投资失误，反过来还以为只是尖端技术本身的原因导致失败。一定要参与到全球化、证券化、专业化的宏大故事之中，为人类社会发展、时代变迁、时期演进做出应有的贡献。

营商的核心就是要站在更加开放的全球视野，进行形象的虚拟证券化运作、抽象的专业化把控，长期积累，把一件件小事慢慢变成大故事；立足本国实际，精心谋划，长远实施，技术突破，长期坚持，这个故事就会从一个国家影响世界，成为一个时期的大故事。互联网时期就是美国牵头，全球参与的一个大故事。每个国家必须补足短板，学习别的国家，更要讲出自己国家的故事影响世界，这个国家在全世界才有地位，可以有理由相信中国的高铁故事，立足中国实际，补足运输短板，寻求技术突破，长期坚持，中国的高铁故事会影响全球公共交通运输产业发展。高铁时期是以中国中车这个龙头企业牵头的中国故事，高铁真正成为中国的高端制造。

营商在接受各种文科、工科等多领域、多学科教育，系统学习商科教育，掌握心理学、行为学、社会学，广泛接触社会实践基础上，通过深入思考运用人气理论研究人气关注的房价、股价、物价"三价"，正确利用四个对策，促进三价的投资，使人类社会真正进入商业投资的社会，让人们越来越智慧；运用人群理论研究股价的人群环，寻求可以寄托的指数板块，进行推动指数上涨的契合成长行业板块分析，通过金融带动实体，实体支撑金融，让衍生品成为虚拟时代人们必须熟悉的新名词，自然时代—物质时代—虚拟时代，品种—品牌—衍生品；运用人口营商理论着重研究人口集中的奢侈品龙头个股实现 8 倍增值的人口顶，通过信任头部的顶格思维极度以及后悔分析，饥饿、圈子、标杆策略正确引导和培养龙头个股带动各国相关产业的发展，推动时期不断向前演进，使这个国家和全世界人们共建共享这些营商顶级智慧带来的高品质生活，真正实现人类的尊严、尊重和尊敬的生活目标。农业社会、自然时代以及兴盛时期是相互平行的时间状态，只是研究的角度不同，农业社会的主体是军队，自然时代的主体是军事，兴盛时期的主体是军备；工业社会的主体是企业，物质时代的主体是实体，昌盛时期的主体是产业；商业社会的主体是教育，虚拟时代的主体是金融，鼎盛时期的主体是营商。不同社会、时代、时期的主体变化如表 1-8 所示。

表 1-8 不同社会、时代、时期的主体变化

	农业、自然、兴盛	工业、物质、昌盛	商业、虚拟、鼎盛
人气营商学	军队	企业	教育
人群营商学	军事	实体	金融
人口营商学	军备	产业	营商

第二章　人口营商价值共享及信任分析

第一节　如何理解信任

一、信任的理解

（一）信任含义

信任是社会秩序的基础之一，没有了信任，社会自身的正常运转将会出现危机。《辞海》中对于信任的解释为"相信而敢于托付"。在中国儒家、道家文献中，包括了很多信任文化的论述。《论语》中关于"信"的讲述充分体现了中国人对于信任的高度重视，人们认为"信"是社会道德不可或缺的一部分。关于信任的研究最早起源于心理学领域，Deutsch 等（1958）最先提出"信任"的概念，认为"信任"是一种心理预期，即对某件事情是否发生给出心理预期，据此采取相应的占优策略，即便此事未必发生。信任概念由于其抽象性和结构复杂性，在社会学、心理学、营销学、经济学、管理学等不同的领域，信任定义是不同的，没有一个统一的定义，但是达成共识的观点是：信任是涉及交易或交换关系的基础，被定义为愿意相信、依赖另一方的信念或意图。

现在学界普遍认为信任是社会资本的一种，越来越多的研究也将信任作为影响经济增长变动的重要因素，目前成为社科领域关注的热点。在社会科学中，信任被认为是一种依赖关系。值得信任的个人或团体意味着他们寻求实践政策、道德守则、法律和其先前的承诺。相互依赖表示双方之间存在着交换关系，无论交换内容为何，都表示双方至少有某种程度的利害相关，己方利益必须靠对方才能实现。因此从社会科学的观点也可以发现信任与承诺、共赢具有重大的关联，这与人气营商学、人群营商学和人口营商学的研究观点一致。无论是在经济交换还是社会交换中，信任都起着举足轻重的作用，是陌生人之间进行交易的纽带，是个体做出策略的重要影响因素。

在人口营商中，信任是研究的核心，主要是因为只有在投资人相信龙头个股可以创造绝对价值的前提下，投资人才会做出投资策略。因此，信任在价值投资中可以帮助投资人选择具有绝对价值的龙头进行人口集中。可见，信任是人口营商学的核心，是决定投资人能否实现百倍绝对价值的关键因素。对于人口营商的价值投资来说，信任可以帮助投资人把握不同行业中的奢侈品龙头个股的最大空间和恰当投资时机，减少选择龙头过程中伴随的风险，增强投资人对于资产增值的心理神往，不断实现绝对价值的创造。

（二）信任演变

从信任的概念中，可以看出信任作为人口营商学核心研究的重要性。信任是持久追求价值投资最大化的关键，能够帮助主体双方实现价值共享。在不同的时期，信任的概念均存在，但含义不同，因此研究信任必须对信任的时期演进进行梳理。

兴盛时期的生产以资源禀赋为主要依据，是指由于各区域的地理位置、气候条件、天然资源蕴藏等方面的不同所导致的各区域专门从事不同的生产局面，因此，人们因地制宜，不同区域生产各自具有优势的特产。在兴盛时期，对于经常处于动荡不安、缺乏安全感的人们来说，满足基本生活需要和安全是人们美好愿望和向往，而由于天然资源的决定权往往掌握在领头人手中，因此领头人是通过一定的规则形成的，比如决斗和战争。人们为了满足基本生活需要和安全感，会向拥有资源决定权的领头靠拢。兴盛时期，强大的中原王朝以天朝自居，唐朝各附属国都要向天朝进贡，各属国的地方政府也会向本国君主进贡贡品，将各地品质优秀或稀缺珍罕的上品进贡给信任的领头。因此，信任在兴盛时期主要解释为领头信任，拥有天然资源与优势的领头起事并带领别人行动。国家早期的形式就是通过身为领头的"共主国"带领邦国共同成立以血缘（族姓）为基础，具有互相信任的亲缘体，通过这样的方式壮大了信任主体的实力。不仅领头扩大了势力范围，跟随者也弥补了生活资料和天然资源的短缺。

昌盛时期是继兴盛时期之后的时期演进阶段，其显著特征之一便是以经济增长为核心。在昌盛时期，由于技术的不断进步，天然禀赋资源在生产流程中所占的重要性逐渐减少，社会整体生产力有了质的提升，科学技术极大地改变了人们的生活方式和追求目标，创造信任的前提转变为领先的尖端技术，尖端技术对于国家的军事、经济实力以及政治影响力都有很重要的作用。昌盛时期，企业是技术创新的主体，因此关于技术创新驱动经济增长的动力机制的研究通常将企业设定为研究对象。技术创新的动力源有外在动力源和内在动力源，外在动力源是时期需求拉动力和科技进步推动力，而内在动力源于企业这一创新主体对利润的追求。企业既是技术创新的实施主体，也是技术创新成果的直接受益者，企业具备创新的内在动力和外在动力，经由技术创新提高自身竞争力，从而增强区域、国家的后发优势。因此，进入昌盛时期，"信任"的概念发生了重大变化。昌盛时期的信任更加重视的是制造流程、信任掌握的尖端技术。在这个时期，信任的含义理解为信任领先。领先信任源于尖端技术的领先，只有领先的企业会获得社会大众信任，会引来行业内其他企业的模仿和学习，能推动每一个行业的整体发展，从而带动时期的整体进步。

进入鼎盛时期，专业化与哲学社会科学思维加快了时期的演进。在专业化背景下，全球范围内互联互通，各区域主动或被动地参与国际分工合作，利用各自比较、相对优势，最后形成绝对优势——专业化共建共享。在专业化领域中，只有 8 倍增值空间的龙头个股才能成为人口集中的头部，头部高的个股能获得更多的人口集中，拥有更多的投资。头部是所在各个行业中的个股绝对价值的体现。鼎盛时期的信任主要解释为投资人以专业化为背景，通过信任头部，进而创造百倍的价值空间。人们对于专业化龙头的投资，是对创造绝对价值的心理神往，没有对于头部的信任，就不会形成人口的集中，信任头部的选择是投资人抽象、具象思维的整合。通过信任头部的理论研究可以增强投资人对于预期百倍价值增值的肯定性，减少在专业化市场中投资的失误，保证投资选择个股的正确性。信任是顶格思维，后悔龙头、人口策略、饥饿策略、圈子策略、标杆策略展现出头部极度，本章重点从如何实现鼎盛时期信任头部的角度分析基于顶格思维形成的价值共享。

综上所述，信任在三个时期的演变路线如图 2-1 所示。

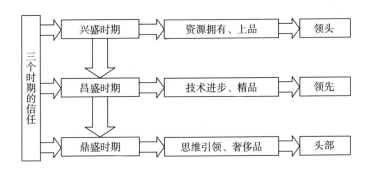

图 2-1　三个时期的信任理解及演变

二、信任表现

信任的表现主要是从信任在三个时期中的目标与能力来衡量。总体来说信任在三个时期中呈现出三种不同的变化特征。在兴盛时期，"信任"是在天然禀赋资源要素集中的情形下实现领头信任，表现为"双继"——继续、继承，保障人们的基本生活需要与禀赋资源的有效传递；在昌盛时期，"信任"是在重视生产流程的情形下实现信任领先，表现为"双奋"程度，进而促进尖端技术不断发展与保持领先目标；在鼎盛时期，"信任"是投资人为追求特有的绝对价值情形下选择信任头部，表现为"双共"程度，帮助投资人实现顶格生活追求，实现与头部共享绝对价值创造。

（一）兴盛时期——表现为"双继"能力

兴盛时期，核心是土地、权力、军队，能够拥有土地、权力，军队发挥的作用是不可替代的，能够表现出对于土地、权力长期拥有的继续和继承能力，才能成为兴盛时期的领头，继续对于土地的热爱和权力的把握，是信任的基本前提，对于拥有土地和权力的家族继承，也被称为当时人们的共识，因此"双继"——继续、继承，是信任领头的表现所在。没有"双继"能力，作为领头信任是不可能的。"双继"能力既表现信任的起点，也表现信任的延伸，表现在没有"双继"能力，领头信任无法实现。"双继"既是个体自己的选择，也是人们的基本共识。继续和继承也是一种重要的能力，没有坚持和毅力是很难继续的，没有对于历史的了解和把握也是很难继承的，从中国历代皇帝的更替，就可以看出每个朝代的继续与继承能力，这决定了人们对于领头的信任，兴盛时期的人们只要年年风调雨顺，生意兴隆就会满足，就会遵从领头，服从统治；不能够很好地传承，让人们衣食无忧，农民就会造反，表示对领头的"双继"能力不满意。

在兴盛时期中，天然资源的决定权是由领头掌握的，这也是领头获得信任的关键因素。兴盛时期，强大的军队发展成为军备是领头实力的象征，只有强大的军备才能保障其对天然资源的掌握，由于生产力的低下以及天然资源具有的区域特性，领头和其追随者需要互相信任，领头将天然资源分配给其追随者，追求者付出自己的劳动要素，通过双方的信任，不仅维持了领头统治的稳定，同时也弥补兴盛时期资源短缺的问题，保障了人们的基本生活需要。兴盛时期，领头拥有禀赋资源更容易获得人们的信任。本质规律决定领头拥有的先天禀赋资源越多，其资源可以继续继承的程度就越大，如图2-2所示。因此"双继"——继续、继承，是兴盛时期信任的主要表现。

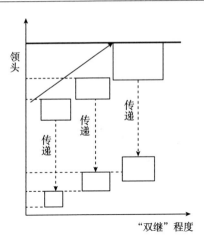

图 2 - 2 兴盛时期信任表现

（二）昌盛时期——表现为"双奋"能力

昌盛时期信任领先，是基于技术的不断进步，前沿技术层出不穷，导致尖端技术应用快速发展，是企业"双奋"——奋力、奋发的结果。企业在尖端技术上的领先是人们信任的前提，掌握和拥有尖端技术的企业必须奋力、奋发，进行科研能力培养和大量投入科研经费，只有这样才能赢得市场信任。西方国家在科研方面的投入走在世界前面，必须奋力追赶，后天的努力非常重要，只要技术落后，这个国家就会挨打，企业就会停滞不前。进入昌盛时期，科学技术的不断迭代以及尖端技术的周期演进，成为经济增长的核心推动力，必须奋发图强。由于技术的不断进步，天然禀赋资源在工业生产流程中所占的重要性逐渐减少，知识和科技成为经济增长的主要内生变量。新经济增长理论指出，在经济增长的内生过程中，边际生产率在知识和经济的影响下可以产生积极效果。昌盛时期的国家之所以一直保持积极的经济增长，便是因为科技与知识随着需求的增长而增长，国家也因知识的积累和科技的发展而增强信心，进一步加大工业投资力度，由此形成了良性的循环。在昌盛时期，只有奋力、奋发实现尖端科技，产业才能形成和发展。

昌盛时期信任领先是为了通过奋力、奋发获得更大的利润主体，发挥自身领先的核心技术优势。因此"双奋"——奋力、奋发，是昌盛时期信任的主要表现。在昌盛时期中，尖端技术已经成为提高综合国力和企业发展的关键支撑，为世界经济提供源源不断的发展动力，谁把握了世界新一轮科技革命和产业变革大势，谁就能增强经济新活力和竞争力，获得信任。如图 2 - 3 所示，在昌盛时期中，现代工业生产流程所需的所有知识、资源及尖端技术是经过后天学习的，奋力、奋发才会获得领先的优势以及信任。

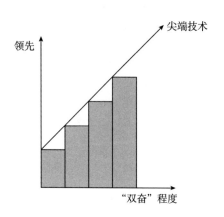

图 2 - 3　昌盛时期信任表现

（三）鼎盛时期——表现为"双共"能力

"双共"——共建、共享，进入鼎盛时期，信任的表现不再仅仅是昌盛时期中尖端技术的"双奋"能力，而是思维的哲学、社会科学，更重要的是突出顶格思维共建、共享能力，共同建设，共享成果。鼎盛时期中，信任的概念已经发生了变化，强调投资人为了实现头部价值的百倍增值，需要专业化眼光把握头部，实现头部的价值共享，创造绝对价值。在鼎盛时期中，核心是哲学社会科学。进入鼎盛时期，信任的表现是投资人加深对共建、共享发展理念的认识，通过信任头部，将价值共享化，强调共建共享，在共建中共享、在共享中共建，推动时期不断演进，创造顶格的价值空间，实现绝对价值创造。

进入鼎盛时期，受哲学社会科学思维的影响，投资人通过信任头部，强调将赞美价值与哲学社会科学思维共建共享，共享演进机遇、共同推进股票市场专业化，创造"百倍"价值空间，为实现绝对价值打下坚实的基础。因此"双共"——共建、共享，是鼎盛时期信任的主要表现。鼎盛时期信任的表现如图 2 - 4 所示。在个股头部信任与"双共"程度和时间构成平面的关系图中，由于时期中共建、共享的程度高低不同，造成对个股头部高度信任的程度不同。"双共"程度越强，信任头部创造的价值便会越大，这是鼎盛时期投资人最希望成为的状态。在鼎盛时期中，投资人通过对个股头部的信任，不仅使得个股获得更多关注与更多资源，同时头部的良好的发展预期也会为投资人带来百倍的价值增值。"双共"程度越高，人口集中信任龙头的时间越久，创造的绝对价值便越大，反之则相反。

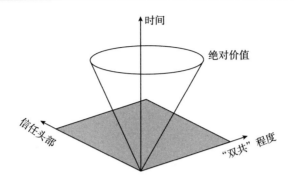

图 2 - 4 鼎盛时期信任表现

三、信任作用

信任在不同时期，其作用也发生了不同的变化。三个时期中，信任的作用是不同的，信任是投资人抽象思维和具象思维的结合，帮助投资人对个股头部实现价值共享，进而创造绝对价值。总体来说，如图 2 - 5 所示，兴盛时期的信任领头在天然资源短缺和区域固定的背景下，通过形成领头与跟随者的方式，充分利用了各地固有的天然资源，实现原产地保持；昌盛时期的信任领先更加重视的是制造流程、信任掌握的尖端技术；因此，领先的技术可以实现原装地保证；鼎盛时期的信任头部是指人们为追求的百倍价值增值的心理神往，通过选择信任头部，增强投资人对于预期百倍价值增值的肯定性，减少在专业化市场中投资的失误，保证投资选择的正确性，实现最好的原版地培养，形成人口集中投资。

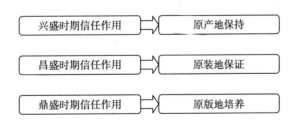

图 2 - 5 信任在三个时代的作用

（一）兴盛时期信任作用：原产地保持

兴盛时期的生产效率低下，人们以精细为原则，只有对天然资源进行精细化的探索，才能解决人们的温饱、生存问题。兴盛时期交通不便，人们只能利用当地的资源生产属于当地的特产。原产地，是指特产的来源地，生产地在特产的流通过程中具有标志性的意义。特产，是指在兴盛时期具有地理位置标志和专有特性的产品。原产地的地理标志是人们对上品信任的关键，每个地区所具有的不同天然资源与地域特色的文化，是地区特色上品发展的基础。这些上品成为各区域的地理标志产品，数代的传承是质量与品质的象征，人们自然而然地将地理位置与上品相关联，意味着在人们的意识中上品具有明确的地理标志性，人们会认为只有该地区最适宜种植、生产和加工该种特产，在别的地方种植和生产，口味和品质就无法得到保障，人们已经习惯了这个地方的品质。因此，信任的首要目的是实现原产地保持，通过对具有地理属性的天然资源进行精细化加工，进而保持上品的特色，实现信任关系的建立，有助于禀赋资源向下的传递，推动时期向前演进。

兴盛时期信任的作用如图 2-6 所示。

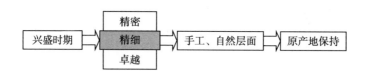

图 2-6 兴盛时期信任的作用

（二）昌盛时期信任作用：原装地保证

进入昌盛时期，制造技术的发展日新月异，科学技术的发展与生产力产生了质的提升，以欧美为代表的地区均逐渐走上了工业化进程，机器逐渐替代了手工。由于国外技术的领先优势，中国在技术发展的过程中会遇到很多技术壁垒和专利限制，存在较多的生产条件不完善、生产技术不过硬的厂家，不断受制于某些知名品牌生产的零部件，或贴牌或合资生产，但出于自身的原因，导致最终产品质量总体上参差不齐，所以消费者心里总有对"原装"的渴望。总希望能选择到性能/品质等各方面都比较好的"原装"产品，可以看出消费者对于原装地的信任，如消费者信任原装进口的汽车。昌盛时期的信任指的是信任领先，技术领先是精密化发展的前提，由于昌盛时期精密化程度增加，各个产业内部都有精品脱颖而出，消费者更加信任精品的原装地，来实现对于物质的追求，于是信任的作用从兴盛时期的上品的原产地保持发展到昌盛时期的精品原装地保证，昌盛时期信任的作用如图 2-7 所示。

（三）鼎盛时期信任作用：原版地培养

进入鼎盛时期，个人的物质需求逐渐得到满足，人们对精品精密技术的追求已经转变为奢侈品卓越思维追求。卓越与奢侈品在本质上有着相同的属性，在人

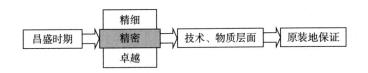

图 2 - 7   昌盛时期信任的作用

口营商学的研究中，龙头个股的顶格思维极度是投资的关键，增加信任头部就是帮助投资人做出正确的选择，选择正确的价值投资中的奢侈品——百倍增值的个股。找到价值共享的奢侈品，培养奢侈品是鼎盛时期信任的核心作用。发现顶格思维极度高的龙头个股后，人们必须对它保持信任，对它进行培养。一个国家要获得全世界的人口的集中，就需要不断培养本土龙头，通过可以代表本国的卓越思维的奢侈品吸引全世界人口集中。例如美国的波音飞机、苹果手机，新西兰的牛奶，法国的香水、红酒，中国的茅台白酒、高铁动车。人们不仅要求原产的地理属性和原装的技术属性，更加重视原版的思维属性为其带来预期增值。龙头个股培养需要通过投资人、企业、社会等主体共建共享。人口信任的研究核心就是判断如何选择龙头个股、判断龙头个股的空间和时机。当个股的共建共享能力不断增加，那就意味着能够创造更大的头部价值空间，实现百倍绝对价值创造。鼎盛时期哲学社会科学思维成为能够创造绝对价值的关键，促进更大多数人的原版、卓越思维形成，信任头部就开始聚集，表现为以专业化为背景共建共享。鼎盛时期中的信任头部是一种共建共享思维，是投资人实现绝对价值的必要条件。通过提高鼎盛时期的共建共享程度，让投资人培养原版、卓越思维，与龙头共同实现绝对价值创造。鼎盛时期信任的作用如图 2 - 8 所示。

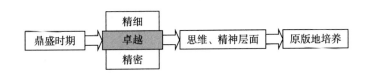

图 2 - 8   鼎盛时期信任的作用

四、信任形成

由于在不同时期，信任的主体与含义都有所改变，因此信任的形成在三个时期也有着不同的形成机理。

在兴盛时期，人们对于土地、资源、手工艺、天文地理等规律的认识是有限的，人们的认识是通过沿用规律，利用天然资源来实现生存保障。从沿用的定义里，不难发现沿用和规律的内在联系是十分密切的。在兴盛时期，对于经常处于动荡不安、缺乏安全感的人们来说，满足基本生活需要和安全是人们美好的愿望和向往，而由于天然资源的决定权往往掌握在领头手中，人们为了满足基本生活需要和安全感，会向拥有资源决定权的领头靠拢。选择信任领头便是一种规律的沿用，对于封建统治有着稳固的作用，沿用是兴盛时期形成信任领头的决定因素，也是兴盛时期上品形成的关键。沿用是指在兴盛时期所存在的主体，继续使用经过长期时间形成的已有规律，基于这种状态，兴盛时期的天然资源会通过继续、继承的方式，来向下传递，实现信任领头，这便是信任的基础。

在兴盛时期，是由沿用形成了信任领头，可被沿用的自然禀赋资源可以更好地促成资源向下的继续、继承，也决定了原产地的保持。兴盛时期的劳动力与天然资源的整合，促进了人们生活水平的提升，人们的初级需要得到了基本的满足，品种质量便得到了解决。兴盛时期信任的形成如图 2-9 所示。

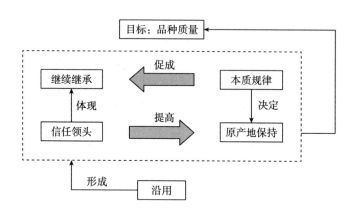

图 2-9 兴盛时期信任的形成

在昌盛时期，人们对天然资源的依赖减少，使用机器代替体力，依靠科技技术和工业机器从事大规模的产品生产。科学技术迅速发展，生产效率大幅度提高，以大机器的使用和无生命能源的消耗为核心的专业化社会大生产占据了社会经济的主导地位。在昌盛时期中，信任代表着对产品质量的认可，只有在使用产品过程中所获得的直接感受，才可以决定消费者的信任。在这个时期，信任的含义可以理解为信任领先，昌盛时期的信任发生了重大飞跃，这时期的信任是对于领先技术制造的产品的信任，产品性能、质量、维修、服务都是信任的影响因素，只有领先的技术才被消费者实际感知到，才能获得消费者信任。

昌盛时期信任的形成如图 2-10 所示，不同于兴盛时期的信任领头，昌盛时期的信任主要体现在"双奋"程度。昌盛时期中，信任主要体现在通过奋力、奋发的方式，掌握尖端科学技术。在消费者对于物质追求的推动下，为了实现创造利润的目标，企业通过掌握尖端技术，在消费者确切地使用产品的过程中，进而实现信任领先，这是信任的支撑。在昌盛时期，消费者和企业之间形成信任领先，只有切实地使用产品，才可以形成信任领先。在原装地购买的过程中"双奋"程度得到不断提升，也促进了消费者对于原装产品的购买，进而稳固顾客的产品信任与品牌忠诚。

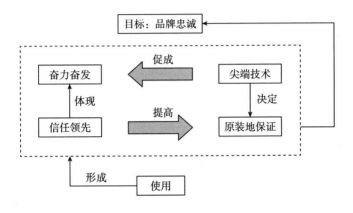

图 2 - 10　昌盛时期信任的形成

进入鼎盛时期，随着信息技术飞速发展，新技术、新产业、新业态、新模式不断涌现，移动支付、共享经济、生活服务和公共服务平台等创新不断，成为世界经济发展新的增长点。其中建立共享经济的方式——共建共享（"双共"）无疑是时期主题，改变习惯的精神层面享用成为创造绝对价值的关键。绝对价值创造是驱动人们实现心理神往的最关键因素。共享概念早已有之。在传统社会，朋友之间借书或共享一条信息，包括邻里之间互借东西，都是一种形式的共享。共享经济将成为各个行业内最重要的一股力量。

鼎盛时期中，信任表现为"双共"程度。如图 2 - 11 所示，鼎盛时期的享用体验形成鼎盛时期的信任。由于投资人享用专业化的奢侈品，奢侈品的"双共"程度在不断提升。人们的学习思维不断提升，龙头个股与投资人实现价值共享，投资人会追求具有时期价值标的龙头个股进行人口投资，抓住股市中的龙头个股百倍增值空间，是投资人在鼎盛时期追求的目标。随着信任头部的龙头个股投资人数量增多，个股与投资人可以实现更好的价值共享。具有绝对价值空间的龙头个股会吸引人口集中，实现绝对价值创造，投资人可以获得资产的大幅增值。

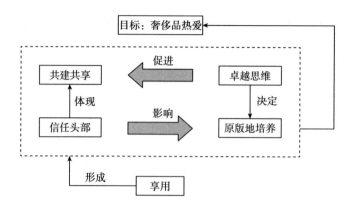

图 2 - 11　鼎盛时期信任的形成

第二节　鼎盛时期的信任

一、鼎盛时期信任角色变化

（一）信任头部与专业化密切相关

在鼎盛时期，研究个股头部高低是人们投资的核心，头部高低与专业化紧密相关，头部越高，投资人越信任，投资人信任个股，实际上是信任个股本轮行情能够到达的头部高度，而不是信任领头、领先，没有极高价位和非常明晰的低头部个股，投资人不会投资，但是能够有高头部的个股，一定在本领域极其专业。笔者在人口策略章节已经说明是行业前三甲，投资人才可能集中个股，三甲不一定集中，集中必须是三甲，这足以体现专业的重要性。信任头部专业化是对传统信任领先市场化模式的重大突破。信任专业化头部（个股）实现 2 倍、4 倍、8 倍增值是学习心理和传播行为共同作用的结果，与其他商品（物价、房价）投资相比，优势非常明显和清晰。虽然信任理论用在物价、房价的头部一样行得通，但是头部只有投资个股的研究更加顺手，更加容易得到投资人认同。对投资人而言，专业化是基础，根据专业能力选择信任头部是价值赞美的关键，只有这样才能创造更好的收益，未来投资只有专业化，才能实现百倍价值增值，德国汽车的专业化、美国飞机的专业化才能成为头部信任。

只要真正理解专业化的重要性，个股就会在自己热爱的领域深耕，打下坚实理论基础，进行广泛的实践锻炼、深刻的思想领悟，始终把握前沿和尖端技术，与产业链的所有投资人共同建设、共同分享，信任头部的专业化是在全球的专业化分工和产业形成的大背景下加以理解，这是专业化的核心思想，不能专业化，不可能形成头部信任，不是所有的专业化努力能够形成头部信任，如全世界信任德国的汽车头部、美国的飞机头部，其他国家的汽车、飞机头部信任就会很难形成。

（二）信任头部与各国联动关系更为密切

在专业化的鼎盛时期，专业投资是共建共享，信任头部的龙头个股必然产生各国的价格联动，绝对价值的龙头个股，形成对于头部的信任，并且形成人口的集中，对于各国产业和世界经济发展影响巨大。全球化、证券化的资本市场，龙头个股需要获得专业投资人的信任，才能形成价值共建共享，世界各国的利益与命运也更加紧密地联系在一起。不再局限在一国内部，不再是一国之力所能应对，全球性挑战更需要各国联动起来共同去应对，因为专业化投资也是各国联动的。

互联网的龙头是移动终端美国苹果公司，专业人士共建共享，产生了全球对于互联网龙头的头部信任，而苹果龙头，带动全球互联网产业的发展和繁荣，形成了以苹果公司为核心的互联网行业的投资人共建共享，全球互联网企业纷纷到美国上市，又进一步帮助美国的互联网企业龙头加快形成和发展，这些都是信任头部与各国联动关系的真实写照。苹果公司在技术上的领先和超前探索，形成了一定的专业性，而全球各国的积极响应，让美国苹果成为龙头有了底气，关键和尖端技术发展为龙头形成了强有力支撑。这个实例也说明信任头部对于全球产业的影响，没有头部的信任，互联网企业发展只能是题材，让投资人看不到行业的成长性。一旦龙头的头部体征和个股价格明显表现出来，该行业发展的繁荣时期可能已接近尾声。

在鼎盛时期中信任头部，形成投资人与绝对价值个股之间的共建共享，绝对价值又将各国投资人联系在一起，培养成长价值蓝海板块的龙头个股赞美，降低不确定性价值投资的风险。专业化是共建共享鼎盛时期演进的必然结果。在专业化的背景下，各国在斗争更加激烈的同时又会紧密地联系在一起，通过信任头部，各国交往日益频繁，联系日益紧密。鼎盛时期，信任头部确定出个股顶格的极度。中国的茅台白酒、高铁等；美国的苹果手机、波音飞机个股实现的顶格极度，都是典型的可以带动全球产业联动的龙头个股。信任头部强调顺应鼎盛时期专业化的趋势，通过龙头个股人口集中推动专业投资人走向产业共建、价值共享，确立心理神往的龙头个股带动作用，激发各国自身和全球共建共享的强大活力。

二、鼎盛时期信任新要求

(一) 信任的广泛影响力

在鼎盛时期，信任头部具备广泛的影响力才能形成个股集中。信任头部的广泛影响力是由投资人与龙头个股共建共享的结果，龙头个股获得专业投资人集中，成为满足投资人心理神往的奢侈品。专业投资人赞美人口集中的奢侈品，奢侈品符合创造 8 倍绝对价值的思维。鼎盛时期中的信任头部是一种共享思维，投资人更重视培养原版龙头个股百倍增值，因此，鼎盛时期对信任的新要求便是：信任头部必须具备广泛影响力，具备创造 8 倍绝对价值的可能性。

在鼎盛时期，随着专业化的时期演进，全球化的价值共识、证券化的价值共同、专业化的价值共享形成，信任头部也一步步地从分散的个体、聚焦前三，逐渐演变为人口集中龙头，广泛的影响力使其形成专业投资人集中。因此信任头部必须具备广泛的影响力。只有信任头部具有广泛影响力，才会进入专业投资人的视野，帮助创造绝对价值。从国家层面看，信任头部对一个国家的发展有着重要的影响。一个国家信任头部的影响力，代表该国向全世界展示这个国家某个行业龙头未来发展潜力，会引来专业投资人的集中，带动该国相关产业的迅速发展，尤其是当专业投资人达成价值共享，便会有大量的资金流向该国，使这个国家可以在鼎盛时期资本不断累积，资产大幅升值，提高该国在全球的话语权，一个国家信任头部的多少，决定这个国家发展的实力和后劲大小。

在鼎盛时期，信任头部的绝对价值创造是专业投资人的心理神往。由于每只个股创造的价值大小不同，只有能够形成绝对价值的信任头部，才会进入专业投资人的视野。头部影响成长板块，板块契合大盘指数，只有当头部的影响面越广，证券市场的关注度才会提高。个股的信任头部绝对价值的实现，才会使投资人集中，没有信任头部的个股，说明这个行业龙头没有影响力。无论是国内还是国际的影响力，表现的都是信任头部的绝对价值。在鼎盛时期，将影响力大小与绝对价值联系在一起，即信任头部可以创造 8 倍绝对价值，才会具有广泛的吸引力。

(二) 信任的主动性和独立性

信任头部的主动性与独立性相互联系，对实现龙头个股的绝对价值起着巨大的作用，其基本含义是信任头部更多地由头部最高位主动调整形成，并且受其他因素变动的影响较少。主动性与独立性要求对具有 8 倍绝对价值的龙头个股保持信任，成为决定和调整信任头部不可缺少的重要因素。信任主动性是指主体（国家或个人投资者）可以根据环境、形势的变化主动信任行业中的龙头个股的头部。

在"国内供给侧"改革、国内大循环为主的背景下，主动培养奢侈品创造绝对价值，是提升国家整体影响力的关键，要想成为奢侈品必须具备两方面特质：一是国家必须在这个赛道和行业里面培养主导或是龙头，否则该国其他行业会受到更大影响；二是获得专业人士和投资人的信任，不满足上述两点无法成为具备 8 倍价值的奢侈品。投资人会投资信任头部的、主动培养的奢侈品个股，大消费板块的白酒板块茅台酒奢侈品，就是主动培养的信任头部。2005 ～ 2007 年股价行情的信任头部钢铁板块个股奢侈品也是如此，没有中国钢铁产量的世界地位和政府的坚强决心，没有钢铁奢侈品个股产生，中国的基础工业将受制于人，钢铁奢侈品个股也因此而产生。信任主动性主要体现在人口集中自主寻找并选择 8 倍慢、8 倍中或 8 倍快的头部。

　　信任头部独立性是指自主地思考和行动的心理倾向性。信任头部的独立性主要内容有：学习方面的独立性，包括思维的独立性，判断的自主性，知识、信息获取的独立性，传播方面的独立性。同依赖性是相反的，即独立性越强，依赖性就越小，反之亦然。

　　要正确看待信任头部独立性的发展，独立性的发展是培养原版思维奢侈品的前提。比如中国最具有原版思维的高铁，中国高铁走出国门，从原始创新到技术引进，经历了"高铁换大米"的历程，中国高铁从引进、消化、吸收和再创新，在短短的几年间，已经完成了从"追赶"到"引领"的华丽转身。资本市场中的高铁板块的龙头个股绝对价值更是明显，可以实现头部 8 倍绝对价值创造，同时可以带动主板指数板块实现价值的倍增和成倍增值。信任头部独立性不是培养原版奢侈品的充分条件，但却是一个必要条件。

三、信任头部与个股价格的关系

　　个股价格的上涨核心思想是信任头部理论，人口信任是人口营商学的核心，对于投资人进行个股投资意义重大。笔者将在本章第三节对人口信任的理论和意义进行详细的阐述。只有判断出个股的头部，才能准确选择投资个股的空间与时机。人口后悔以及四个策略都是为了更好实现信任头部理论，判断出龙头个股，形成 8 倍价值投资。如果个股的头部不确定以及增值倍数少，无法利用人口营商学的信任头部进行顶格思维的极度判断，结合人口后悔分析以及四个策略理论，不能找到人口集中的 8 倍先、中、后个股，那么价值投资、寄托固化、赞美抉择都会落空。

　　信任头部的研究起到关键作用便是降低投资 8 倍个股结果的不确定性，帮助投资人对于个股建立起顶格思维的价值共享，使得投资人的心理神往得以实现。信任头部分析对个股抉择都具有现实意义，保障投资人 8 倍绝对价值创造的安全性，同时也促成个股的人口集中。通过人口集中的个股带动整体板块和相关板块上涨，没有信任头部的个股判断和上涨，其他个股上涨也是非常不安全的，空间也会受到限制。头部不清晰、判断不准确和头部空间太小的个股，都是抉择的失误。

信任头部个股是否上涨、何时上涨，也是人口营商研究的核心，通过人口信任理论需要清晰地把握8倍个股上涨的空间和时机，与人气对策有关，与人群契合有关，所以个股的信任头部不是人口营商一门课程研究出来的，必须系统学习三门课程——人气、人群、人口。同时必须运用信任头部理论，结合人口后悔理论和四个策略，才能实现龙头个股奢侈品的8倍绝对价值创造。

鼎盛时期，信任头部和龙头个股股价的关系如图2-12所示，信任头部帮助投资人选择具有绝对价值的投资目标——奢侈品龙头个股，形成大量的人口集中在龙头个股，资金的流入以及思维的共享进一步推动龙头个股价格上涨，给投资人与龙头个股带来财富的增值。信任头部与龙头个股价格的影响关系中，人口后悔理论和其他四个策略在其中起到辅助作用。

图2-12　信任头部和龙头个股股价的关系

四、鼎盛时期的信任确定

在鼎盛时期，确定信任头部主要有三种方式，分别是历史确定、传播确定和共享确定。这三种确定方式在相互联系、相互作用之中构成了头部的确定方式，从而促进信任的建立以及推动其创造绝对价值。

（一）历史确定

人口营商学确定信任头部的第一步便是历史确定。对于龙头个股而言，历史确定是实现顶格思维的基础，龙头个股的历史价位可以体现出其核心能力积累、未来前景，可以推动其价格上涨，不同时期的个股头部均经过一定时期的积累。只有历史积累，才能使龙头个股真正超过过去历史高位实现上涨，历史高位具有参照物作用，否则，就会出现不断盘整下跌局面。历史价位的高低有助于减少不确定性，依托专业化的思维和判断，投资人可以判断哪些确定性是可以把握的，在初始阶段尽可能地做出正确的投资策略，减少人口集中8倍投资的盲目性。

历史确定对于个股投资而言，如果过去曾经实现板块龙头个股 8 倍增值，只要没有特殊情况，继续具备龙头个股的价值体征，再次实现 8 倍增值的可能性远远大于历史没有实现 8 倍高位增值的个股，如图 2 - 13 所示。例如富二代，如果继续努力，发财的可能性比穷人的儿女容易得多；美国的政治家族有总统世家都是历史确定的表现。

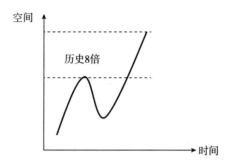

图 2 - 13　历史实现板块龙头个股 8 倍情形

历史确定还可以帮助确定新的板块龙头。如果该板块历史上没有龙头，最先有龙头个股体征的个股就成为了板块的新龙头。如苹果手机就是新型行业——互联网，苹果表现出明显互联网龙头个股价值体征，虽然互联网行业产生了很长时间，但是龙头个股一直没有产生，一旦形成龙头个股，互联网行业便具备了成熟的特征，如图 2 - 14 所示。中国的农业社会，陈胜、吴广起义就是为了形成新的王朝，想成为新龙头。

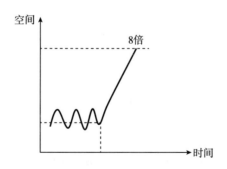

图 2 - 14　新型板块产生龙头个股 8 倍情形

历史确定通过对个股发展历史的分析，帮助投资人确定有悠久历史的龙头个股。如茅台酒的 8 倍增值，就是历史故事告诉投资人，曾经伟人赞颂过茅台酒，

曾经历史的辉煌，后人继承和发扬，才有茅台今天的 8 倍增值龙头个股，如图
2－15所示。中国在商业社会一定辉煌就是因为农业社会的盛世就在中华大地，
历史告诉未来。

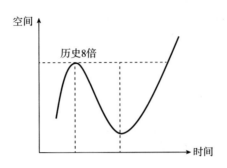

图 2－15　历史故事龙头个股 8 倍情形

历史确定可以确定龙头个股启动价位。历史价位高低与现实价位之间落差，
形成 8 倍空间增值超过个股的头部高度，8 倍龙头个股不可能集中到该个股上，
历史高位与现实落差较大，实现 8 倍增值后，达到的个股价位不能超过个股头部
价位，但是最少超过历史高位的倍增位，只有二者都能够满足，投资人才会集
中。2005 年武汉钢铁、宝钢股份就是因为宝钢股份的历史高位与最低价位落差
较小，而宝钢股份的 8 倍超过钢铁龙头的头部价位，投资人抉择武汉钢铁，8 倍
空间增值低于钢铁头部价位，同时实现历史价位的倍增。如图 2－16 所示。

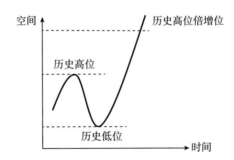

图 2－16　历史高位与低位落差情形

（二）传播确定

传播是在沟通和互动的基础上，更加强调龙头个股的绝对价值赞美的确定方
式，形成绝对价值共享。所谓传播，就是在全球范围内利用一定的媒介和途径所

进行的、有目的的信息传递活动，投资人借此可以抓住价值共享投资点，巧妙找到证券市场上个股上涨的最好投资时机和最大的绝对价值增值空间的信任头部龙头。由于价值的多极思维，有价值多极才能形成不同的价值共享，没有更多投资人形成价值共享，投资人的信任头部很难实现，信息的传播对龙头个股投资意义重大，只有形成正面的传播效应，更多投资人与龙头个股才能更好地共建共享，形成顶格思维的 8 倍增（减）值共享。传播帮助投资人建立起对龙头个股投资对象信任头部 8 倍增（减）值共享。

传播在现实中的应用非常广，在传媒、政治、营销、金融、医疗健康等领域均起到重要作用。当下最典型的莫过于病毒学，由于全球新冠肺炎疫情暴发，为了寻求控制疫情的方法，传播动力学的理论成为当下研究的热点。

如图 2 - 17 所示，这是最典型的传染病感染路径，包括新冠在内的传染病通常由易感人群 A 传染给 B，B 再传染给 C。事实上 A 可能感染了不止一个人，然后被 A 感染的人群又感染了更多的人，于是该传染病感染人群就会在短期内迅速扩大。假设传染系数为 3，即每个感染者会新感染 3 个人，那么每当病毒传播一轮，新感染人群就扩大 3 倍，当经历 N 次传播时，新感染人群就会变为 3 的 N 次方。

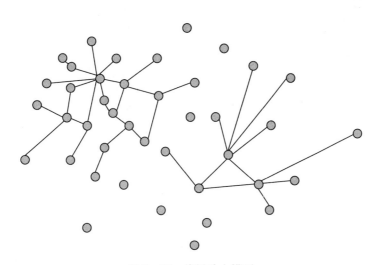

图 2 - 17 传播动力模型

疫情的传播原理与股市龙头个股上涨有相似之处。假如龙头个股初期有一定数量专业投资人集中，增量资金导致股价上涨，这就会吸引更多的专业投资人集中。不断循环，越来越多的专业投资人入场带来了更多的增量资金，更多的增量资金推高龙头个股吸引更多的投资人。龙头个股形成人口集中，龙头个股的上涨信息在专业人士中传播起来，形成价值共享，投资人抓住绝对价值投资点，巧妙找到成长行业板块中龙头个股上涨的最好投资时机和最大的绝对价值增值空间，形成8倍的增值上涨，也就是通常所说的机构抱团股票上涨。

在专业化的鼎盛时期，思维的传播实际表现在龙头个股形成的8倍增值投资传播上。表面上看似乎是技术进步导致传播效率提升，实质上是人们共享8倍价值增值思维的进步。强有力的正面传播是个股上涨8倍的前提，没有形成投资人认可的正面传播，个股不可能形成人口集中，导致个股上涨8倍增值。而共享思维是投资人之间思想的传播，实际表现在龙头个股价格上，更加突出价值共享的重要性。有效的传播将信息、情感和价值共享，促进龙头个股的"双共"能力，是人口集中前提。传播不仅是信息扩散的过程，需要有信息的传递和反馈来共同组成，同样也是专业人士信任头部的过程。信任头部强调共享发展，如果没有实现价值共享，意味着个股信任头部无法实现8倍价值增值，信任头部也不会达成。

（三）共享确定

共享确定是信任头部确定过程中的核心，历史确定与传播确定都是为了帮助投资对象选择信任头部。而真正的信任头部，是龙头个股表现的8倍价值空间。历史确定、传播确定是信任头部的基础，没有历史的参考、专业人士的传播，信任头部基本无法实现。实现个股人口顶的龙头绝对价值创造，是判断该龙头个股是否有8倍。投资8倍龙头个股需要专业投资人保持坚定的信心才能实现，8倍实现的过程需要时间考验和高度的定力。信任头部的共享确定主要判断个股8倍人口顶的顶格与推动龙头个股价格上涨的价值共享。只有8倍增值，才能价值共享，共享实现8倍价值增值。

进入鼎盛时期，投资人学习心理和传播行为形成绝对价值人口顶，是投资人信任头部、价值共享的结果，与形成"明星"商品的倍增比较价值人气线的认知心理和沟通行为形成价值共识；"蓝海"衍生品的成倍相对价值人群环的动机心理和互动行为形成价值共同；龙头奢侈品的8倍绝对价值人口顶的学习心理和传播行为形成价值共享。信任头部的顶格思维的判断需要与人气营商学承诺结果底线思维和人群营商学共赢共轭界限思维相结合。理解了信任头部，就清楚了龙头个股的人口顶上涨的重要原因，即是龙头个股头部顶格的极度推动的结果。顶格思维是研究个股形成绝对价值人口顶（8倍）的过程中的哲学社会思维。顶格思维是投资人判断龙头个股8倍增值实现过程以及具体位置的重要依据。

顶格作为建立价值共享的基础，根据时间及空间的变化，需要进行不断的判断。顶格的8倍位是判断投资人之间是否达成共享的重要依据。顶格思维作用在个股最为精确。顶格思维实现于信任头部的龙头个股，是投资人长期的观察和总结，与人气营商学底线思维与人群营商学界限思维相结合，既有相互的联系，又有很大的区别，如表 2 - 1 所示。

表 2 - 1　底线思维、界限思维、顶格思维关系

营商思维	底线思维	界限思维	顶格思维
研究学科	人气营商学	人群营商学	人口营商学
研究对象	商品——"三价"	衍生品——股价指数	奢侈品——个股
研究核心	承诺结果	共赢共轭	信任头部
价值确定	价值共识	价值共同	价值共享
重点关注	承诺实现倍增价值 结果——底线限度	共赢形成成倍价值 共扼——界限跨度	信任达到百倍价值 头部——顶格极度

从投资的实践来看，在个股投资过程中，满足投资人心理神往的条件首先要通过判断股价是否符合底线思维和指数是否符合界限思维的逻辑，进而通过个股顶格思维判断三种个股的上涨逻辑：个股直接下跌至 8 倍顶格极度，有一次或多次顶格极度；个股 4 倍后下跌、反弹至 8 倍顶格极度，此前有一次顶格参考；个股 4 倍后下跌，倍增至 8 倍的顶格极度，只是第一次顶格，没有过去参考。如果判断个股的顶格 8 倍位超过信任头部，则需要重新判断个股顶格，进行再次判断，以此类推。顶格思维的判断如图 2 - 18 所示。

（1）信任头部——个股直接下跌至 8 倍顶格极度，这种情况可能是业绩原因，开始价位低，后来业绩越来越好，有一次或多次顶格，至于顶格的次数是由业绩增长和不同行业个股头部高低、市值大小、上涨逻辑清晰程度多因素综合决定的。如图 2 - 19 所示。

（2）信任头部——个股 4 倍后下跌、反弹至 8 倍顶格极度，此前有一次顶格参考，这是由于个股随着指数波动的周期性影响，或者行业周期决定，成长行业龙头以前有 8 倍顶格极度参考。如图 2 - 20 所示。

（3）个股 4 倍后下跌，倍增至 8 倍顶格极度，可能只是第一次顶格，没有过去参考，这是推动指数上涨形成新的行业板块，是第一次形成了 2 倍指数上涨，个股上涨 4 倍，而且行业板块明确及龙头个股明显，形成 8 倍极度是肯定的，至于能否产生第二个 8 倍极度，可能是由行业周期和个股头部决定的。如图 2 - 21 所示。

综上所述，应当从鼎盛时期专业化的角度去研究龙头个股股价，顶格思维是影响投资人心理神往的关键变量。龙头个股与投资人之间在顶格思维实现的过程中形成价值共享，才能实现龙头个股绝对价值的信任头部。通过人气对策、人群契合、人口信任的作用，实现投资人的心理神往，人口投资个股在顶格思维上形成价值共享，促成信任头部。

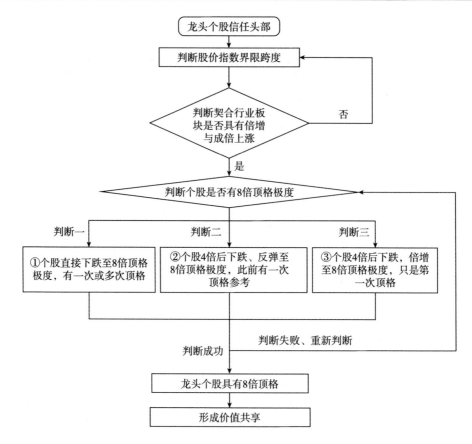

图 2-18 顶格极度判断逻辑

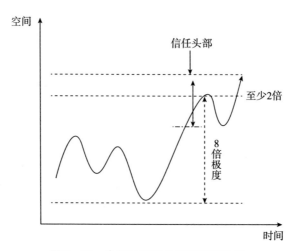

图 2-19 个股下跌至 8 倍的顶格极度

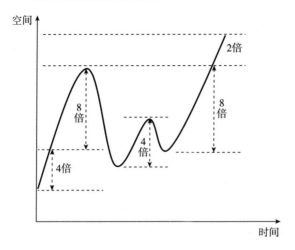

图 2-20　个股 4 倍后，下跌至 8 倍的顶格极度

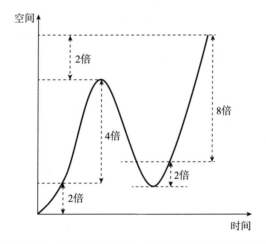

图 2-21　个股 4 倍后下跌，倍增至 8 倍的顶格极度

第三节　鼎盛时期的信任头部原理

一、信任头部原理的理论来源

信任在鼎盛时期，其角色和要求都发生了根本性的变化，"头部"概念的引入为本书提供了一个新的视角，进一步揭示出奢侈品投资的新特质、新事实和新规律，对哲学社会科学产生了深远影响。信任头部原理也并非无迹可寻，其具备大量的理论基础。"头部"是一个生物学、生理学、医学名词。这个名词和"头部＋"概念（头部效应、头部公司、头部资源等）近年越来越多地被用于多种学科。世界上任何领域都具有头部的存在，头部的社会影响大，关注度高，容易形成人口的集中，属于营商价值属性的研究范畴。本章主要从社会学和营销学两个领域来进行阐述。其中社会学为信任头部原理提供了全新的思维视觉，而营销学则为信任头部原理提供了发展的脉络。

（一）社会学来源

1897 年，意大利经济学家维尔弗雷多·帕累托在 19 世纪英国人的财富和收益模式的调查取样中，发现了一个规律：大部分金钱和社会影响力，都来自 20% 的上层社会优秀分子，从而提出了帕累托法则（又叫 80/20 法则）。帕累托法则指出在任何特定群体中，重要的因子通常只占少数，而不重要的因子则占多数，因此只要能控制具有重要性的少数因子即能控制全局。80/20 法则认为：原因和结果、投入和产出、努力和报酬之间本来存在着无法解释的不平衡。

在社会生活中，最能体现帕累托法则的就是品牌的"头部效应"。所谓头部就是所在赛道里的高价值并且有优势的领域。在任何一个领域内，人们通常只能记得 1 ~ 2 个品牌。比如购物网站，首先便会想到淘宝、京东，即使拼多多的体验和发展也很不错；世界上能被大众叫得上名的高峰，永远是珠穆朗玛峰，就算排名第二的乔戈里峰只矮了 233 米。

1. 头部优势

头部的优势主要体现在两个方面：一是头部的收益更高，头部在一个领域中，往往会获得更多的关注，拥有更多的资源。在一个系统里边，头部吸引的注意力大概占 40%，第二名占 20%，第三名是 7% ~ 10%，其他所有人共分其余的 30%。头部会带来更多的关注和个人品牌影响力，这些都会提高头部能力的溢价，带给头部更高的收益。二是头部的加速度更快。一旦成为某个系统的头部，系统就开始产生正反馈——微小的优势会带来更多的名声，名声会带来更多的机会、更高的收益，从而可以继续获得更多的资源，继续扩大优势，最后的结果就是头部可以获得最高的增长率。

2. 头部矩阵

"头部矩阵"是用来帮助如何找到头部。如果把竞争领域分为高价值和低价值两个维度，把竞争力分为高优势和低优势两个维度，高价值定义为投入产出比最高的 20% 的赛场，高优势定义为实力排在赛场序列的前 20%，这样一来，所有的选择都能被分成 4 个区块，如图 2 - 22 所示，头部位于矩阵中的高价值—高优势区域，肥尾位于高价值—低优势区域，小山头位于低价值—高优势区域，沙漠位于低价值—低优势区域。

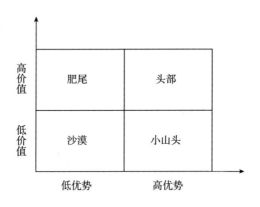

图2-22 头部矩阵

从认识论的视角来看，信任从更新的视野和更深邃的意蕴，揭示了事物的本质及其运动规律，在各个领域内只有头部才能获得更多的关注，拥有更多的资源，其本质内涵影响着研究思维方式的转变。鼎盛时期，信任视角让投资人在分析个股价格的时候，将头部龙头个股和奢侈品紧密结合。信任形成了绝对价值创造投资增长驱动研究的创新视角之一。

（二）营销学来源

"信任"指的是人与人之间的一种状态，它的产生与风险有关，它的存在又可以减少人际交往活动中存在的不确定性和风险，促进社会经济活动的发展。不过虽然信任作为社会生活的一个重要组成部分，从古至今也流传着许多与信任有关的故事，但是针对信任的系统化研究却是从20世纪中叶才开始的。信任这一概念具有跨学科、多维度的特征，它起源于心理学和哲学，后来经过社会学的研究而逐步发展壮大，之后延伸到了经济学、管理学、营销学以及计算机等学科领域。在营销学中，对于信任的研究主要关注于买卖双方之间的产品营销。与经济学中强调的一样，信任能够减少交易成本。此外，信任还可以提高客户对产品和品牌的信任，进而提高忠诚度，因此信任也起到了影响消费者行为的作用。

营销学对信任的研究主要聚焦在交易活动中，顾客信任的形成是随着企业与顾客双方信息的不断获取和积累而逐步形成的，是一种复杂多变（感性与理性）的认知过程，市场营销中，顾客与企业的每一次接触都是关系的建立，无论是与企业中人的接触，还是非人的信息类接触、物品环境等的接触，都决定着顾客对企业的判断：是选择进一步发生关系，直至产生交易，还是放弃了解更多，交易失败。本书在很多学者对信任的研究成果基础上，结合顾客信任的具体交往过程，构建了顾客信任形成的机理模型，作为对顾客信任演化过程与形成机理的一般解释，如图 2 - 23 所示。

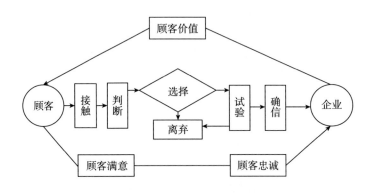

图 2 - 23　信任形成机理模型

鼎盛时期的信任是为了创造绝对价值，头部才会被投资人信任。人口营商学来源于营销学信任理论，信任头部的理论来源于信任领先的抽象思考。信任头部就是个股与投资人之间实现共建共享，通过顶格思维的实现，判断个股实现绝对价值的空间和时机。人口营商学信任头部部分也与人气营商学的承诺结果以及人群营商学共赢共轭紧密相连。人气营商学承诺结果研究重在分析实现底线思维的价值共识，人群营商学共赢共轭研究重在分析形成界限思维的价值共同，人口营商学共建共享信任头部的研究重在分析达到顶格思维的价值共享。如图 2 - 24 所示。

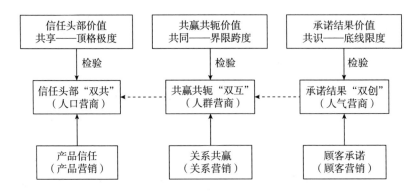

图 2 - 24　信任头部与产品信任、共赢共轭、承诺结果的关系

熟悉产品营销理论研究，很容易理解传统的产品营销学是从环境变化和核心竞争力角度分析信任产品技术领先的，是偏重于科学的方法；而人口营商学从人类的学习心理学、传播行为学角度出发，分析信任顶格思维头部，是偏重于哲学社会科学的思维，是从人类自身思考出发的。具象思维了解人们学习心理的诱因、刺激物、驱动力，人类必须利用好这种思维方式，信任个股头部是人口营商学的核心，通过判断价值共建共享和顶格思维，分析龙头个股绝对价值的实现，形成赞美投资。这些都是信任头部产生的理论基础和源泉。

二、鼎盛时期信任头部原理

（一）基本原理

鼎盛时期信任头部原理主要是指投资人的心理神往形成的 8 倍人口顶，与通过"双共"（共建共享）形成的顶格思维，用来判断龙头个股头部的极度。心理神往是人们对价值的判断提前勾画出的一种标准，达到了这个标准就是达到了期望值。投资人的心理神往是由信任龙头个股的头部而形成，进而使得信任头部基于顶格思维，具有 8 倍的心理神往，"双共"形成的价值共享则是连接心理神往与信任头部的桥梁。因为鼎盛时期信任与头部结合在一起，只有头部才会使个股投资人信任，研究个股如何实现达到头部价位是信任头部原理的核心，其作用机制如图 2 - 25 所示。

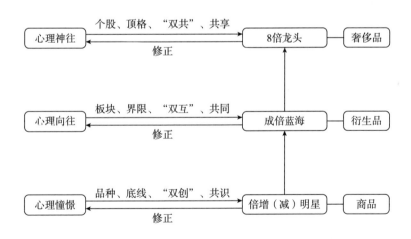

图 2 - 25 信任头部原理的作用机理

心理神往之所以可以影响信任头部是因为投资 8 倍增值的个股是投资人梦寐以求的价值真谛，商品品种形成 8 倍快、中、慢人气线；衍生品指数板块形成 8 倍不足、正好、超过的人群环，但是这些都是理论意义大于现实意义，都必须落实到具体的个股上，只有研究个股的8倍先、中、后人口顶投资，既有价值空间，又可以真正落地实施。人口营商学专门研究个股8倍绝对价值投资更加具有现实意义。人口营商学龙头个股的8倍人口顶绝对价值时间和空间（2倍、4倍、8倍）产生信任头部是本章研究重点。同时，顶格思维的研究也需要综合分析底线思维、界限思维的深刻含义以及研究对象。三种思维汇集在一起，更容易帮助投资人实现绝对价值创造，如图2-26所示。

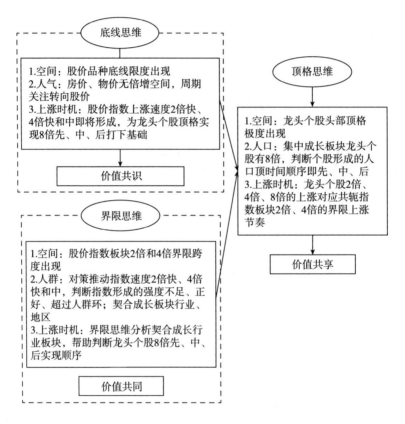

图2-26 底线思维、界限思维对顶格思维的影响

同样地，信任头部也会反作用于心理神往，信任头部的共建共享，会促使鼎盛时期的投资人寻求绝对价值的龙头心理神往，吸引更多的资本流入龙头个股，从而影响股票价格的心理神往，提升专业投资人士的人口集中，对该个股充满心理神往。构建共建共享，加强价值共享，对于投资意义重大。共建共享可以让投资人与个股之间保持相同的心理神往。个股的"双共"程度越高，会给个股带来更大的资金流入、推动股价上涨，减少下跌波动；对于投资人而言，有助于投资人抓住培养龙头个股实现绝对价值创造的机会，降低投资的风险。投资人与信任头部共建共享的构建，保持投资人更长时间心理神往，对于龙头个股有着积极的正面影响。投资人的心理神往作为专业投资人判断的依据，需要信任头部的龙头个股价格变动来实现。通过信任头部，正确把握和影响投资者的心理神往，不是盲目想象。在鼎盛时期信任的本质是头部，投资主体的心理神往便会因为这种头部变化而发生改变。

（二）信任作为头部的逻辑

要理解信任头部，必须要理解信任头部的逻辑。首先，鼎盛时期信任头部根本目的是追求龙头绝对价值的创造，而龙头绝对价值创造的过程是通过个股投资实现的（商品"三价"投资只能创造明星比较价值，板块投资只能实现蓝海相对价值），因此鼎盛时期信任头部的过程也就是个股投资的过程，是绝对价值创造的落地实现；其次，投资人投资哪只个股是对个股头部的信任，即通过个股与投资人的"双共"程度，专业投资人产生心理神往，才会选择进行投资，才能创造确定的 8 倍绝对价值；最后，信任头部是投资的一个目标，也是投资人选择投资的主要参考，投资人通过学习心理学和传播行为学，结合顶格思维投资龙头个股，没有 8 倍顶格思维的个股是不可能成为投资人心理神往的奢侈品的，只有奢侈品才会形成投资人的集中，比如，茅台酒与投资人、消费者之间形成价值共享，成为投资人、消费者眼中的奢侈品，符合顶格思维的判断逻辑，茅台个股价格才有不少于一次 8 倍上涨的必然结果。

信任头部的龙头个股，必将会形成人口集中。这是因为，个股的共建共享创造的绝对价值会让投资人产生神往，增加对不确定性个股投资的信心，会潜意识朝其主动集中，鼎盛时期的个股信任头部可以实现投资人绝对价值的心理神往，就会引起全球投资人对该国奢侈品的龙头个股进行相应的投资。当信任某一奢侈品个股的头部时，必然会带来速度快的全球化、强度大的证券化、顺序明确的专业化资金流入龙头个股，该奢侈品龙头个股的价格才能上涨，从而使得价值发生增值，实现 8 倍的涨幅，如茅台酒龙头个股的形成就是全球化、证券化、专业化投资的结果，美国的苹果股票也是如此，如图 2－27 所示。因此，鼎盛时期信任头部的根本目的是创造绝对价值，而创造绝对价值过程是通过投资实现的。因此鼎盛时期信任头部的过程就是投资者选择奢侈品龙头个股进行投资的过程。

图 2－27　信任头部的逻辑

（三）心理神往变化的内在含义

《人口营商学》中的信任是在学习心理学研究引起投资人的心理神往，具体个股的绝对价值发生变化。随着投资人对于个股心理神往程度的变化，其信任头部会发生变化，其绝对价值也随之发生改变，进而对信任头部的价值创造产生影响。信任头部的股价表现是投资人与个股之间的"双共"程度，只有不断地增加"双共"程度，才能做到正确地把握个股的顶格思维，长期保持投资人的绝对价值心理神往。如果无法正确把握顶格思维及其形成的极度，也就是准确把握心理神往发生变化，龙头个股的绝对价值创造就会很难实现，投资人就会选择培养其他有价值的龙头个股，专业化的投资人会寻求有价值的个股进行培养。

心理神往这个概念源于心理学，本书中心理神往主要是指投资人对于个股投资回报的期待与向往。投资人心理神往发生变化，即投资人对投资个股回报的期待和向往发生变化，也就是契合的板块构成的共赢共轭对于界限的人群环贡献和作用发生变化。

随着投资人对于个股心理神往的变化，其个股信任头部会发生变化，其绝对价值也随之发生改变，进而对信任头部的价值创造产生影响。心理神往的变化会引导投资龙头个股的不同人口 8 倍持续集中，为自己投资板块中的龙头个股寻找投资理由，不断对其进行赞美。人气营商的心理憧憬、底线思维，人群营商的心理向往、界限思维与人口营商的心理神往、顶格思维的对比如表 2 - 2 所示。

表 2 - 2　股价的心理憧憬、板块的心理向往和个股的心理神往

心理状态	营商思维	指数或个股价格波动幅度及满足的基本条件	
心理憧憬	底线思维	指数板块实现倍增快（2 倍）的限度，保住底部	②起步，可能是反弹，可能形成界限思维
心理向往	界限思维	指数板块形成先倍增（2 倍）快，再成倍（4 倍）快、中的跨度，2 倍在前，4 倍在后，上涨的分界	②→④，4 倍形成的头部至少达到前期高位的倍增或更多
心理神往	顶格思维	在指数界限形成的同时，共赢共轭契合成长板块，共建共享龙头个股头部，必须有达到 8 倍的极度，形成 8 倍先、中、后，使底线守住、界限实现、顶格确保	4、⑧；⑧、2；4、⑧、2；2、4、2、⑧；⑧、⑧……

（四）信任头部的类型和适用对象

了解信任头部原理，研究过心理神往后，就要研究信任头部本身。鼎盛时期的每一个国家都会自觉或者不自觉地通过信任头部影响投资人的心理神往变化，

因此，可以将信任头部按照对人们心理神往影响程度以及人口顶绝对价值理论主要分为九种类型。这九种典型类型分别是："8 倍先""8 倍中""8 倍后""4 倍先""4 倍中""4 倍后""2 倍先""2 倍中""2 倍后"，具体如图 2-28 所示。

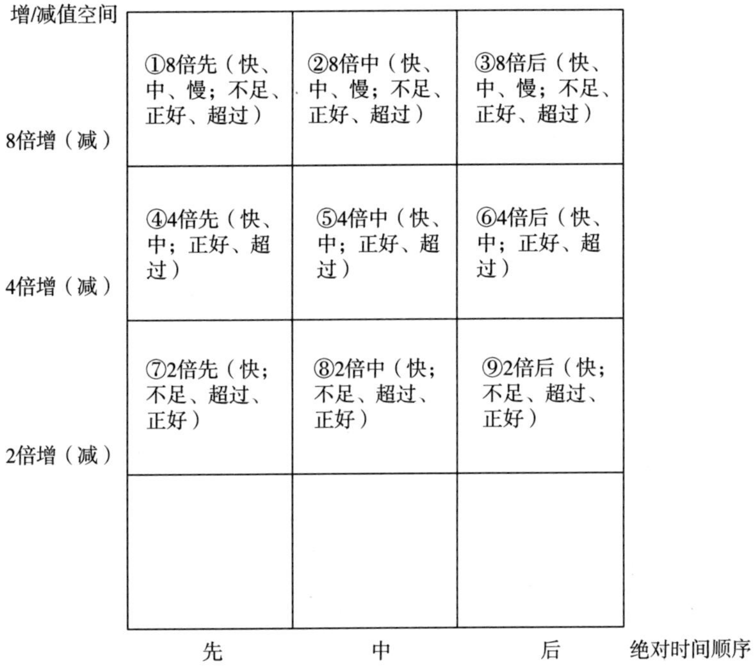

增/减值空间

	先	中	后	绝对时间顺序
8倍增（减）	①8倍先（快、中、慢；不足、正好、超过）	②8倍中（快、中、慢；不足、正好、超过）	③8倍后（快、中、慢；不足、正好、超过）	
4倍增（减）	④4倍先（快、中；正好、超过）	⑤4倍中（快、中；正好、超过）	⑥4倍后（快、中；正好、超过）	
2倍增（减）	⑦2倍先（快；不足、超过、正好）	⑧2倍中（快；不足、超过、正好）	⑨2倍后（快；不足、超过、正好）	

图 2-28　信任头部心理神往适用对象

其中信任头部的核心是"8 倍先""8 倍中""8 倍后"，三种共建共享的划分主要是以对于鼎盛时期的专业投资人的心理神往影响程度和人口顶为基础来进行划分的。共建共享的表现是："8 倍先"人们的心理神往较大，且头部的"双共"程度先形成，可以先形成人口集中的共建共享，导致该个股绝对价值创造的8 倍先；"8 倍中"是指信任对于人们心理神往影响较大，但是个股的"双共"程度在适中的时间进行增值，需要一定的耐心，导致该个股价值创造的 8 倍中；"8 倍后"是对于人们心理神往更加往后推移，其受"双共"影响对比其他两种时间往后，实现创造绝对价值时间比较延后，导致该个股绝对价值创造的 8 倍后，一般都是共建共享的最后阶段。

1. 8 倍先（时间快、中、慢，不足、超过、正好）

特征描述：8 倍先是"龙头"价值创造初始阶段投资选择。8 倍先是龙头 8 倍投资时间顺序的最优先选择，8 倍先的增值空间最大，只有通过抽象思维正确把握个股的价值体征和板块轮动价值体现的投资人能够识别该个股，专业人士领先其他投资人，引领新一轮绝对价值创造。8倍先作为人口后悔的第一投资标的，是8倍中与8倍后的前提铺垫，充分考验投资人的抽象思维能力及具象抉择能力。该个股会广泛吸引各方资本流入，则相应地资产价格就会上涨。不同的价值板块8倍先的绝对时间损失与强度是不确定的。由于心理持续的程度增强，必须随时保持高度警惕，不断保持价值共享，保证在鼎盛时期是最具投资价值标的。

适应对象：指数板块实现4倍增值，力图领先别人实现第一个8倍，引导全球范围内各国及其投资者向其集中；善于通过抽象思维与独到的投资经验（或者是人生阅历）正确把握个股的价值体征和板块轮动价值体现，准确判断大盘与龙头的联动效应；追求在资产升值空间最大的投资者；对于资产增值有较高要求的投资者；心理神往程度较高，可以承受双向波动风险的投资者。

2. 8倍中（时间快、中、慢，不足、超过、正好）

特征描述：8倍中是"龙头"8倍投资时间顺序的中间阶段选择，它在绝对价值创造上同样也具有8倍的升值空间，具有非常可观的投资回报，因此存在较高的集中专注力，心理持续的程度较强并趋于稳定。在8倍先实现后，8倍中将会成为投资人的重点研究对象，其在人口集中的百倍价值创造策略中连接8倍先与8倍后，起到承上启下的作用，是这个过程中举足轻重的一环。不同的价值板块8倍中的绝对时间损失与强度是不确定的。也就是说8倍中也可以是8倍快、中、慢，但是8倍中一般都是速度快、中，不会慢，因为这时大盘指数上涨到一定高度，没有大量套牢盘，资金推动个股速度加快，同时8倍中上涨也表明主力资金进入市场，如果8倍先是试探，8倍中是坚定信心的表现，推动大盘超过前期高位需要8倍中个股龙头上涨，牛市启动，大量资金进场；8倍中可以是8倍不足、正好、超过，这与推动股市上涨的对策逻辑紧密相关，如果是金钱杠杆对策，8倍中肯定是正好和超过，因为8倍中龙头个股起到推动大盘大幅上涨的作用，如果8倍上涨不足，大盘指数无法实现4倍超过。

适应对象：指数板块实现4倍增值，已经实现8倍先，希望继续引导一定范围内国家及其投资者向其集中；希望创造较大的绝对价值的投资者。心理持续在一定时间内改变人口集中的专注力，从8倍先转向8倍中，绝对价值增值空间很大。8倍中是投资人在8倍增值中的第二次选择，应该毫不犹豫。

3. 8倍后（时间快、中、慢，不足、超过、正好）

特征描述：8倍后虽然也具有8倍的空间，不过实现起来比较困难，是百倍价值创造的最后一个环节，是人们的最终目标，可遇不可求，但仍然有集中的必要，因为其也能实现8倍增值，在一般情形下能够推动一部分投资者集中。8倍后的实现与否决定了整个绝对价值集中策略的完整性与科学性，是真正意义上从量变到质变的过程。具备"8倍后"的集中对象，其创造绝对价值的时间可能快、中、慢，但是一般应该是快，大盘上涨至后期，大盘没有多少空间，龙头个股会加速上涨实现8倍后增值，这时很多投资人把握不住8倍后，可能是8倍后与8倍中的时间交叉，错失投资8倍后，只要大盘上涨空间足够和时间允许，一般在金钱对策、指数实现4倍超过，实现8倍后的可能性就会加大。进入百倍价值投资的最后阶段，更多的是利用对于信任章节顶格思维与大盘空间的准确把握加以判断，发现该个股是否在未来继续具有"8倍空间"。

适应对象：指数板块实现4倍增值，8倍先、8倍中都已实现，必须选择8倍后，这是可遇不可求的，留给龙头的时间和空间完美结合才能实现8倍后；可能8倍后龙头与8倍中时间交叉，或者就没有8倍后空间，也可能大盘指数没有空间，都会使8倍后投资落空，使投资人的几何级数 $8 \times 8 \times 8 = 512$ 倍增值不能实现；强烈追求非常短期增值的投资者、实现人生梦想的投资人、具有长期投资经验和丰富阅历的投资人，心理持续程度最为强烈，可以承受双向波动风险和巨大压力。

4. 4倍先（时间快、中，正好、超过）

4倍先是指蓝海价值投资中的指数板块实现2倍增值空间，龙头个股初始阶段选择具有4倍的价值升值空间。此时投资人在时间层面可以容忍4倍快和中，在强度层面可以容忍4倍正好和超过，对于4倍慢与4倍不足的龙头不予考虑，这是由龙头价值增值空间与板块蓝海契合的成长行业龙头属性决定的，也是后续8倍龙头判断的初始依据，没有在指数板块上涨实现2倍时，个股上涨4倍，可能在指数上涨4倍时实现龙头8倍，如2005～2007年的行情，大盘指数上涨2倍，龙头个股武汉钢铁就没有上涨，后来指数上涨4倍时，第一个上涨8倍是武汉钢铁。这是由契合的行业板块龙头顶格和大盘指数上涨空间决定的。但是指数上涨2倍时，龙头个股上涨4倍，在大盘上涨4倍时，龙头个股肯定上涨8倍，如2005～2007年的行情，大盘指数上涨2倍，证券板块龙头中信证券从4元上涨至16元，大盘指数上涨4倍，中信证券从12元上涨至117元。

5. 4倍中（时间快、中，正好、超过）

4倍中是蓝海价值投资中指数板块实现2倍增值空间的中间阶段选择，龙头个股具有4倍的价值升值空间。此时投资人在时间层面可以容忍4倍快和中，在强度层面可以容忍4倍正好和超过，对于4倍慢与4倍不足不予考虑，一般在指数板块实现2倍增值时，至少存在4倍中龙头个股，只有4倍先龙头个股，大盘指数无法上涨2倍。如2005～2007年的行情，大盘指数上涨2倍不足，证券板块龙头中信证券从4元上涨至16元，黄金板块龙头从7元上涨至30多元，船舶板块龙头中国船舶从 5 元上涨至 20 多元，只是三个契合的行业 4 倍龙头时间交叉，很难分别依次投资，创造更大价值。这是由其价值增值空间与板块蓝海属性决定的。

6. 4 倍后（时间快、中，正好、超过）

4 倍后是蓝海价值投资中指数板块实现 2 倍超过增值空间的末尾阶段选择，龙头个股具有 4 倍的价值升值空间。此时投资人在时间层面可以容忍 4 倍快和中，在强度层面可以容忍 4 倍正好和超过，对于 4 倍慢与 4 倍不足不予考虑，只有指数板块明确有超过 2 倍的增值空间，4 倍后才有可能出现，并且依次排序，否则即使有三个板块龙头，也是很难依次投资的，2014～2015 年的行情中，4 倍先是证券龙头中信证券，4 倍中是高铁龙头中国中车，4 倍后是航母龙头中信重工，这样依次按照时间排序是指数 2 倍超过的增值空间和时间长度决定的，其实在具体投资中也很难实现 4×4×4＝64 倍的增值投资，其中可能出现重组停牌，耽误了投资时间，成功投资两个 4 倍已经很好了。

7. 2 倍先（时间快，不足、超过、正好）

2 倍先是指数板块实现 2 倍、4 倍增值空间，龙头个股出现 2 倍投资机会，是龙头个股增值空间需要在 4 倍、8 倍上涨之前上涨 2 倍，也有可能是下跌过程的反弹，改变龙头个股的下跌趋势，出现准确的 4 倍或者 8 倍上涨空间，是龙头个股上涨的起始判断和上涨空间的进一步拓展。个股具有 2 倍的价值升值空间，是为了判断龙头个股 4 倍或者 8 倍投资的基础，重点不是投资 2 倍个股。具有 8 倍价值的个股，4 倍、2 倍增值现象的准确把握，是 2 倍、4 倍价值增值的正确落地。如 2015 年 9 月，中信证券从 12.84 元反弹至 22.14 元，实现 2 倍不足，证明中信证券龙头 8 倍先基本形成，在大盘下跌至 2018 年 10 月 19 日，点位 2449 点，中信证券 14.72 元，中信证券的 8 倍先更加明确，14.72×8＝117.76，大盘在 2019 年 1 月 4 日再次下跌至 2440 点，中信证券再也没有下跌至 14.72 元，可以看出中信证券的 2 倍先就是 8 倍先的前奏，使下跌趋势扭转，为龙头 8 倍打下坚实基础，此类现象在 4 倍个股增值形成时也先出现 2 倍增值，如中国中车 2014 年 10 月先上涨 2 倍超过，从 5 元多上涨到 14 元，为中国中车从 10 元多上涨至 39 元多打下基础。

8. 2 倍中（时间快，不足、超过、正好）

2 倍中是指出现一个 2 倍个股增值使 8 倍先龙头出现后，又出现 2 倍个股增值，一定要密切关注，可能新的龙头 8 倍又会出现，并不一定立即投资，因为 8 倍先没有实现之前，新的 8 倍空间还比较难以形成，既要耐心等待，还要明晰新的 8 倍龙头形成的价位应该是多少，否则投资过早；既占用资金，还要等待较长时间。如中信重工在 2019 年 2 月从 2 元多上涨到 6 元多，结合航母板块以及上轮行情上涨空间，说明新的龙头 8 倍已经开始形成，但是价位应该在 7 元多，从时间、业绩、价位看都不可能达到龙头 8 倍形成的最合适时机，不能投资，不能被 2 倍超过吸引，一定会下跌。在 4 倍增值个股形成时也有这种现象，中信重工在 2018 年从 8 月的 3 元多上涨到 12 月的 7 元多，实现 2 倍增值，后来才形成从 6 元多上涨至 30 元的 4 倍增值。

9. 2 倍后（时间快，不足、超过、正好）

2 倍后可能是继出现第二个 2 倍增值个股，再次出现 2 倍增值个股，这时可能是又一个新的 8 倍增值龙头出现，结合上轮行情进行分析，以及板块的契合分析，最后一个龙头个股产生了。如 2021 年 1 月的中国中车出现 5 元多的上涨，结合前期 40 元的高位以及高铁板块，可以清晰判定最后一个龙头个股开始启动，但是并不会立即实现 8 倍，只是 2 倍上涨而已。因为证券龙头的 8 倍先还没有完成。只有金钱杠杆对策、指数板块 4 倍超过，才一定会形成完整的 3 个 8 倍龙头个股。第三个 2 倍个股形成的最后一个龙头个股，并不是最后一个上涨的龙头，还要结合指数板块上涨的推动力、大盘的具体点位，才能正确判断 8 倍先、中、后的顺序。

（五）信任头部的选择步骤

投资人在选择共建共享、调整心理神往的时候要遵循以下三个步骤：

第一步，判断大盘上涨的逻辑。大盘上涨的时间快、中、慢，指数人群环强度不足、正好、超过，都与大盘上涨的逻辑紧密相关，如果不能准确判断上涨逻辑，投资龙头个股就会犯错误。如币值平台对策推动股票上涨，指数板块上涨快，契合成长板块也会明确，龙头个股把握准确而鲜明；金钱杠杆推动股票上涨，大盘 2 倍快、超过，契合成长板块明确，龙头个股也会清晰，大盘 4 倍超过上涨，由于前期的套牢盘非常严重，大盘开始上涨慢，成长板块上涨也不会快，所以成长板块龙头个股上涨 8 倍先、慢。随着前期套牢盘的释放，指数上涨就会加快，契合大盘的成长板块就会加快，成长板块龙头个股 8 倍中、后都会上涨加快。

第二步，判断共建共享的个股信任头部。什么板块共建共享个股 8 倍顶格极度实现的可能性最大？大盘指数是人群环理论研究，而契合大盘指数的板块是在大盘上涨空间打开时，成长行业龙头上涨 8 倍。如果大盘平稳、不能上涨，判断个股信任头部就显得非常重要，个股上涨不会依赖指数上涨。无论如何，判断个股信任头部上涨 8 倍的时间顺序最为迫切。龙头个股上涨，是吸引资金进入股市推动大盘指数上涨的前奏，同时也表明大盘指数上涨的 4 倍空间明确，如同股市的指数 2 倍、4 倍上涨，吸引人气关注股市是一样的，人气关注"三价"，同时人群环的 2 倍、4 倍上涨，帮助吸引人气关注股价。特别是 2015 年股市受到创伤，没有赚钱效应，长期资金不会进入股市，而短期资金进入股市，对于股市的伤害已经非常明确。

第三步，投资人需要判断共建共享的个股价值投资时间顺序，对投资者来说，时间顺序是非常重要的。时间不能正确把握，节奏把握不好，一样会导致投资失败，也就是人们常说的"选择比努力更重要"。首先是把握主板指数板块的上涨时间，没有大盘指数上涨，炒作个股一般来说是非常危险的，其实很容易理解，大盘整体下跌，任何板块都不会幸免，也是共轭的，不能把大盘下跌的反弹，当成上升趋势形成，前面刚刚叙述，除大盘指数稳定时、投资业绩股票外，题材、成长等其他股票投资时机都是大盘上涨，否则都不合适。

及时选择和把握投资契合大盘指数上涨的成长板块龙头个股的时机是至关重要的。大盘不上涨，共建共享的成长板块龙头个股不会大幅上涨，有些小幅波动，投资人就会放弃成长板块的跟随，甚至都会怀疑自己对于龙头个股的分析正确性，成长板块的龙头会会放弃留意投资时机（龙头个股通过人口营商进行研究），这是人气的对策、人群的契合、人口的信任的理论结合，最终就是正确把握成长板块龙头个股的投资时机。理论分析是这样把握共建共享投资时机的。龙头个股8倍增值的实现速度，决定了行业板块和地区板块的增值速度。虽然投资人没有办法准确把握指数上涨较慢时的非主流板块龙头个股的8倍上涨，但是人们可以分析出个股龙头价值实现的对策和契合成长行业的板块，实现龙头个股的基本路径，判断一次龙头到形成另一次龙头的时间，以及每一个龙头完成的具体时间表，个股龙头就相当容易了。契合分析行业和地区板块时间先后顺序就显得非常重要了。绝对价值的每个计量是投资人对于龙头个股进行一次次的价值判断，是8倍先、8倍中、8倍后三者之间形成8倍的人口顶组合。具体如图2-29所示。

（六）鼎盛时期信任头部的目标

对于处在鼎盛时期的国家而言，为了吸引专业人士投资，并使投资人能找到不同领域的个股龙头，是每个国家信任头部的目标。通过投资人对龙头投资标的的抉择，实现绝对价值的人口集中。本书将鼎盛时期的投资聚焦在营商奢侈品的投资中，所以鼎盛时期的龙头目标就是在营商奢侈品领域中实现的。在一定时期内，鼎盛时期的国家，具有代表性的衍生品股票指数，契合成长板块的赞美奢侈品龙头个股。不同的龙头个股上涨反过来带领行业板块上涨，进而带领大盘指数上涨，直至实现股票的价值创造。

顶格思维是创造绝对价值创造的思考起点，如果没有顶格思维的极度分析，顶格分析还会判断错误，如同界限思维跨度、底线思维的限度一样重要，底线到底在什么地方？顶格是8倍先、中、后实现的具体表现，上涨强度可能超过、不

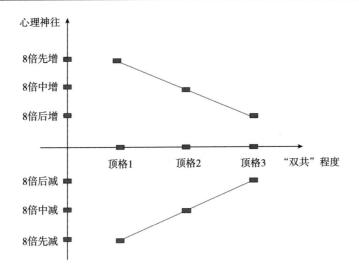

图 2-29 利用顶格判断信任头部示意

足、正好，还有速度快、中、慢，不是铁板一块，最主要是先、中、后，结合人气不同对策形成的指数跨度界限、契合蓝海形成的各种板块响应界限、相对价值判断形成的成长板块转移界限、绝对价值判断形成的龙头个股空间极度。只有通过顶格思维，结合以上的分析才能准确判断顶格，利用顶格进行有效的板块和个股价值投资。并且投资人的个股集中有些是区域化、国家内部的循环，很难得到全球、行业、专业人士认可，但是必须共建龙头，各国投资人也会集中，可以与世界同行比肩投资集中，如钢铁、投资银行等，比较容易形成集中，是任何想进入商业大国的国家都不可放弃的；自己能够吸引全球独特龙头集中独特价值更加明显，如高铁就会超过世界其他国家，实现国内、国际双循环，比肩和超过全球最好的交通工具——波音飞机，而中国学习美国飞机制造，时间长、投资大，全球、行业、专业价值集中难以形成，即使形成，可能也得不偿失，可以紧跟制造C919，防止美国卡脖子，能够三次集中的龙头个股可以成为专业人士赞美的奢侈品，持续时间相当长，无可替代的个别龙头个股价位可能超过人们想象。通过分析，可以看出，培养和赞美本国龙头个股是投资的真谛和目标，因为有了龙头个股，产业就会形成，吸引全球、证券、专业资金进入本国，资本市场就会活跃，但是坚定龙头个股的头部信任是投资人的智慧和各国政府必须努力的方向，真正实现国际、国内的双循环。

三、信任头部的"双共"能力选择

（一）信任头部绝对价值投资时机选择：奢侈品时期到来

不同于《人气营商学》中对商业社会发展的强调以及《人群营商学》中对虚拟时代变迁的强调，本书的研究背景需要强调鼎盛时期的演进。其价值共享是为了投资奢侈品，越来越多的投资人对自己的投资对象有了长时间和深入的专业了解，没有奢侈品的产生，信任头部是无法形成的，判断个股是否是头部，实际上就是判断奢侈品。

经济学上对奢侈品的定义是功能性价值远远低于其价格比值的产品，简单地说就是有形的价值远远低于其无形价值的产品。基于对鼎盛时期的研究，营商学对奢侈品应该赋予新的含义，即学习心理形成的越来越多的投资人心心想念的、持续喜爱的、长期投资的具体商品。如人们对于白酒的长期喜爱，产生茅台酒奢侈品。奢侈品是通过价值思维，通过人们不断赞美形成的，具有鼎盛价值属性，能进行投资的、创造价值的东西，无论上品还是精品，凡是能进行投资，创造鼎盛时期赞美价值的都是奢侈品，美国的苹果手机也是奢侈品，中国的高铁正在培养成为奢侈品，奢侈品的个股具有 8 倍增值空间，带动产业发展。奢侈品的新概念、新理论，全面地、真实地反映和概括了奢侈品世界和奢侈品投资活动。投资才能使奢侈品的价值真正得以实现，只有投资创造绝对价值，奢侈品产生的实际意义才能够被承认。

在定期、周期、时期的演进中，人们一直在不断进步，不断地形成共建共享思维，这是人们的学习心理发挥作用。营商是人们充分发挥主观能动性的表现，而人口集中也是人们学习心理驱动的主观行为，这既是时期演进的抽象，也是人们不同时期共建形成的具象，要让投资人明确：很多奢侈品国外有，本国也必须共建，即自己也应该有，如钢铁、服装、投资银行、航母等；有些奢侈品国外没有，但本国有，如白酒、高铁、新能源汽车等；有些奢侈品别国有，本国不一定有，如啤酒、飞机、传统汽车等，有所为，有所不为。本书一些章节进行了详细描述，但是如何利用人们的学习心理、传播行为，分析人口集中专注力的变化，这是鼎盛时期价值共建的重要内容之一。

（二）信任头部价值投资情形选择

鼎盛时期的国家都希望投资人对于本国奢侈品信任头部心理神往程度处于不断上升的方向。信任头部的"双共"表现反映在人们心理神往的快慢、强弱和先后上，利用价值共享对于人们心理神往的影响，分析共建共享的"双共"具体表现情形。只有不断地创造人口绝对价值，才能保证共建共享的发展方向是向上的。

1. 共享的定义

共享是共享经济中的核心理念，强调物品的使用权而非所有权。共享经济是公众将闲置资源通过社会化平台与他人共享，进而获得收入的经济现象。2016年，共享单车的兴起将共享的概念带入了人们的视野。2017年，共享经济更加发展壮大起来，涉及行业不断增加，规模不断扩大。共享单车、共享汽车、共享雨伞、共享充电宝……种种创新发挥着人们的想象力，同时也是对社会闲散资源进行合理利用的尝试。而价值共享在投资中主要是指专业投资人与龙头个股之间形成共建共享的关系，专业投资人集中某只龙头个股，可以增强龙头个股的辨识度，龙头个股同时又可以满足投资人对于8倍资产增值的心理神往。

2. 三个时期的价值共享类型

定期、周期和时期都会形成价值共享，但是由于时期带来价值增值远远超过兴盛时期的定期和昌盛时期的周期，因此鼎盛时期形成的价值共享增值空间最大，时间顺序最明确。在不同的时期，价值共享的情形都会有所区别，总体分为三类：兴盛时期的少量价值共享、昌盛时期的较多价值共享和鼎盛时期的大量价值共享。

兴盛时期上品品种有限，绝大多数的乡村人口都在自给自足的基础上生活，精细的上品作用也主要是家庭出身于名门之后的及第决定上品的供奉，人们首要解决的是吃穿问题，因此心理神往程度较少，形成较少的、简单规律性的价值共享。在昌盛时期，精密的精品的出现推动了各个国家的经济总量的增加，各种新技术、新发明应用于物质生产，人们对生活有了更高的要求，根据级别高低，形成较多的、技术性的享有精品的价值共享。进入鼎盛时期，人们可以通过投资奢侈品实现资产的极致增值。奢侈品存在于大量的龙头个股之中，不同龙头个股的价值共享远远大于兴盛时期与昌盛时期，必须形成更多的、更为极致思维的价值共享。为了总结和思考奢侈品龙头个股，本书将投资人较为熟悉的成长板块与文化、经济、社会价值内涵板块进行综合分析，如表2－3所示。人群营商研究以成长板块为主，是因为成长较为容易把握，与主板指数密切相关，投资相对安全，题材和业绩板块往往对于主板指数贡献较少，共建共享程度小一些，但是对于大盘的启动、指数的稳定和吸引资金流入都会有作用。

（三）鼎盛时期的价值共享情形

在鼎盛时期，后悔龙头8倍先、8倍中、8倍后，与承诺2倍快、4倍快和4倍中、8倍快、8倍中和8倍慢不同，承诺在商品人气线上寻求，信任在个股人口顶上寻求，价值共享极度多少，需要具体分析。股价指数信任头部的上升情景是8倍先、8倍中、8倍后组合的形态。在一次完整的人群环4倍快、正好；4倍快、超过；4倍中、超过实现过程中，可以实现8倍快、中、慢，8倍不足、正

表 2-3　成长板块与价值内涵综合分析奢侈品个股

分类	基于成长板块的龙头个股判断依据					关系	举例
文化价值	国内自身形成的文化，别国无法仿效	业绩好、国内长期坚持、逐渐被专业人士认可	政府政策支持或者政府决心大	与人们生活密切联系的传统文化	对于大盘指数上涨贡献不大	一旦上涨，8倍的速度和上涨次数明显	每一次大的行情，都会伴随三种价值内涵的龙头个股8倍上涨，可能还有题材、业绩龙头的参与，只是契合指数上涨的成长行业龙头更为明确，更为安全	茅台酒、服装、航母、黄金等个股龙头
经济价值	有好的应用场景、别国实现起来成本高、技术有依托、在发展中成熟	业绩将来有保证、增长有空间、经济体量大、形成产业链	政府全力支持和市场未来的认同密切相关	基础工业支撑、高品质、高端制造引擎	在于主板之中、没有这个龙头，主板无法上涨	上涨8倍往往超过人们的预期，每个国家斗争的焦点龙头		汽车、钢铁、飞机、高铁、移动终端
社会价值	普遍熟悉，广泛认可，一次次加深理解，不参与就会后悔	有业绩、周期性强，上涨速度快，未来可期	与社会整体发展紧密相关，必须经常动态分析、判断	品质生活和人类欲望表现具体载体	把握这些龙头，就是把握社会发展未来	是指数板块上涨的明确推动力，相对容易把握，一旦上涨，速度快		投资银行、保险、教育

好、超过，依据对策的驱动逻辑不同，形成人群环，具体研究个股龙头的价值共享，只有具备这种体征的龙头个股，才能实现8倍先、中、后的人口顶，如同只有房价、股价、物价构成的"三价"具有倍增快、成倍快和中、8倍快、8倍中、8倍慢，投资人必须尽早完善自己的价值体系，否则在商业社会将是落后的。2倍快、配合成倍快（4倍快）和成倍中（4倍中）形成指数人群环，按照人气线分析的成长板块一般都有三次实现8倍龙头个股增值的情况。2倍快、不足，4倍快实现8倍快、不足人群环；2倍快、超过，4倍快、超过实现8倍、正好人群环；2倍快、正好，4倍中、超过实现8倍慢、超过人群环，这3种情况，分别对应了人气的三个对策和三种龙头个股价值上升情形。

情形1　平台对策、无意识动机形成的8倍快、不足指数人群环，学习心理促成个股心理神往，8倍龙头个股绝对价值共享交叉。

特点：完成时间短，两次龙头实现间隔时间短，来不及转换。

优点：可以在较短时间，实现最大化绝对价值创造，没有其他个股龙头干扰股价。

缺点：板块轮动太快，同时上涨的板块较多，无法抓住所有 8 倍投资机会。

要求：需要耐心地等待启动和用丰富经验提前发觉龙头个股。

形成原因：币值对策推动信任头部趋势上升速度较快，所以一般龙头的实现总体时间较短。

具体如图 2-30 所示。

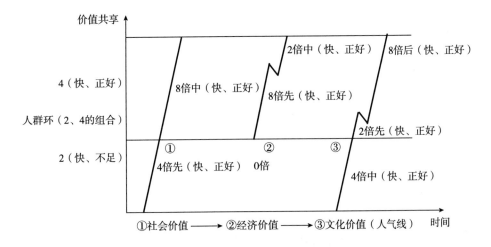

图 2-30 币值对策引发的龙头价值共享

情形 2 金钱对策、双因素动机形成的 8 倍中、正好指数人群环，学习心理促成个股心理神往，8 倍龙头个股绝对价值共享合适。

特点：完成时间中等，两次龙头实现时间正好、波动空间大。

优点：可以实现最大化绝对价值创造，有相对较长的时间供投资人发掘龙头个股，易把握；可以实现投资板块的多次转换，价值增值空间巨大。

缺点：第一个 8 倍实现时间长，两次龙头实现波动幅度大，不易把握两次龙头实现调整的顶部和底部。

要求：需要不断进行价值判断，关注 4 倍人群环实现过程中成长板块的变化，以免错失先、中、后三个 8 倍投资机会。

形成原因：金钱对策推动的信任头部趋势上升情形速度也相对较快，所以龙头的实现总体时间中等。

具体如图 2-31 所示。

情形 3 权力对策、层次动机形成的 8 倍慢、超过指数人群环，学习心理促

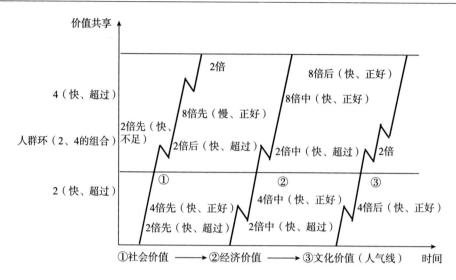

图2-31 金钱对策引发的龙头价值共享

成个股心理神往，龙头个股8倍绝对价值共享延长。

特点：完成时间长，两次龙头实现之间有较长的盘整时间。

优点：相对稳定，可以稳定实现价值增值，可以进行多次不同板块的价值投资。

缺点：时间较长，不能实现短时间的价值增值，融资成本高。

要求：由于时间相对较长，对资金的占用时间长，要有长期自有资金投资的耐心。

形成原因：权力对策推动的后悔龙头价值上升速度就比较慢，所以每次龙头的实现总体时间一般最长。

具体如图2-32所示。

（四）信任头部"双共"程度不断增加的方法

鼎盛时期中，保持共建共享的"双共"程度的不断提升，是一个国家、地区专业人士投资奢侈品的追求，只有"双共"程度不断提升，形成价值共享，顶格思维形成的龙头心理神往才能实现，龙头绝对价值创造，才能吸引人口持续集中。分析"双共"程度不断提升的方法，可以从SWOT分析方法入手，从优势、劣势、机会、威胁几个方面进行研究，将环境变化和竞争分析进行改造，从学习创新和传播表现角度进行共建共享分析，从而保证"双共"程度不断得到提升。

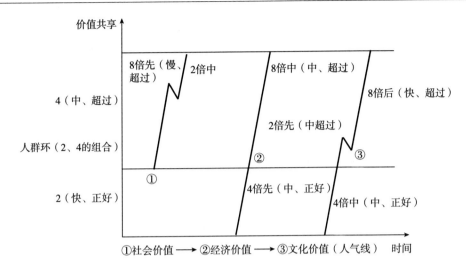

图 2 - 32 权力对策引发的龙头价值共享

1. SWOT 方法简介

SWOT 分析方法（Strengths Weakness Opportunity Threats），又称为态势分析法或优劣势分析法，是一种企业内部分析方法，即根据企业自身的既定内在条件进行分析，找出企业的优势、劣势及核心竞争力所在，从而将公司的战略与公司内部资源、外部环境有机地结合起来。其中，S 代表 Strength（优势），W 代表 Weakness（弱势），O 代表 Opportunity（机会），T 代表 Threat（威胁），S、W 是内部因素，O、T 是外部因素。具体如图 2 - 33 所示。

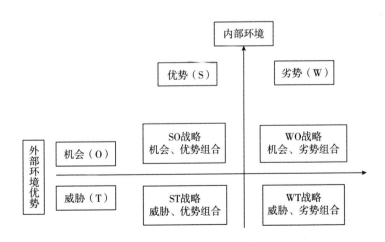

图 2 - 33 SWOT 矩阵分析

从整体上看，SWOT 可以分为两部分：第一部分为 SW，主要用来分析内部条件；第二部分为 OT，主要用来分析外部条件。利用这种方法可以从中找出对自己有利的、值得发扬的因素，以及对自己不利的、要避开的东西；接着发现存在的问题，找出解决办法，并明确以后的发展方向。根据这个分析，可以将问题按轻重缓急分类，明确哪些是急需解决的问题，哪些是可以稍微拖后的事情，哪些属于战略目标上的障碍，哪些属于战术上的问题，并将这些研究对象列举出来，依照矩阵形式排列，然后用系统分析的思想，把各种因素相互匹配起来加以分析，从中得出一系列相应的结论，有利于领导者和管理者做出较正确的决策和规划。具体如图 2－34 所示。

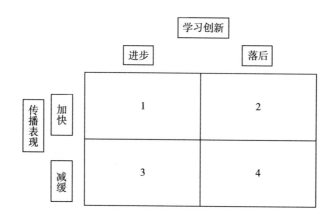

图 2－34　学习传播矩阵

2. 保持信任头部"双共"程度不断增加的方法

图 2－34 所示的学习传播矩阵，类似于 SWOT 矩阵分析里面的机会矩阵和威胁矩阵，左上角的单元格 1 表示学习创新进步并且传播表现加快，处在这个单元的板块"双共"程度也就提高，所以在这个单元格的板块共建共享容易受到投资人的集中。右下角单元格 4 表示学习创新落后并且传播表现减缓，处在这个单元格的板块几乎没有"双共"程度，没有学习进步和加快传播，不能形成共建共享。右上角单元格 2 和右下角单元格 3 表示板块的"双互"程度的情况，值得密切观察以便于做出决策。

保持共建共享"双共"程度长期提升的方法包括学习进步和传播加快。

学习是人的本质，对个体的行为和活动有引发、指引、激励功能。学习心理学是专门研究个体学习的一门科学，是通过研究个体在后天经验或练习的影响下心理和行为变化的过程和条件的心理学分支学科。学习心理学立足于个体的学习本质，从人的学习过程、思维方式、行为方式、生理机制、学习类型、认知理论、信息加工、记忆原理、学习策略、学习技巧、学习迁移等领域的研究，总结出一系列的学习理论和学说。影响学习心理的三个构成要素主要是驱动力、刺激物以及诱因，三者相互作用。

这里解释一下诱因物。诱因是指能够驱使有机体产生定向行为，并能满足某种需要的外部条件，是把态度的形成看作是权衡各种可能情况的趋近和退避后采取最好抉择的过程。凡是使个体产生积极的行为，即趋向或接近某一目标的刺激物称为积极诱因。消极的诱因可以产生负性行为，即离开或回避某一目标。诱因属于外部学习影响因素，许多心理学家认为，不能用驱动力理论来解释所有的学习行为，外部影响因素诱因在唤起行为时也起到重要的作用，应该用诱因物和有机体的特定的生理状态之间的相互作用来说明。

3. 从心理学的学习理论分析个股投资创新的来源

鼎盛时期的信任就是信任头部，只有实现绝对价值创造，才能使得更多的投资人集中龙头个股，推动龙头个股价位，准确判断顶格思维的极度。鼎盛时期龙头个股信任头部的学习创新来源于国内历史高位的顶格学习、国际龙头价位的顶格学习、地区板块龙头的顶格学习、不同行业龙头的顶格学习，结合龙头个股8倍顶格极度的把握，才能更好地实现学习创新进步，形成龙头个股的顶格、具有绝对价值的信任头部。

（1）龙头历史高位顶格学习。每个龙头个股都会有自己的历史高位，这个高位是顶格学习的参考，很多个股历史高位成为个股的不可逾越的高位，如2007年的中国石油龙头个股48元/股，就是该股票的最辉煌的时期价位，很难逾越。2005～2007年，武汉钢铁的历史高位是8元多，这个高位就在这轮行情中被成功逾越，实现8倍顶格。不能用来逾越的历史高位，8倍顶格是不可能实现的，如商业银行龙头、房地产龙头、汽车龙头等都不可能超越历史高位，8倍顶格肯定无法实现。

龙头历史高位可以超越，并且至少实现倍增的顶格。龙头历史高位可以用来超越，是龙头历史高位顶格学习的前提，否则龙头个股的历史高位只能成为永久的记忆，龙头个股历史高位可以超越，8倍的顶格至少应该在历史的高位上，或者在历史高位的倍增上，必须保证新的高位超过历史高位至少一倍以上，投资人才能将手中的筹码顺利卖给其他后知后觉的投资人。

龙头个股历史高位不下跌，并且具有8倍顶格上升。龙头个股下跌寻求上涨8倍顶格空间，这是很多龙头个股的基本表现特征，但是这种下跌在一些个股上不是如此表现，而是基本不会下跌，在不断突破龙头个股的历史高位同时，形成新的8倍顶格，可能不只是一个8倍顶格，还有二个或者三个8倍顶格，如茅台酒就是典型，其不断实现一个又一个 8 倍顶格。

（2）国际龙头高位顶格学习。国际龙头的高位顶格，国内龙头能否实现？国际龙头高位顶格，是各国学习的榜样，但是如何学习，能否学习成功，是基本的判断，并不是国际龙头的高位顶格，别国都可以学习，如传统行业的很多龙头顶格，中国都是无法学习或者没有必要完全学习，必须有所为有所不为，集中优势兵力，突破关键领域的顶格，大飞机制造就说明这一点，波音飞机的龙头地位很难撼动，中国在发展大飞机上必须退后一步。

国内龙头实现顶格的决心和能力有多大？能否实现、有没有必要实现国际龙头高位顶格是一个初步的判断，如果需要实现国际龙头高位顶格，那么实现顶格的决心和能力有多大，如 2005～2007 年股市的行情中，表现出中国在基础工业实现国际龙头高位的决心，即必须在此轮行情中显现，否则就不可能使中国的基础工业在世界上拥有话语权，这就必须使中国钢铁行业龙头个股实现 8 倍顶格高位，没有钢铁龙头高位的实现，其他行业的国际龙头高位实现的决心就没有像钢铁那么坚定和拥有信心。

国际龙头高位就是国内龙头顶格的参考。一旦实现国际龙头高位的决心已下，能力足够，那么国际龙头高位的价位就是国内龙头高位的参考，对很多行业龙头个股来说，国际实现的价位，国内必须实现，否则一定会受制于人，如投资银行龙头个股的价位就是国际龙头高位的顶格学习，否则中国的资本市场发展一定会受到制约和影响，国内证券龙头的对标就是美国的高盛投行，钢铁龙头国际顶格是 20 多元，就是武汉钢铁的个股价位参考。

（3）行业板块龙头顶格学习。行业板块龙头顶格学习的可能性。有些行业板块龙头顶格实现基本不可能，如中国的啤酒行业与西方国家的啤酒龙头顶格学习，不会存在可比性，如同全世界没有办法与中国学习乒乓球顶格一样，每个国家都会有自己的优势行业，成为全球的奢侈品行业，而这些奢侈品可能别的国家无法学习，而且学习付出的成本远远大于收益，得不偿失，或者在斗争中一定失败。

行业板块龙头顶格实现的迫切性。有些行业是一个国家崛起必须实现的行业龙头顶格，是国家意志的表现，这些行业龙头顶格实现的可能性大幅提高，如中国的钢铁行业、证券行业、航母行业等，这些行业基本上是国际顶格已经实现的龙头个股，所以投资起来相对容易得多，这个故事别国已经讲过，本国必须讲好，成功的概率极大。

如何真正实现行业板块龙头顶格。真正实现行业板块龙头顶格，有些可能只要一次 8 倍顶格就实现超越，有些需要多次 8 倍顶格才能实现超越，如钢铁行业龙头一次实现超越，证券则必须二次；有些行业龙头顶格实现的时间是随着指数板块的人群环波动的，相应实现行业板块龙头顶格，有些是行业龙头顶格带动指数人群环，如证券是指数波动形成证券龙头顶格，而高铁则是行业龙头上涨带动指数板块人群环上涨。

（4）新型板块龙头顶格学习。传统行业龙头顶格无法突破，必须另辟蹊径。有些行业板块龙头顶格是无法突破的，或者突破需要的时间太长、成本太高，各国必须创新，在新型行业寻求突破，如大飞机行业突破，学习美国波音顶格基本上是不可能，也没有完全的必要性，中国另辟蹊径发展适合国情的高铁行业，高铁也是出行的重要交通工具，出行改变不了，但是中国在寻求有利于中国人出行的交通工具，应用场景非常好，形成新型行业。

新型行业龙头顶格兴起以及成功的预判。不是所有的新型行业都可以投资，或者一定能够成为龙头顶格投资，有可能是题材炒作，互联网在20世纪90年代就被炒作，后来互联网的成功则在美国，龙头顶格苹果手机引领了互联网的发展。没有认真地分析和预判，轻易投资龙头是会犯下大错的。如对2021年的互联网金融龙头顶格仁东控股的判断，判断错误，结果个股下跌8倍，损失惨重。只有确定性的新型行业龙头顶格才可以投资，尖端技术的拥有、本质规律的把握是成功预判新型龙头顶格的关键。

新型板块的龙头顶格实现。新型龙头顶格实现需要共建共享，没有芯片尖端技术的进步，没有软件系统的开发，没有移动终端硬件技术配合，新型板块龙头顶格是无法实现的，只有专业性的分析和逐渐把握，形成完整的产业链，龙头个股顶格才能实现，如高铁的龙头顶格是其业务范围完善和主业发生重大变化导致的，新型龙头在专业人士的理解和支持下，专业人士讲好故事，引起证券化、全球化投资，龙头个股顶格一定实现。

4. 从行为学的传播理论分析个股投资传播表现来源

加强传播考虑龙头个股8倍价值上涨思维，才能更有效地推动龙头个股达到顶格思维的极度。不断加快和扩大价值传播的范围，选择合适的专业传播媒介和内容，确定明确的顶格思维，创造价值。传播的内容和对象源于个股上涨逻辑顶格传播、个股上涨演绎顶格传播、个股上涨具象顶格传播、个股上涨先后顶格传播，分析个股传播表现的具体影响和内容，才能更好地加快传播，实现价值创造，形成具有绝对价值的信任头部，实现投资人的心理神往。

（1）个股上涨逻辑顶格传播。投资对策影响个股上涨顶格传播。人气对策影响个股的顶格，没有投资对策的分析和实施，个股上涨逻辑顶格无法确定，必须清晰股价每次上涨的逻辑，相应对策的股价上涨产生个股顶格，如果清晰理解和把握上涨对策，个股顶格实现更为确切，如2005～2007年股市上涨的对策是币值平台，证券板块、黄金板块龙头个股上涨的顶格可以被清晰地了解和投资。

不同的对策上涨的个股顶格传播是不同的。人气对策有 4 个，不同的对策产生的个股龙头顶格是不同的，清晰投资对策，并且把握每个对策的不同对于龙头个股的影响，如币值平台对策影响证券龙头个股和黄金龙头个股顶格的实现，金钱杠杆对策影响证券龙头个股顶格的实现，权力契约对策就不影响证券个股的顶格实现。

上涨逻辑是个股上涨顶格的基础。投资龙头个股，确定性的个股顶格是股价上涨逻辑，即对策决定的是最为安全的投资，没有投资对策，其他龙头个股顶格的实现是不可能的，所以上涨逻辑是个股顶格实现的基础，必须在此基础上分析其他板块龙头个股顶格，因为推动股价上涨的龙头个股还要随着契合的行业板块进行相对价值分析，有些龙头个股显而易见，有些龙头个股需要详细分析。如 2005～2007 年的行情中，龙头个股顶格实现是钢铁龙头个股，而不是汽车等其他行业龙头个股。

（2）个股上涨演绎顶格传播。个股上涨顶格受到板块波动影响。板块波动是龙头个股顶格上涨的前提，没有板块上涨，龙头个股顶格无法产生，特别是指数板块上涨的波动幅度直接影响行业板块龙头个股的顶格，没有指数上涨的 4 倍空间，行业波动的龙头个股不可能实现 8 倍顶格，指数上涨 2 倍，板块波动的行业龙头个股最多上涨 4 倍。

契合板块影响个股上涨顶格。契合指数板块上涨的价值内涵、成长行业板块是产生顶格龙头个股的保证，只有契合的行业板块龙头个股顶格最为安全、可靠。题材和业绩板块龙头个股顶格一般比较难以把握，是吸引资金进入资本市场的前奏。如 2005～2007 年的证券、钢铁、黄金板块龙头个股都是契合指数的行业板块龙头顶格实现。

上涨演绎是个股上涨顶格的支撑。上涨演绎是龙头个股在板块上的价值体现，没有板块的整体反应，龙头个股顶格是很难实现的。演绎的板块动态是吸引专业人士寻求龙头个股上涨顶格的支撑，板块不能整体上涨，个股龙头顶格人口集中是不可能形成的。

（3）个股上涨具象顶格传播。个股上涨顶格受到具象思维影响。每个个股上涨的顶格是否产生都是个股的具象表现，是个股价值体征决定的，没有 8 倍空间且排前三的龙头个股，个股具象表现不佳，不可能人口集中，创造绝对价值。每一个龙头个股的起始位价和 8 倍空间价位，决定个股上涨顶格。看似一个很好的个股，因为起始价位过高，可能产生不了上涨 8 倍的顶格，超过了行业板块龙头个股头部高位，因此丧失一次 8 倍顶格的机会。2005～2007 年股市行情中，武汉钢铁与宝钢股份龙头个股价值集中产生的顶格，决定了武汉钢铁是 8 倍龙头个股顶格，而不是宝钢股份。

不同个股具象影响个股上涨顶格。有些个股直接下跌至 8 倍顶格的价位底部，上涨顶格后最少到历史高位；有些个股上涨顶格超过历史高位，头部在历史高位的倍增位之上；有些个股顶格就在历史高位的倍增位上。个股顶格会因为具象不同，顶格实现的情况不一样，但是它们都可以实现上涨顶格。

上涨具象是个股上涨顶格的落地。上涨具象是逻辑、演绎的最后表现，每个个股上涨顶格的情形可能不同，但是都必须实现顶格上涨，否则就不能称之为龙头个股，投资人就不会集中该个股。对个股头部与顶格之间的平衡进行分析，不能落地的上涨顶格和上涨顶格超过个股头部，该个股的龙头地位就会削弱。

（4）个股上涨先后顶格传播。个股上涨先后是顶格传播的核心。个股上涨顶格速度快慢、强度大小是专业投资人士都能够宽容的，而个股上涨的先后是顶格传播的核心，不能清晰了解顶格上涨的先后，就会错失投资的机会，或者导致投资的重大时机损失，把握好时间的先后，是价值最大化、形成几何级数增值的重要保证。

上涨先后顶格清晰，但是上涨速度快慢不一定清晰。个股上涨的先后顶格，可能与上涨的速度快慢紧密相联，如平台对策导致的股票上涨，龙头个股顶格上涨先后非常清晰，上涨速度也是非常快，指数的界限变化节奏快；但是金钱杠杆对策导致股票上涨，龙头个股顶格上涨先后非常清晰，但是上涨速度就不是非常快捷，很容易产生混淆。

上涨先后顶格清晰，但是上涨速度快慢、强度大小不一定清晰。个股上涨的先后顶格可能与强度大小紧密相联，如金钱杠杆导致股票上涨，龙头个股上涨先后清晰，快慢不清晰，但是上涨的强度足够；权力契约对策导致龙头个股股票先后上涨，但是个股顶格上涨的速度不一定快、强度大小就不一定足够。

四、心理神往价值共享的把握调整

（一）心理神往调整的类型：主动和被动

对于商业社会的商品投资人来说，心理憧憬的价值共识，是投资房价、股价、物价"三价"形成底线思维的基本前提。对于虚拟时期的衍生品投资人来说，心理向往的价值共同，是投资股价的指数板块、行业板块形成界限思维的基本前提。对于鼎盛时期的奢侈品投资人，心理神往的价值共享，是投资龙头个股形成顶格思维的基本前提。心理神往的价值共享是一个根据专业化的特点把握和调整投资人的价值共享。调整类型分为主动和被动。主动调整是指共建共享中的投资人运用顶格思维主动对信任头部的心理神往进行调整。而被动调整指的是价值共享的个股顶格变动超出了投资人的预期，事先不能准确预测，共建共享需要谨慎地应对心理神往被动调整的情形，从而通过共建共享为投资人创造龙头绝对价值。

价值共享能否形成，人们一直在不断探索，每个国家都会培养本国具有代表性的龙头个股就是为了寻求全球化、证券化、专业化价值共享，并不是每一个国家或者每一个龙头个股都能培养成功，但是人们必须不断寻求价值共享，培养具有绝对价值的个股。一旦形成价值共享，赢得专业化投资人的价值共享，形成顶格思维的心理神往，使得投资人集中，个股主动的价值共享就是成功的。被动调整是由于心理神往预期与现实存在巨大的差异，在极其不确定的鼎盛时期的价值投资活动中，这是投资人也会经常遇到的情形，需要谨慎地应对。比如全球互联网的集中龙头苹果公司在美国，中国上市的互联网公司很难成为互联网的龙头，在这种被动的局面下，中国的互联网行业不能掉队，更要培养本国具有头部的龙头个股，否则在专业化鼎盛时期将缺少话语权，要实现国际、国内双循环。只有经过这样的发展，成为在本国范围内的可以价值共享龙头个股，才能创造绝对价值，使绝大部分投资的人口集中在本国，这对于一个人口众多的国家来说，是非常好的抉择，但是有些龙头个股培养比较困难，缺乏尖端技术，如芯片技术影响互联网龙头的形成。有些龙头个股可以培养，如钢铁龙头可以形成，无论从技术还是从规模上来说，都可以成为世界信任的头部。

从个股自身去分析，由于专业人士的心理神往创造绝对价值，无法实现投资人对 8 倍价值增值的心理神往，也无法继续通过信任创造出新的增值空间，心理神往出现转移，转向其他具有头部 8 倍空间的个股。从头部的角度分析，鼎盛时期个股头部的绝对价值出现变化，出现个股头部比该个股具有更大的绝对价值创造，使得人口集中于其他个股共建共享。可以出现在龙头个股之间的转移，也可以是专业化投资人之间的转移，比如，美国波音飞机龙头个股已经形成，中国核心技术学习难度加大以及高铁技术在中国应用场景更好，在出行行业的龙头个股就会发生转移，高铁龙头个股将会替代大飞机龙头，会引起国际投资者的人口集中，全球专业投资人士纷纷将目光投向这个潜力巨大的市场，投资人会从飞机龙头转向高铁龙头，专业投资人不得不被动调整。

（二）信任头部心理神往把握：内部和外部价值共享

共建共享心理神往的把握，是时期不断演进、专业投资人价值共享引起的，对龙头个股培养过程中学习不断加深，形成信任，对于该个股头部以及价值共享的理解加深。专业投资人以顶格思维为判断依据，对个股人口绝对价值进行判断，形成龙头个股的共建共享。一个国家要把握心理神往对于价值共享的影响，要从影响龙头个股人口顶的因素加以衡量，可以从一个国家内部和外部两个方面来进行论述和把握，具体如图 2－35 所示。

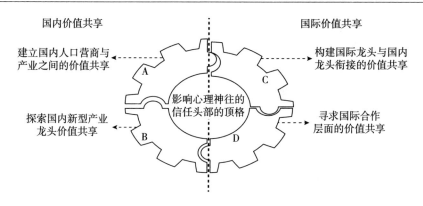

国内价值共享   国际价值共享

建立国内人口营商与   构建国际龙头与国内
产业之间的价值共享   龙头衔接的价值共享

影响心理神往的
信任头部的顶格

探索国内新型产业   寻求国际合作
龙头价值共享   层面的价值共享

图 2-35 心理神往顶格的价值共享影响因素

1. 建立国内人口营商与产业之间的价值共享

首先，只有人口营商的集中龙头个股，才能带动相关产业的迅速发展。龙头个股是产业体系之中最有活力、最具创新能力的经营主体，在带动产业迅速发展的过程中发挥号召的作用。通过国内人口营商集中龙头个股，会带动产业的技术与市场规模的不断升级扩展，形成人口集中的高效化产业体系，实现产业链条的纵向延伸与横向联动。龙头企业的发展，对整个产业的发展是利好的。如中国的白酒茅台酒、西方的啤酒龙头个股。在股市上，白酒板块和大消费板块是 A 股长线走势最好的板块之一，茅台则是整个白酒板块和大消费板块价格体系的风向标。茅台作为白酒板块和大消费板块龙头，是消费者品质生活的象征，消费者赞美茅台，茅台不仅产能逐渐扩张，股价也不断突破历史新高，茅台作为龙头个股上涨带动行业板块和大盘指数上涨。

其次，相关产业链的产生和延长，都是围绕龙头个股的人口集中。龙头个股的企业可以做到以大带小、上下联动，相关产业协同发展，可以拓展相关产业链的技术创新。如移动终端苹果手机带动互联网的产业链发展，如移动支付、网上购物、互联网金融等。苹果手机的普及，导致了许多移动应用程序出现，对移动互联网造成了很大的影响。作为科技创新以及互联网的龙头，苹果是科技创新的引领者，全球市值最大的公司，带动了产业链上下游公司的发展，尤其是消费电子产业链。目前 A 股中，苹果概念股主要包括蓝思科技、莱宝高科、长信科技、欣旺达、歌尔声学、立讯精密等。

最后，培养龙头个股，专业人士赞美是龙头个股价值共享的前提。随着网络技术的发展，信息的传播效率得到有效的提升。在鼎盛时期，无论是线上还是线下，专业人士分析股票的文章、讲座比比皆是，专业人士赞美的龙头个股成为投资人的重要参考，为龙头个股带来了人口集中，如机构抱团投资。机构抱团的股票通常是比较优质的股票，比如新能源电池类个股宁德时代、高科技医疗设备个股迈瑞医疗、光伏类个股隆基股份。

2. 探索国内新型产业龙头价值共享

新型产业是产生龙头个股价值共享的核心。新型产业是指以重大技术突破和重大发展需求为基础，对经济社会全局和长远发展具有重大引领带动作用，成长潜力巨大的产业，与新型科技的深度融合，既代表着科技创新的方向，也代表着产业发展的方向，具有科技含量高、市场潜力大、带动能力强、综合效益好等特征。加快培育和发展战略性新型产业是构建国际竞争新优势、掌握发展主动权的迫切需要。

新型产业龙头个股价值共享的不确定性增强。新型产业产生龙头个股，但是新型产业具有不确定性，表现为五个特征：第一，没有显性需求。产业处于朦胧当中，或者是在超前的五年时间当中，没有可精确描述的。第二，没有定型的设备、技术、产品以及服务。以太阳能行业为例，20世纪90年代初，生产核心部件，以及服务、技术、产品、市场、模式一概都是空白，后来才逐渐地得到提升。第三，没有参照。汽车、冰箱、彩电、计算机等这些产业，都有国外的大规模的引进。太阳能这个产业，国外是没有的，国内也没有参照，所以在这种情况下，靠的完全是系统创新。第四，没有政策。国家只要有产业，就有产业政策，包括贷款、科技投入、扶持等方面都有产业政策，而新型产业则要忍耐相当长一段时间的寂寞。第五，没有成熟的上游产业链。上游产业链甚至比下游产业链的技术、水平、保障、体系更强，比如飞机发动机，最起码是在一个水平线上，但是太阳能没有。

新型产业龙头个股价值共享的专业性更强。新型产业是科技创新和思维创新的共同成果，必须大幅度提升自主创新能力，着力推进原产、原装、原版创新，提升专业性，突破一批关键核心技术，掌握相关知识产权。在投资新型产业的专业性方面，题材往往大于成长。从讲故事角度，将技术专业性以及政策的作用放大，当这种概念开始炒作时，就会有很大幅度的波动。

3. 构建国际龙头与国内龙头衔接的价值共享

国际龙头个股必然带动国内龙头个股，形成个股价值共享。如传统行业钢铁龙头个股、黄金龙头个股。随着全球经济化的不断推进，各国股市关系紧密，相互影响。国际龙头个股可以带动国内龙头形成价值共享和示范作用，对龙头个股顶格思维的判断具有积极影响，虽然国际龙头个股不一定在本国产生龙头个股，但是可以为传统产业和必然形成产业龙头的个股提供参考。

国际龙头个股与国内龙头个股的比肩，形成个股价值共享。如中国的证券龙头个股中信证券比肩美国的投资银行龙头高盛集团。中信证券作为国内证券行业龙头公司，中信证券的业绩远超同行业其他券商，各项业务开展的广度及深度均处于行业绝对领先地位。中信证券在规模上已经与国际龙头个股高盛比肩，目前高盛的价格超过 300 美元，因此，作为可以比肩的中信证券未来必然会上涨到相同的高度，如果没有优秀的投资银行，金融的国际地位无法形成，对于崛起的中国是相当不利的。

国际龙头个股类比国内龙头个股，形成个股价值共享。如中国的出行高铁龙头个股类比美国的波音飞机龙头出行个股。目前中国的高铁产业已经成为中国的一张名片，在国际上享有很高的声誉。中国是全球高铁建设里程和高铁站数量最长和最多的国家，相反作为全球综合国力最大的美国，国内的高铁几乎为零。中国高铁通过国内、国际双循环比肩和超过全球最好的交通工具——波音飞机，与国际出行龙头的类比有利于加强中国高铁市场在国际上的地位，将会增强中国高铁个股的影响力、提升中国高铁龙头个股国际竞争力，同时推动 8 倍价值的增值。

4. 寻求国际合作层面的价值共享

国际广泛合作形成龙头价值共享。如互联网、新能源行业龙头，没有全球合作和认可，一个国家龙头个股就无法实现。只有始终走在世界前沿，国际广泛合作达到顶点的龙头个股才会形成价值共享。当今世界是一个共建共享的世界，人、财、物以及信息等在全球加速流动，前所未有地把世界各国紧密联系起来。因此，国际广泛合作形成的价值共享是影响个股顶格思维形成的关键要素之一。

国际关键技术合作促进国内龙头价值共享的实现。科学技术是世界性的、专业性的，发展科学技术必须具有全球视野，需要以全球视野谋划和推动创新，全方位加强国际关键技术合作创新。多年来，国内外的实践证明，积极开展国际科技合作，在技术引进、人才引进的基础上，实施消化吸收再创新，是实现科技进步的共建共享，是发展中国家和落后地区实现技术跨越的有效手段。学习和借鉴欧、美、日、韩等发达国家开展国际科技合作的经验，对促进企业国际科技合作工作的开展有一定的启示作用。

国际思想交流合作有助于国内龙头价值共享的实现。进入鼎盛时期，世界各国前所未有地紧密联系起来，要实现自身发展，共建共享是必然选择。单纯的竞争已经不能满足时期演进的要求，鼎盛时期已经步入价值共享的新阶段，价值共享的思维打开国际思想交流的新局面。多层次、多渠道、多方式推进国际思想合作与交流，符合专业化进程的要求，专业化是全球思想集中的表现，国内外思想交流有助于实现龙头个股的价值空间，如证券龙头个股价值共享就是国际金融思想交流合作的必然结果。在鼎盛时期演进过程中，价值共享的重点在于思维上的共建共享，中国有必要同国际平台进行思想交流合作，用新思想引领专业化进程。

第四节　信任头部的价值创造

一、信任头部的研究对象

鼎盛时期的共建共享是在专业化背景下个股股价构建的价值共享，不再是人气营商学的研究对象"三价"——房价、股价和物价，以及证券化的契合成长行业板块，而是将眼光具体聚集在板块中的龙头个股上，研究个股价格的顶格。顶格思维是投资人学习心理与传播行为的抽象，只有准确把握顶格思维，才能准确把握龙头个股极度高低，进而才能确保契合行业龙头个股上涨8倍的速度、强度和时间顺序。能够实现绝对价值的龙头个股共建共享是专业投资者的首选，共建共享在鼎盛时期的含义为人口信任，没有绝对价值的共建共享就没有人口的集中和投资。因此，投资人从机构到个人，如何运用顶格思维分析个股的共建共享，成为本节的研究重点。

人口信任的研究对象是在鼎盛时期的奢侈品绝对价值与人气营商学研究对象"三价"以及人群营商学研究对象金融衍生品的基础上共同确定的，具体如图2-36所示。从图的纵向来看，人口信任的研究首先要基于人气关注的角度去研究一个国家的"三价"，在"三价"中选择股价作为研究对象。而人群跟随的研究重点则在金融衍生品的股价蓝海指数板块，人群跟随与人气关注的研究相结合，将研究对象落实在推动股票指数上涨契合的成长行业。从图的横向来看，人口营商学是从鼎盛时期奢侈品的角度进行分析的。进入鼎盛时期，奢侈品——龙头个股是投资实现8倍的最佳对象，是信任头部的代表，不仅对龙头个股的发展具有巨大的促进作用，金融拉动经济，还可以为投资人带来更大、更快资产增值的心理神往，坚定投资人对于培养龙头个股的期望。

二、信任头部价值实现的类型

在鼎盛时期，共建共享的"双共"程度表现在对于投资人心理神往产生的影响，因此投资者的投资会引起不同类型奢侈品产生很大的变化，不同的心理神往导致对于不同种类奢侈品的投资反应也有所不同。鼎盛时期人口共建共享是以商业社会人气关注的对象——"三价"以及虚拟时期人群跟随契合成长板块为基础进行聚焦的。

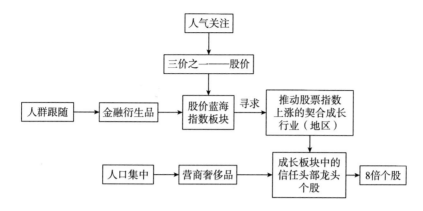

图 2 – 36 信任头部的研究对象

投资人信任头部需要对人气的对策、指数人群环契合成长行业板块轮动的时间顺序进行准确把握，从而判断龙头个股人口顶形成的投资策略，依靠头部信任理论，从抽象思维与具象推理的龙头个股高度来把握奢侈品龙头个股投资买进和卖出价位。如图 2 – 37 所示，比如说，在金钱杠杆推动的 8 倍中（2 快超过 × 4 快超过）人群环中，股票指数板块在 2 倍超过的人群环中，大盘指数上涨快、空间大，首先是社会价值证券板块龙头 4 倍先形成，其次是经济价值高铁板块龙头 4 倍中形成，最后是文化价值航母板块龙头 4 倍后形成；场外配资为主的杠杆，一旦去杠杆，容易形成指数大幅下跌，指数板块形成长期资金为主的第二次金钱杠杆推动上涨是指数 4 倍快超过，首先是社会价值证券板块龙头 8 倍先，其次是经济价值高铁板块龙头 8 倍中，最后是文化价值航母板块龙头 8 倍后都会顺序实现，这是典型的几何级数绝对价值（8 × 8 × 8 = 512 倍）。

从信任龙头个股价值实现的类型分析中可以看出，判断信任龙头个股 8 倍先、中、后的价值内涵板块，是信任头部投资的核心，是人气对策、人群契合分析的结果，在此基础上通过人口顶及后悔分析，信任头部在不同对策作用下形成人群环是不同的，不同价值内涵的龙头个股实现顺序非常明确，错误地判断顺序，信任头部个股投资就会失误，如金钱杠杆作用下的 8 倍中人群环，8 倍先是社会价值板块的龙头，在龙头投资过程中，主力资金一定是社会价值的龙头，没有社会价值龙头个股实现 8 倍增值，经济价值龙头 8 倍增值不可能形成，即使在 8 倍社会价值龙头投资中，有其他板块龙头出现，对于大盘指数影响不会太大，不是在明确的价值内涵板块投资龙头，8 倍增值空间不易把握，经济价值龙头也只能实现 2 倍或者 4 倍增值，必须是社会价值龙头实现 8 倍增值之后，经济价值龙头 8 倍才会形成。龙头个股实现绝对价值需要投资人对头部保持坚定的信任，只有在涨跌的过程中，拿稳筹码，才能在适当的时机在高位卖出。

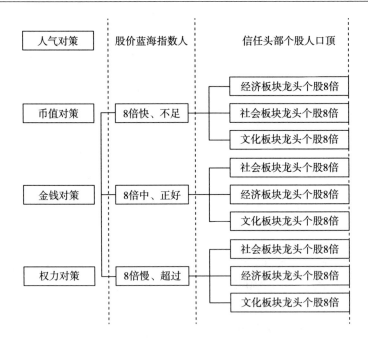

图 2 - 37　信任头部个股价值实现的类型

三、龙头个股的信任头部投资抉择

在鼎盛时期中，龙头个股的共建共享实现投资人对奢侈品的绝对价值心理神往，会引起全球投资人对奢侈品龙头个股集中投资，营商带动产业快速发展，也使更多专业投资人集中在龙头个股。在鼎盛时期，个股能够实现人口营商投资的8倍顶格空间心理神往，既有利于满足投资人对于资产增值的心理神往，也推动了产业链的快速发展。

（一）8倍增（减）龙头个股信任头部投资的实现步骤

从人口信任的视角来说，本章分别从头部原理、心理神往、顶格思维、共建共享的方法、价值共享、应对心理神往的调整等，说明了龙头个股信任头部投资的运作机理。信任头部个股的正确投资选择步骤一共分为5步，如图 2 - 38 所示。只有根据这个步骤，鼎盛时期的投资人才能更好地实现资产增值，创造最大化的绝对价值，从而在鼎盛时期中占得先机，把握龙头个股上涨的时机和空间。

第一步，投资人要选择虚拟时代价值共同明显的人群跟随蓝海价值指数板块。笔者在《人群营商学》中已经阐明人群是以跟随为主要标准进行投资的，因此进入股价投资第一步就是选择人气关注国家的股价以及价值共同的股价指数板块。只有受到人群跟随的股价指数板块，才能有全球商业价值投资。对投资人而言，选择价值共同的股价指数板块是绝对价值创造的首要前提，若投资的第一步就出现错误，那么选择信任头部的龙头个股则是无从谈起，投资人需要寻找价值共同程度较高的全球投资人价值共同指数板块进行投资，在鼎盛时期，一个国家证券投资市场存在多种指数板块，选择具有价值共同的指数板块是投资者的首选。价值共同的指数板块更加安全和稳定，只要该板块在人群环研究范围内，价值空间和发展速度清晰，投资人就可以投资。

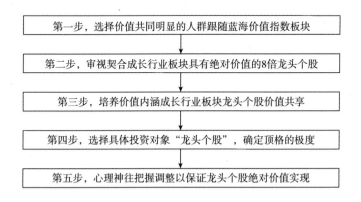

图 2－38　8 倍增（减）信任顶格龙头个股股价的实现步骤

第二步，审视契合成长行业板块具有绝对价值的 8 倍龙头个股。契合指数的成长行业板块，是人群营商学研究的核心内容，是在人气对策作用下产生 8 倍不足（快）、8 倍正好（中）、8 倍超过（慢）形象思维指数人群环，其通过价值共同指数板块契合的成长行业板块来演绎体现，成长板块内个股数量众多，多达几十只股票，而板块龙头个股只有一只，只有龙头能够在一定时间内（可能慢、中、快，可能不足、正好、超过）实现 8 倍增值，其他个股是不可能实现的，最后由它带动整个板块上涨，直至大盘指数上涨。投资者要密切关注板块中的大部分个股的资金动向，当某一板块中的大部分个股有资金增仓现象时，要根据个股的体征特别留意龙头个股的奢侈品，一旦龙头个股率先放量启动，确认向上有效突破后，需要对龙头个股保持坚定信心。

第三步，培养具有人气关注价值内涵的成长行业板块龙头个股，进行价值共享。在文化、经济、社会价值内涵的成长行业板块中，培养龙头个股具备 8 倍增值空间，只有明显价值内涵龙头个股才能使投资人收益最大化，创造最高的回报。价值共享不只是人口营商学研究的范畴，如同人气营商学研究的价值共识以及人群营商学研究的价值共同一样，是投资人对于个股顶格思维的积极学习，是专业投资人对于一个国家经济、社会、文化的最高看法。价值共享是在专业投资人与龙头个股之间形成共建共享的关系，专业投资人集中某只龙头个股，可以增强龙头个股的辨识度，龙头个股同时又可以满足投资人对于资产增值的 8 倍心理神往。只有这种综合分析判断，才能真正实现最大化绝对价值创造。

投资人进行龙头个股投资，必须清楚地知道顶格的位置。在价值共享核心投资龙头个股的绝对价值投资过程中，顶格思维的跨度形成"8 倍先""8 倍中""8 倍后"三种价值共享，投资人才会进行投资。依据《人气营商学》中不同的投资对策以及《人群营商学》中契合理论，对应价值内涵成长指数板块的龙头价值情形，三种策略对应三种典型价值内涵行业板块龙头实现价值共享如图2-39所示。龙头个股的股价是价值共享的具体表现，这便是顶格思维进行投资价值共享龙头个股的选择逻辑。

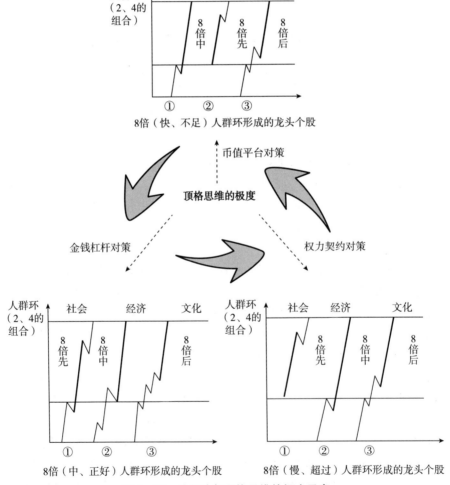

图 2-39　信任头部顶格思维的极度示意

第四步，选择具体投资对象"龙头个股"，确定顶格的极度。对于投资龙头个股价值共享的具体应用，主要依据顶格思维的研究来展开进行，个股顶格的极度大小变化决定和影响绝对价值创造，极度的大小变化也是个股涨跌的判断标准以及形成的反应。顶格作为建立价值共享的基础，根据时间及空间的变化，需要进行不断的判断。顶格的8倍位是判断投资人是否达成价值共享的重要依据。顶格的极度决定了投资人买卖龙头个股最佳的时机，龙头个股8倍上涨有先后顺序，会出现8倍上涨的互相重叠，因此，只有精确地判断顶格的极度，才能保证龙头个股为投资人带来最大的价值增值。

第五步，心理神往把握调整以保证龙头个股绝对价值实现。龙头个股8倍增值是投资人的心理神往，奢侈品龙头个股的心理神往把控能力是其能否实现共建共享的重要影响因素。首要就是分清龙头个股价值共享心理神往的把控能力，龙头个股人口顶实现是投资人共建共享的结果，因此能够把控的龙头个股人口顶是投资的首选，投资人在投资龙头个股的过程中，如果投资人既不信任龙头个股的8倍增值空间，错失龙头个股投资机会，也不能在投资龙头的过程中选对时机，在高位调整位买入，使资金被套，这会影响投资人的心理判断，如普通投资人没有准备好投资8倍龙头个股，结果龙头个股上涨极快，平台对策推动证券龙头8倍上涨很快，而金钱杠杆明显表现出龙头证券个股上涨8倍，这时证券板块龙头上涨是非常慢的，虽然是8倍先，但是明显是8倍慢，必须不断调整龙头个股的心理神往，只要与指数板块上涨协调一致，行业板块契合，龙头个股的顶格极度没有出现错误，就相信龙头个股的绝对价值一定会实现，这是价值投资人实现顶格思维、把握心理神往的关键。

（二）信任头部顶格思维投资个股抉择

鼎盛时期共建共享实现信任头部确定的龙头个股8倍绝对价值，是通过奢侈品个股的顶格思维分析确定的。顶格思维的极度，直接影响投资人对于鼎盛时期奢侈品个股的绝对价值判断，极度的大小变化也是个股涨跌的判断标准以及反应。顶格是建立价值共享的基础，根据时间及空间的变化，需要进行不断的判断。个股的"双共"程度越大，极度越明确，龙头个股信任头部才有带动价值共享、实现绝对价值的能力。如何通过顶格思维判断龙头个股的头部、如何选择信任的龙头个股是本章的研究内容。

人口顶基于人气和人群营商理论，以人气线和人群环为理论基础。8倍的人口顶研究对象是龙头个股，没有人群环的基础研究和契合分析出相应指数板块推动的行业板块或者地区板块，就无法研究人口顶形成的龙头价值。人气线关注的股价，币值平台对策对于股价上涨推动是明显的，金钱杠杆对策、权力契约推动股价也是确定的逻辑，在对策推动下，契合的成长行业板块，通过相对价值分析，也是确定的，投资人选择的行业板块能够在指数人群环确定的前提下，实现成长行业板块推动指数板块循环跟随，笔者在人群营商学中对此进行了重点研究。在成长的社会、经济、文化价值行业板块基础上寻求人口顶集中，更为容易识别和把握人口顶形成的先后顺序、时间快慢和强度大小。人口顶是以信任头部为核心，通过顶格思维、后悔龙头以及饥饿、圈子、标杆策略抓住价值共享的投资点，找到证券市场上最好投资时机和最大的绝对价值增值空间的集中龙头个股上涨的先后顺序。投资者在判断龙头个股的头部的过程中，需要密切关注龙头个股顶格思维的极度，极度需要结合底线限度以及界限跨度共同分析龙头个股8倍的上涨的顶格，龙头个股的极度不同，龙头个股8倍形成的空间和时机不同。通过三种人口顶的龙头个股情形，进而判断龙头个股百倍的类型。信任头部的顶格思维投资龙头个股的选择如图2-40所示。

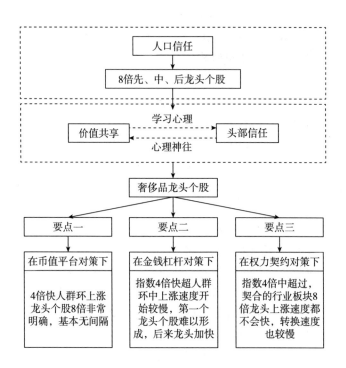

图2-40　信任头部顶格思维投资示意

　　要点1：平台对策，8倍先、中、后龙头个股上涨非常明确，基本无间隔。

　　指数上涨8倍速度快、强度不足。指数2倍快、不足界限（底线×1.2）启动，在2倍快不足契合的成长行业板块中，由社会价值板块龙头和经济价值板块龙头带动指数上涨。经济价值行业板块占当前成长股票指数的绝大多数，启动后会带来龙头个股上涨强劲，而成长股票指数 2 倍的实现没有完全完成。因此，经济价值板块龙头因为其板块的属性和成长股票指数不契合，所以不参与蓝海价值 4 倍增长的实现。由于 2 倍快的时间要求和空间要求，使得社会价值行业板块和文化价值行业板块的启动时间大致相同，共同助推 2 倍不足的成长指数板块，契合的行业龙头个股有三种情况：①社会价值个股龙头直接上涨 4 倍；②经济价值个股不上涨；③文化价值个股上涨 4 倍，2 个 4 倍基本是同时上涨，无法实现龙头个股的衔接。指数 4 倍速度快、正好界限启动（没有建仓时间），契合的行业龙头个股有三种情况：①经济价值龙头个股直接上涨 8 倍；②社会价值龙头个股紧随其后，基本无间隔；③文化价值龙头个股也是同时启动 8 倍，最后完成。如 2005 年与 2008 年，武汉钢铁 8 倍快、先，中信证券 8 倍快、中，山东黄金 8 倍快、后。由于指数 4 倍快、正好，上涨空间受限，投资人不可能实现 3 个 8 倍顺利衔接，能够实现 $8 \times 4 \times 2 = 64$ 倍就非常不容易。

要点 2：金钱对策，8 倍先、中、后龙头个股，指数 4 倍快、超人群环中上涨速度开始变慢，如证券龙头个股 8 倍慢，之后的两个 8 倍则变快，第一个龙头个股难以形成。

指数上涨 8 倍速度中、强度正好。2 倍速度快、强度超过界限（底线×1.2）启动，契合的行业龙头个股有三种情况：①社会价值个股龙头直接上涨 4 倍速度快、强度正好、时间顺序先；②经济价值龙头个股先上涨 2 倍快，后上涨 4 倍速度快、强度正好、时间顺序中；③文化价值个股上涨 4 倍速度快、强度正好、时间顺序后，3 个 4 倍按照时间顺序，实现龙头个股的有序衔接，至少可以实现 $4 \times 4 = 16$ 倍增值。指数上涨 4 倍速度快、强度超过界限（底线×1.4）启动，契合行业龙头个股有三种情况：①社会价值个股龙头在指数 4 倍没有启动之前，上下波动，心理站位明确，势头向上，4 倍指数启动，直接上涨 8 倍速度快、强度正好、时间顺序先；②经济价值龙头个股直接上涨 8 倍速度快、强度正好、时间顺序中；③文化价值个股上涨 8 倍速度快、强度正好、时间顺序后。指数上涨 8 倍速度中、强度正好，在 4 倍界限启动前（底线×1.4），实现龙头个股的 8 倍上涨无法完成，只有 4 倍界限启动，龙头个股的 8 倍才真正开始形成，最好的增值倍数是 $8 \times 8 \times 8 = 512$。

要点 3：权力对策，指数 4 倍中、超过，契合的行业板块 8 倍先、中、后龙头个股上涨速度都不会快，转换速度也变慢。

指数上涨 8 倍速度慢、强度超过。指数 2 倍速度快、强度正好界限（底线×1.2）启动，契合的行业龙头个股有三种情况：①社会价值个股龙头不上涨；②经济价值龙头个股上涨 4 倍快、强度正好；③文化价值龙头个股上涨 4 倍速度快、强度正好，2 个 4 倍基本是同时上涨，无法实现龙头个股的衔接。指数上涨

4 倍速度中、强度超过界限（底线×1.4）启动，契合行业龙头个股有三种情况：①社会价值个股龙头在指数 4 倍启动（底线×1.4），直接上涨 8 倍速度中、强度正好、时间顺序先；②经济价值龙头个股上涨 8 倍速度中、强度正好、时间顺序中；③文化价值个股上涨 8 倍速度中、强度正好、时间顺序后。指数上涨 8 倍速度慢、强度正好，在 4 倍界限启动前（底线×1.4），实现龙头个股的 8 倍上涨无法完成，一旦启动，龙头个股的 8 倍速度也不会很快，最好的增值倍数是 $8×8×8=512$。

第三章　人口营商价值体征及后悔分析

第一节　如何理解人口后悔

一、后悔的理解

（一）后悔含义

后悔意思是对以前没有做的事情或做错了的事情感到难以释怀，心中总是惦记着，想着自己当初怎么没有去做，而不断地埋怨和懊恼。出自先秦·佚名《诗·召南·江有汜》："江有汜，之子归，不我以。不我以，其后也悔。"罗贯中的《三国演义》第四十四回《孔明用智激周瑜孙权决计破曹操》中，（周）瑜曰："吾与老贼誓不两立！"孔明曰："事须三思；免致后悔。"从后悔原本含义可以看出，后悔主要有强调对本来想做又没有做成的事情感到懊恼。

要理解后悔，就要认识到两种后悔，即体验后悔（Retrospective Regret）和预期后悔（Anticipated Regret）两种类型。大家对于体验后悔都比较熟悉，所谓的体验后悔就是消费者针对过去已经发生的经历产生的情感反应，是已经体验过的后悔，也就是我们通常所说的购后后悔。运用到个股投资中，即是为没有买到龙头个股感到后悔。预期后悔则是指当人们面对各种事实比较时，会预期他们可能会感觉到的后悔，并试图通过各种方式把这种未来后悔降低到最小限度（Mellers，Barbara A.，Ala Schwatz & Ilana Ritov，1999），预期后悔发生在策略之前。预期后悔在个股投资中，即是再购买个股之前，对各个龙头个股进行比较，预期买入不同龙头个股会产生后悔的程度，并试图通过预期后悔选择正确的龙头个股进行投资，将后悔程度减少到最低。减少后悔，就是尽量减少这两种后悔，成为投资龙头个股的重点和关键。

（二）后悔演变

从后悔的概念中，可以看出后悔对于《人口营商学》研究的重要意义。这是《人口营商学》可以实现绝对价值最大化的关键，但是在不同时期后悔有不同的含义。《人气营商学》已经将人类时期发展分为兴盛、昌盛和鼎盛三个时期，人口营商将人类生存和时期演进划分为三个不同的时期，即碰撞出"兴盛时期—昌盛时期—鼎盛时期"的人类时期演进的时期人气线。本章对后悔的理解和分析都是基于时期演进人气线中的三个时期开展的。

在兴盛时期，后悔的含义是适宜。不同地域因为气候、环境的不同，适宜不同的农作物生长，"橘生淮南则为橘，生于淮北则为枳"讲的就是这个道理，例如南方适宜种植水稻，北方适宜种植小麦，如果在适宜一种农作物生长的地域种植其他农作物，人们就不会获得相应的粮食，从而感到后悔。

在昌盛时期，后悔的含义是差异，差异是指企业以某种方式改变那些基本相同的产品，使消费者相信这些产品存在差异而产生不同的偏好。这一时期后悔强调差异。产业是最主要的昌盛时期主体，所以完善产业，形成差异化的精品至关重要。企业对于那些与其他产品存在差异的产品拥有绝对的垄断权，这种垄断权构筑了其他企业进入该市场或行业的壁垒，形成竞争优势。同时，企业在形成精品产业链的要素上或在提供精品过程中，造成足以区别于其他同类产品以吸引购买者的特殊性，从而导致消费者的偏好和忠诚。这样，差异精品不仅迫使外部进入者耗费巨资去征服现有客户的忠实性而由此造成某种障碍，而且又在同一市场上使本企业与其他企业区别开来，以产品差异为基础争夺市场竞争的有利地位。

随着鼎盛时期到来，后悔成为投资人对于未能正确抉择营商奢侈品而感到的后悔。能够引起投资人后悔的就是营商奢侈品的龙头个股。如果将一轮强势行情比喻为火车的话，那么，龙头股和成长板块就是这波上升行情的火车头。在某种意义上，可以说有什么样的龙头股就有什么样的上涨行情。龙头股具有示范效应，在龙头股的上涨带动下，股市外的投资者和资金大量进入股市，龙头股具有一呼百应的效应，能够带动同板块股票上涨，甚至是带动大盘指数上涨。之所以使用龙头一词是因为龙头有多种意思，是指杰出人物的领袖、状元的别称以及龙船的船头。绝对价值最大化在人口矩阵中的表示就是龙头（详见人口策略章节）。也只有投资龙头个股的抉择才不会使投资人减少后悔。三个时期的后悔概念如图3-1所示，无论是什么时期后悔永远存在，减少后悔是本章研究的主题，人气营商学是增加满意，人群营商学是达成契合。

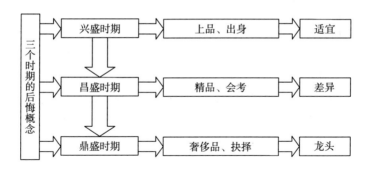

图 3-1 三个时期的后悔理解及演变

二、后悔表现

后悔虽然永远存在，但是追根溯源，在三个时期中的表现是不同的，可以从不同的侧重点来说明后悔在三个时期的表现。

（一）兴盛时期——共建上品后悔，表现为精耕细作水平不断提高

在兴盛时期，由于生产技术水平落后，人们只能通过简单的农具进行劳动生产，这一时期，减少后悔表现为农民年复一年定期性精耕细作水平的不断提高。如图 3-2 所示，兴盛时期，人们因地制宜，在不同类型的地域种植与地域相适宜的农作物，通过铁质农具精耕细作，以获取适宜当地气候条件的、最高的粮食产量。

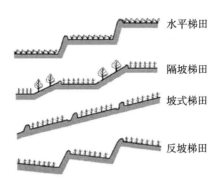

图 3-2 兴盛时期后悔表现

（二）昌盛时期——共建精品后悔，表现为科学技术日趋完善

昌盛时期注重自由和名牌，所以产业经济要求企业重视市场营销活动，注重

科学技术的完善，通过高端技术生产为顾客提供产品价值①。一个产品往往有很多属性，但和其他产品没有差异化的产品没有出路，昌盛时期的后悔是一种基于同类产品相比，没有通过科学技术的发展形成差异化精品的后悔。高层次的后悔重要性要大于低层次后悔。如图 3－3 所示，产品 A 和产品 B 都可以给顾客提供相同的功能 C，但是 C 不是吸引顾客的关键因素，所以顾客无论购入产品 A 还是产品 B 都不会因为它们共同的属性 C 而感到后悔，顾客只会因为没有购入 A 产品中属性 C 之外和 B 产品中属性 C 之外的其他属性而感到后悔。因此，昌盛时期，无论是 A 产品还是 B 产品，都应该关注属性 C 之外的其他属性，形成自身独特的差异性，将自身产品打造成差异化的精品，获得顾客的认可。而关注属性 C 之外的其他属性，形成自身产品独特的差异性离不开科学技术的进步，因此，企业只有不断完善科学技术，生产出差异化的产品才能吸引顾客，而顾客只有努力工作赚钱，不断地寻求保证特别的精品，从而从根本上减少后悔，后悔不是来自企业和顾客任何一方，是技术进步的表现，任何一方只有追逐技术进步，才能减少后悔，但这些后悔大都是线性的，很少有什么质的区别。

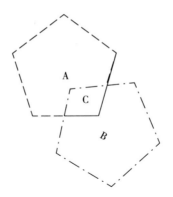

图 3－3　昌盛时期后悔表现

（三）鼎盛时期——共建奢侈品后悔，表现为想象力更加深刻

在鼎盛时期，本书强调投资者在人口营商投资中，不仅要利用人气投资的对策、把握人群投资的板块轮动节奏，更要不断加深自身的想象力，通过深刻想象力准确判断龙头个股上涨的先后，不断实现绝对价值最大化。为了实现绝对价值

---

① 产品价值是由产品的功能、特性、品质、品种与式样等所产生的价值。它是顾客需要的中心内容，也是顾客选购产品的首要因素，因而在一般情况下，它是决定顾客购买总价值大小的关键和主要因素。产品价值是由顾客需要决定的。在分析产品价值时，应注意在经济发展的不同时期，顾客对产品的需要有不同的需求，构成产品价值的要素以及各种要素的相对重要程度也会有所不同。

最大化，一方面要求升值空间最大化，另一方面要求时间损失最小化，要求百倍地几何级数实现投资人绝对价值。如图 3-4 所示，为达成绝对价值最大化，在 8 倍价值龙头中寻找投资标的人口价值集中，从而实现绝对价值最大化，比较价值是人气研究的人气线价值度量尺度、相对价值是人群研究的人群环价值衡量量度，绝对价值是人口研究的人口顶价值计量刻度。

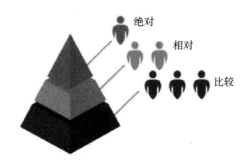

图 3-4　鼎盛时期后悔表现

三、后悔作用

源于顾客满意的思想，人气营商对应三个社会，与人气线紧密相联系研究商品"三价"倍增价值度量的尺度；源于关系契合的思想，人群营商对应三个时代，与人群环紧密联系研究衍生品成长板块蓝海价值衡量的量度；源于产品后悔思想，人口营商对应三个时期，与人口顶紧密相联研究奢侈品个股龙头价值计量的刻度。人口顶概念会在下一章有明确的说明。三个时期的后悔作用人口顶是本书从研究对象上品、精品、奢侈品角度出发，抽象"特色—特别—个别"的学习心理特征人气线上发展出来的，这三个时期的人们强调的人口顶不同，也就造成三个时期的后悔作用不同。

（一）兴盛时期后悔作用——共建上品，永久保持特色

兴盛时期人们依靠土地，土地让人们过上富足的生活，离开土地基本生存无法保障，人们在土地上做文章，最先是种植粮食作物，而每个地区的气候条件是不同的，种植的粮食品种不同，经过长期的摸索形成适宜本地区种植的粮食品种，产量高、少病虫害，及时记载总结成为规律，不断地进行调整完善，精耕细作，使这个粮食品种成为本地区人们生活的主食，成为本地人们生活的基本口粮。在兴盛时期，有些上品因为没受到重视而被破坏，导致诸多优秀特色文化流失甚至断绝传承，使国家和人民感到后悔。因此，兴盛时期的后悔作用就是共建上品，永久保持特色，使人们减少后悔，具体如图 3-5 所示。

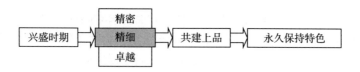

图 3 - 5　兴盛时期后悔作用

（二）昌盛时期后悔作用——共建精品，寻求保证特别

昌盛时期的每一个消费者、顾客购买产品都是希望产品功能越来越完善，因为完善的功能可以满足消费者的最大利益需求，但是产品的实际制造过程中，功能是不断完善的，技术进步有漫长的路要走，消费者在使用过程中要求也会越来越高，消费者和生产企业共同进步，技术的每一次进步，都加快产品向精品迈进的步伐，精品是昌盛时期消费者的最爱，而在一定的时间阶段，产品技术是相对稳定的，这样就会产生稳定的购买，实际上消费者购买产品就是差异性购买，既要承认精品的存在，又要了解产品购买各自的差异性需求，保证各自特别的利益诉求，减少购买者的后悔。生产流程化的核心目的就是把生产过程切分成非常细小的片段，每个片段都遵循严格的顺序加工，片段之间用自动化的传动装置连接起来，每个片段简单到不需要人工操作的时候，就被精密机器取代了。所以昌盛时期的后悔作用就是共建精品，寻求保证特别，具体如图 3 - 6 所示。

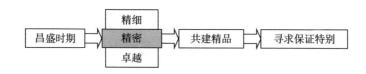

图 3 - 6　昌盛时期后悔作用

（三）鼎盛时期后悔作用——共建奢侈品，共同赞美个别

鼎盛时期的后悔与昌盛时期的思维完全不同，昌盛时期减少后悔是进行产品营销研究，是营销的起点；鼎盛时期减少后悔是进行人口营商研究，是营商学的终点。只有头部顶格思维极度高的个别龙头个股奢侈品才能获得更多的人口集中，获得大多数人的赞美。一个国家要获得全世界的认可，也需要不断培养个别龙头且能代表本国的奢侈品吸引全世界的人口集中。例如，法国的红酒、香水；新西兰的牛奶；美国的苹果手机；中国的茅台白酒等。每个投资人都希望自己抉择投资的奢侈品能获得较大增值，拥有更多个别优质资产。只有更大增值的个别资产才能够带来巨大收益。这些需要专业人士共建共享，精心培养获取资本，形成独树一帜的个别资产，赢得更多人赞美的龙头 8 倍价值。鼎盛时期的后悔作用，具体如图 3 - 7 所示。

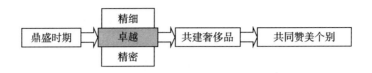

图 3 - 7　鼎盛时期后悔作用

综上，三个时期后悔的作用具体如图 3 - 8 所示。

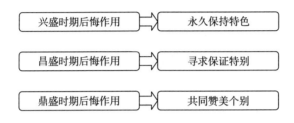

图 3 - 8　三个时期后悔的作用

四、后悔赋予

在不同的时期，不同的角色赋予了后悔不同的价值表现。通过对三个时期的整理可以方便理解后悔概念的产生以及演进过程。在兴盛时期，后悔的含义是适宜，只有适宜（人口）才能减少后悔，是兴盛时期；合适（人气）增加满意，是农业社会；符合（人群）达成契合，是自然时代。一件陶瓷精品的出炉，并不亚于人类十月怀胎孕育新生命的过程，它是艺人用生命进行创造并经历火之升华才得以完成的。景德镇仅凭陶瓷制造这单一产业，便可让老镇的兴旺与盛名延续千年之久，足可证明陶瓷的不凡之处。然而陶瓷的制作离不开一代又一代制作者的传承，是这些传承人赋予了陶瓷文化和生命，这就是兴盛时期后悔赋予的过程，具体如图 3 - 9 所示。

在昌盛时期，后悔的赋予是由模仿者决定的，如图 3 - 10 所示。昌盛时期的特点就是通过产业链生产的精品来满足人们的特别需求，提高生产效率、优化专业化分工，最后扩大产业的规模，占领市场。昌盛时期的主体是产业，产业是社会分工和生产力不断发展的产物。产业是社会分工的产物，它随着社会分工的产生而产生，并随着社会分工的发展而发展。只有通过模仿，生产属于企业自身的精品，才可以更好地为企业发展助力，实现其利润增长的目标。

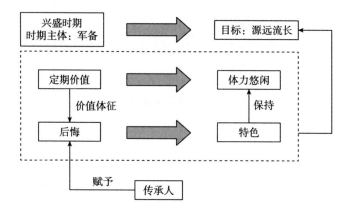

图 3-9　兴盛时期后悔的赋予

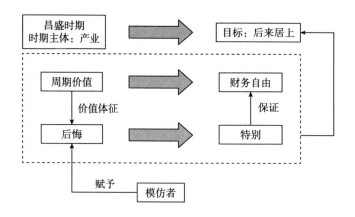

图 3-10　昌盛时期后悔的赋予

鼎盛时期后悔不再由周期价值决定，而主要是通过人口赋予的心理持续集中人口顶价值，错过持续集中的人口顶价值，损失惨重，每个持续集中人口顶都有自己的使命，持续集中人口顶是龙头个股 8 倍赞美的奢侈品决定的，是人口集中的结果。在指数人群环契合的行业板块中，人口集中龙头个股的 8 倍先、中、后成为本书研究的重点，至于龙头个股有几个 8 倍和 8 倍的快慢都和成长行业板块紧密相连，茅台酒个股集中就是白酒板块决定的三个连续较慢（一边集中一边议论纷纷）的 8 倍人口顶，还有一些集中的人口顶可能是题材板块（如全通教育一次集中）和业绩板块（格力电器集中绝对价位不高），它们集中三个 8 倍的可能性基本没有。具体如图 3-11 所示。

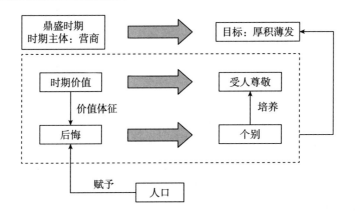

图 3 − 11　鼎盛时期后悔的赋予

第二节　鼎盛时期的后悔

一、鼎盛时期后悔角色变化

（一）后悔与赞美的专业化密切相关

《人口营商学》研究离不开绝对价值的内涵，绝对价值和后悔龙头紧密相关。绝对价值研究之所以规定在股价范围内研究龙头个股，并和专业化联系紧密，主要是因为龙头个股形成倍增和成倍，进而实现 8 倍，是正常的学习心理和传播行为。而物价是关系国计民生的重要价格指数，直接影响人们的基本生活，不可能也不允许在短期内发生成倍和 8 倍的增值，政府必须密切关注和干预。房价增值太快和空间太大，容易出现资产泡沫破灭，因为房价参与的人数太多，影响范围广等。房子是用来住的，不能用来炒作，已经成为专业人士共识。而龙头个股的人口理论研究可以促进共建共享，支持产业链发展，通过人气、人群、人口营商带动产业全面发展。

专业化是指产业部门或学业领域中根据产品生产或学界层面的不同过程而分成的各业务部分，这个过程就是专业化。专业是指需要专门知识和技能的职业，是计量职业发展水平的刻度。按照现代广泛运用的利伯曼"专业化"标准的定义解释，所谓"专业"，就应当满足以下基本条件：一是范围明确，垄断地从事于社会不可缺少的工作；二是运用高度的理智性技术；三是需要长期的专业教育；四是从事者个人、集体均具有广泛自律性；五是专业自律性范围内，直接负有做出判断、采取行为的责任；六是非营利性，以服务为动机；七是拥有应用方式具体化了的理论纲领。专业化经历了从低级到高级的演进过程。在工业化初期，是从部门专业化、产品专业化开始，其水平比较低。到工业化中期和后期，发展到零部件专业化、工艺专业化等，不但形式多样，而且水平也大为提高。

（二）后悔龙头赞美与各国联动关系更为密切

随着鼎盛时期到来，后悔研究也发生了变化，从原来消费者对没有买到适合自己的差异产品感到后悔，变成了投资人没有选对龙头个股而产生后悔。而且由于没有专业化的营商学研究，就无法对全球范围的奢侈品进行投资，为了避免后悔，投资人应该选择具有绝对价值的龙头个股进行全球人口集中。在鼎盛时期，一个龙头个股的赞美看似是一个国家内部的事情，其实从深层次理解龙头个股后悔赞美分析离不开全球化思维，如中国的茅台酒个股龙头赞美，是与全世界联动关系密切，首先，必须明确在全球范围内了解，白酒是中国文化的载体之一，其他西方国家是啤酒，白酒一定在中国；其次，中国人民生活水平提高，全社会老百姓追求品质生活，茅台酒不可能用公款消费；最后，白酒的专业人士对于茅台酒的赞美，奠定茅台酒地位，而其产量有限，需求增长非常明显。而互联网行业的龙头一定是在美国上市的龙头个股，不可能在中国，这些都不用大惊小怪，投资个股龙头，必须了解世界，加强全世界的交流和竞争分析。没有全球密切联动，赞美龙头个股肯定是错误的。培养个别龙头进行赞美也是专业人士进行共建共享的结果。龙头赞美有些是从兴盛时期上品开始演变而来，演变到鼎盛时期上品就可能成为奢侈品，中国的文化灿烂，应该更加密切关注由文化演变而来的奢侈品，茅台酒就是一个特例。龙头赞美有些是由昌盛时期的精品转化而来，精品就可能转化为鼎盛时期的奢侈品，如美国硬件技术与软件技术的结合产生苹果个股奢侈品。一个国家必须不失时机地在上品、精品的分析和演变过程中，搞好龙头个股赞美，减少后悔，让全世界的专业人士共建共享奢侈品龙头个股赞美。

二、鼎盛时期后悔新要求

（一）后悔龙头对时间和空间的要求

鼎盛时期的后悔龙头跟以往不同，昌盛时期的后悔就是以利益的最大化为目标，只要把产品带来的利益细分清楚，就会找到目标市场，进行正确定位，就会有人购买。鼎盛时期价值的计算公式是时期增值和时间损失的比值决定的。对于后悔龙头来说，时期增值是营商赞美龙头个股的核心，推动人口集中龙头个股的时间早日到来，是后悔对于龙头个股集中的基本要求，否则人口集中在别的个股上，无法真正实现 8 倍个股增值，时期增值还在别的个股上，说明这个龙头个股上涨的时期还没有到来，别的个股投资的时期还没有过去，过早投资浪费了大量时间，只有耐心等待，也就是说前面的故事还没有讲完，一个新的故事还需要等待。一旦一个新的故事开始，一定是将这个故事讲完，才会转向别的故事。时期增值与时代增值、社会增值是不同的时间要求，时期增值表现在个股带动的新旧时期的转换，如移动终端苹果的出现，带动互联网时期迅速发展，线下慢慢被人遗忘，直到人们继续培养新的动能龙头个股，逐渐形成新的时期。

除了对时期增值的时间有要求外，后悔龙头个股对空间也有要求，后悔龙头个股核心是增值空间 8 倍先、中、后，空间要求极高。没有 8 倍增值空间，形成不了时期增值后悔龙头个股研究，该个股就根本不可能成为人口集中的研究对象。对于个股，没有 8 倍增值空间，就没有必要后悔。有些股票个股价位高，投资人接受，如茅台酒；有些个股，人们不接受个股的高价位，如钢铁个股。维持不住高价位，就可以通过价位的回落和资本运作，使价位降低，形成个股 8 倍价格上涨空间使个股市值增长也会有好的效果，这样个股价位不会在高位，能够维持住个股的低位，因此个股市值是一个非常重要的变量，可能决定个股的 8 倍次数和具体价位高低。

（二）后悔龙头对投资人的主动性和被动性要求

后悔龙头个股对投资人有主动性和被动性的要求，主动寻找要求投资人把握龙头个股共建动机。投资动机是指投资活动主体进行投资活动所要达到的目的。在以往的研究中，投资动机研究都是基于量化分析，对间接或直接投资的原因进行归因分析。投资人需要判断并抉择人口是否集中，主动选择龙头个股，避免后悔。有一则古老的华尔街格言说：市场是被两个因素驱动着——恐惧和贪婪。抉择龙头个股又必须掌握对自己心理的调节，进而达到调整自己的情绪、思维、意志等心理过程的目的。因为考虑投资时，周围肯定会有不同的声音出现，更可能有许多人的劝告、阻挠，还有嘲讽、偏见等。此时此刻，就需要坚持自己的原则，相信自己的判断，不放弃大的机会，舍得放弃小机会，也许其中会有挫折，但是真正的财富往往就在那些大大小小的挫折中，投资人增长了悟性，逐渐积累，不受别人的影响，保持自己的主动判断，提高主动性是选择龙头个股、避免后悔的关键。

被动适应要求投资人应对各种能够想象和不能想象的龙头个股发生的情况。龙头个股在发展过程中不是一帆风顺的，都会有各种情况发生。需要投资人应对调整，做出判断，调整龙头个股的投资，避免后悔。

三、后悔与营商奢侈品价格的关系

人口集中正因为有对龙头个股的价值体征和绝对价值的价值计量，才能避免形成投资后悔。人口集中形成绝对价值，同时绝对价值也是通过价值计量表现出来的，没有价值计量，无法表现绝对价值，有了价值计量，经过绝对价值的参考分析，人口选择不同的投资标的进行投资，也就产生了不同的心中龙头个股。这些个股将会吸引各种资金大量流入，引发营商奢侈品价格上涨，带来巨大的时期财富增值。不同的人口集中投资实现价值增值。价值体征、绝对价值、营商奢侈品价格的关系具体如图 3 - 12 所示。总体来讲，三者组成一个正向反馈循环系统，价值体征寻求龙头绝对价值，从而引发营商奢侈品价格变动，与此同时，营商奢侈品的变化又导致新的价值体征变动，价值体征和营商奢侈品价格变动与绝对价值之间又相互作用。要分析营商奢侈品价格、价值体征、绝对价值的原因在第一章中有详细的记述，鼎盛时期主要以奢侈品价格变动为价值赞美的核心。

图 3 - 12 价值体征、绝对价值与营商奢侈品价格之间的关系

四、鼎盛时期的后悔确定

鼎盛时期后悔的赋予者是人口，他们能够通过个股努力、个股能力以及赞美集中的人口营商，以及个股表现出来的价值体征，计量出来个股刻度有龙头 8 倍增值空间，这些分析还不够，如何确定后悔，主要有三种方式，分别是：契合确定、目标确定和笃信确定，三者并非相互独立，而是相互影响，共同避免投资人的后悔。

（一）契合确定

《人群营商学》已说明，人群环是股票指数板块在各种人气对策的作用下产生的动机心理，无意识动机与币值平台对策对应，产生 8 倍快、不足指数人群环；金钱杠杆对策与双因素动机对应，产生 8 倍中、正好指数人群环；权力契约对策与层次动机对应，产生 8 倍慢、超过指数人群环。每个蓝海指数人群环的形成，必然契合相应的成长行业，有些行业板块是确定无疑的，在人群营商契合章节讲得非常清晰，在大盘指数 2 倍、4 倍增值的蓝海中契合成长行业板块，大盘 2 倍上涨时其龙头个股不可能上涨 8 倍（题材板块除外），大盘 4 倍上涨时其龙头个股上涨 8 倍，是确定的。虽然每一个指数人群环上涨的时间长短不同，有些契合的成长板块可能事先不能研究出来，但是这些都不会影响专业投资人的分析判断。

从上面的分析可以看出，契合指数上涨的成长行业板块，不是轻易分析出来的，必须充分学习人群营商，证券板块的分析还是比较直接和简单的，如果分析契合大盘上涨的经济价值成长板块，更加不容易，要在全球化、证券化中分析。更为困难的是，成长板块在推动大盘上涨中不是简单的推动和直接大幅上涨，在大盘盘整和上涨缓慢的阶段，契合的成长板块与大盘指数没有紧密的关系，那就更难把握，可能这些板块对于主板指数大幅上涨没有多大贡献，但是对于稳定大盘和大盘缓慢上涨、吸引人气很有帮助，如主板大消费板块、大健康板块、创业板新能源汽车板块、医疗器械板块，在对策作用的契合成长中很难分析出来，但在人气线、人群环的研究中也能够判断，如茅台酒龙头在大消费板块中，白酒—啤酒—红酒人气线可以研究清楚，股价的人群环也说明 8 倍中、正好人群环，4倍上涨时需要不断吸引人气关注，资金才能源源不断地进入股市，开始时上涨较慢，白酒板块正好满足大盘上涨需要。还有一些错误利用人气线投资失败的龙头个股，如仁东控股就是一个典型的错误投资龙头个股，金钱杠杆对策告诉人们，本轮股票上涨就是中国的大多数老百姓利用金钱投资股市的重要转折点，从房价转向股价，国家必须提前做好金融机构的监管，降低金融杠杆风险，投资金融杠杆公司及其板块是没有成长空间的，其龙头个股投资更加错误，这只是其中一例，未来这样的个股踩雷现象会经常有，个股龙头不能上涨 8 倍，反而有下降 8倍的可能。

（二）目标确定

选择龙头个股进行投资，心理一定要有一个坚定的目标，它与愿景、参照确定相对应，愿景是一种向往和追求，能走多远不一定清晰；参照是别人的进步，是自己努力的方向，可能路径不同，结果相当美好；目标是明确的，没有明确目标，个股龙头投资是有风险的，而且没有投资的意义。要对龙头个股进行目标确定，不要受到外界因素的干扰，这样才不会在主力反复的洗盘过程中因为压力而选择抛出股票。在证券市场交易中，目标价被投资者广泛地用于判断最佳买点或卖点，以期实现投资收益最大化。股票目标价是判断上市公司内在价值的一项重要参考指标，反映出证券分析师所预期的被评估公司在未来的一段时期内的最高股价，即目标价最初发布日后的 12 个月内最有可能达到的股价水平。目标价常见于证券交易中且广泛地被投资者用来判断最佳买卖点，以实现收益最大化。然而，作为证券交易中的一个重要参考依据，目标价并不一定能够发出正确的买卖信号。目标价特征、表现与投资价值之间存在一定的联系。其中，目标价特征对其表现具有明显影响。当前，在各种因素的作用下，证券分析师偏好发布"积极正面"的目标价，从而导致全球各大证券市场上的目标价均呈现出过高等特征。特别是在部分新兴市场，例如沪深股市。一系列研究表明：目标价往往远高于发布日市价，且增持与买入类目标价的数量多于卖出与减持类目标价的数量。然而，过高的目标价对其表现无利，目标价与市价之间的巨大差距只会增加实现难度，从而造成目标价位的实现速度普遍较慢，甚至出现很大一部分目标价无法在限定的未来时间段内实现等问题。国内外相关研究也指出了目标价的不佳表现，特别是实现率偏低这一问题。

分析目标价不佳表现对投资价值造成的负面影响。在证券市场中，投资者往往参考证券分析师发布的最新目标价进行证券交易，即按照目标价对应的荐股评级进行做多、做空或持有操作。由此可见，在当前各大证券市场上，目标价呈现出的过高特征对其表现造成了明显的负面影响，导致目标价出现了一系列不佳表现，而目标价的不佳表现将直接降低其投资价值，目标价的交易参考作用受到质疑。基于此，本书对龙头个股的历史价位和走势进行深入的研究，确定龙头个股具体的目标价位。从而使投资者对目标价的特征与表现有更为深入的认识与判断，对股票的投资价值有更为具象的预期。防止短期投资错误的发生，本书的目标价位是基于龙头个股8倍的投资目标，就像一个人说自己要读书，上到博士毕业就是8倍，否则就不是读书的龙头个体，这就是目标确定的含义，走一步算一步，对每只个股都适用，对于龙头个股来说，可以结合这种目标价位判断，更需要8倍目标价位的判断，本轮行情能否实现8倍增值，这是龙头个股投资最希望知道的，而且要排好先、中、后的顺序，博士毕业8倍先、教授职称8倍中、知名教授8倍后，院士是知名教授之一，知名要靠影响力和时间长度，没有8倍空间的目标是比较低层次的目标，容易出现短期行为，信心不坚定，而目前的金融学研究很难判断出8倍增值空间，营商学分析显得格外重要，这种分析可以研究出个股的8倍低位是多少、8倍高位是多少，可以在低位介入，高位卖出，否则恐慌和贪婪的模糊概念无法落实。具体如图3-13所示。

（三）笃信确定

有了龙头个股的目标以后，最主要的是人们要笃信，坚信无疑，没有笃信就让投资人投资8倍个股是很难实现的，看到目标，但是实现目标的阻碍很多，忠实的相信需要一个过程，需要时间验证和推动的力度保证，如一个学者在自己研究的领域研究了几十年，辛勤耕耘，没有坚定的毅力推动，每一次8倍都是很难实现的。博士难以毕业，教授职称难以评上，知名教授更难。让别人笃信，自己必须坚信，自己坚定、持续努力，别人开始笃信，人口才能集中。努力需要时间考验，时间越长验证性越好，个股上涨久盘必涨，横有多长竖有多高，都是笃信

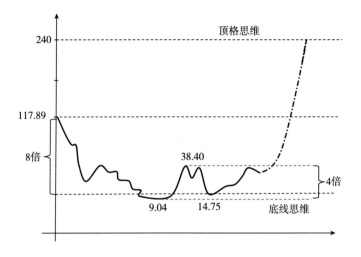

图 3 – 13　龙头个股 8 倍的投资顶格目标

形成的表现，积蓄个体能量；力度是个股 8 倍上涨加快的内、外部力量，没有力度，8 倍上涨基本不可能，平台对策推动龙头 8 倍个股上涨较快，是因为人民币升值，大量热钱进入中国股市，力度是空前大的，导致个股涨得快，热钱来得快，走得也快。外部力量还可以是资产重组、兼并，企业发生重大变化，实力大幅增强，竞争减少，企业业绩增长可期，这些都是投资人笃信的理由。内部力量主要是来源于企业自身业绩的大幅增长，技术进步加快，市场口碑越来越好。所以通过笃信确定，可以得出对于龙头个股股价来进行绝对价值投资，最主要的就是基于定性、定量两个方面进行价值计量，如图 3 – 14 所示。

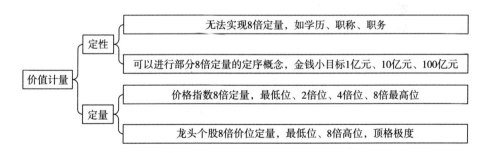

图 3 – 14　绝对价值的后悔龙头价值计量

价值计量主要从定性和定量两个角度理解。对于定性的价值计量都是相对模糊的，这是一种投资者心中的模糊评价。如学历就是模糊计量，博士、教授就是名誉8倍的体现；职务高低也可以模糊计量；金钱也可以按照一定系列计量。价值计量的定量计量是对于龙头个股投资的核心依据，虽然不能完全精确，但是通过指数板块定量计量和个股价位的定量计量有机结合，就可以根据原有或者现有的一些情况对其未来的发展做出定量预测。

第三节　鼎盛时期的后悔龙头原理

一、后悔龙头原理的理论来源

（一）心理学来源

后悔（regret）首先在决策研究中被提出，用于研究决策的影响因素。随后 Bell、Loomes 和 Sugden 提出了各自的后悔理论。他们一致认为，决策者的后悔体验由决策的制定所产生，是比较"实际的决策结果"与"其他选择应该得到的反事实（counterfactual）结果"得到的。决策者事后发现放弃的选择比当初的选择更好时，就会感到后悔。心理学家也认为，个体在回忆过程中发现决策是错误的时候，会产生诸如后悔的负面情感反应。Landman 认为后悔是"个体在主客观因素的影响下，对过去采取或未采取某一行为而导致的消极结果所产生的自责、懊悔、悔恨等心理的一种情绪状态"，受选择理由和结果消极程度的影响。

后悔就是其中一种与决策密切联系的情感。自从 Savage（1951）提出最小后悔值的决策原则以来，后悔理论已经被广泛应用到各领域的决策研究中。根据后悔理论，决策者是后悔规避的，他们预期各个可选对象的后果情况并据此做出避免后悔的选择（Bell，1982；Loomes & Sugden，1982）。事实上，不同学者对于后悔的定义也有所不同，具体如表3-1所示。

表3-1　不同领域对后悔的概念及定义

学者	领域	定义
Bell（1982）	经济学	后悔是实际选择的收益和获得最高收益的选择之间的价值差异
Loomes 和 Sugden（1983）		后悔是将事件的真实结果（what is）和可能发生的一个比真实结果更好的假设结果（what might have been）相比较并伴随痛苦情绪的过程

续表

学者	领域	定义
Landman（1993）	心理学	一种关于不幸的遗憾、限制、亏损、缺陷以及犯错的或多或少的痛苦判断和情绪状态
Gilovich 和 Medvec（1995）		后悔来源于对一种选择不做或维持现状而比做另一种选择方案导致更不理想的情形
Kuhnle 和 Sinclair（2011）		后悔是一种认知驱动（cognitively driven）的消极情绪，出现在个人选择其他方案后导致错的现实或预期。它涉及自责和不愉快，因此每个人都设法避免它
Tsiros 和 Mittal（2000）	营销学	后悔是消费者将自己的选择方案的结果与更好的选择方案的结果进行比较的结果
Inman 和 Zeelenberg（2002）		后悔源自消费者对自己做出的选择与拒绝的选择之间的认知努力而产生的情绪
黄静和王志生（2007）		后悔是消费者在消费体验之后将购买品牌同放弃的品牌进行比较所得到的负向情感反应
Coricelli（2005）	神经科学	后悔除了受刺激的物理属性所驱动的输赢或对错评价以外，后悔的产生还涉及两个独特的加工过程：陈述性加工和自上而下的调整

（二）营销学来源

市场营销领域中，研究者们发现消费者对购买行为的总体评价不仅考虑产品实际绩效与期望之间的差异，而且将选择品牌与放弃品牌进行比较。后悔基于选择结果与放弃结果的比较而形成，如果选择品牌的实际绩效不及放弃品牌时，消费者就会后悔。黄静（2007）将后悔界定为：消费者在体验选择品牌后感知到其购买决策并未带来最佳结果时对当初购买决策的一种情感反应。在互联网不断发展的今天，消费者购物的信息越来越对称（王汉君，2013），信息越对称也就意味着，当消费者得知自己的选择并不是最优情况时，便会对自己所做出的决策感到懊恼（张文彬等，2009），这样的消费情绪即为后悔情绪。在特权营销中，通过相应特权获得标准而获得的特权服务，对 VIP 客户的重要和重视程度不言而喻。对于 VIP 客户而言，越为重要的服务以及购物体验，一旦出现选择失误，那么消费者的后悔程度就会越高（索涛等，2009）。在 VIP 客户的反事实思维下，特权营销在获得标准与服务形式上的差异化设计，就可能会让已经选择了一个品牌的 VIP 客户感到后悔，因为其他品牌的 VIP 客户或许能得到更加匹配的特权服务类型与获得标准。因此在本书中，就后悔情绪界定为一个品牌的 VIP 客户由于没有选择另一品牌，而获得不同的特权获得标准或服务类型时产生的负面消费情绪。

人口营商后悔研究重在发现绝对价值，而人群营商契合研究重在发现相对价值，人气营商满意研究重在发现比较价值，如图 3 – 15 所示。

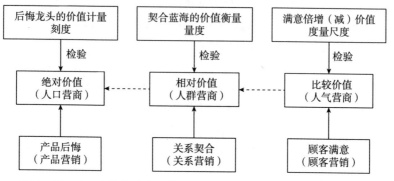

图 3 – 15　人口后悔与产品后悔、蓝海契合、倍增（减）满意的关系

二、鼎盛时期后悔龙头原理

（一）基本原理

在鼎盛时期理解后悔龙头原理离不开心理期冀。期冀是指人们对未来一段时间要发生的事情的美好预期和愿望。投资者的心理期冀往往决定了龙头的不同情况。对奢侈品绝对价值龙头实现的速度、强弱、顺序有影响。同时，在龙头形成的过程中，投资者心理期冀有所调整。因为龙头的实现并非一蹴而就，在实现过程中，投资人会根据实现的情况对龙头绝对价值进行新的计量，最后又作用于心理期冀，如图 3 – 16 所示。

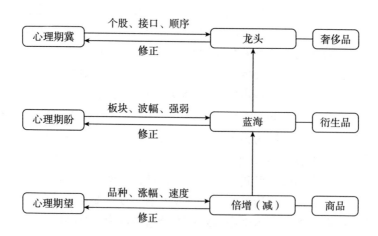

图 3 – 16　后悔龙头原理的作用机理

（二）后悔作为龙头研究的逻辑

满意作为倍增快（明星商品）研究的逻辑应该很好理解了，没有倍增快的商品投资就是错误的，投资本身就有风险，与产品购买不同，产品购买线性增长，是确定性的，10%增长已经相当满足了。投资可不行，跳跃思维就开始形成了，倍增快是最基本的要求，成倍快、中、8倍快、中、慢都可以，倍增快是满意的起点，是用来研究商品品种投资的，所以房价、股价、物价"三价"是投资商品的标的，它们之间是对应的。

后悔作为龙头研究是因为面对股票指数板块上涨的2倍快、4倍快、中人群环，契合的成长行业，再研究2倍快、4倍快和中的个股，已经没有什么意义了，必须研究带动板块上涨的8倍个股龙头，在股价上涨的过程中，每只个股都是躁动的，个股表现欲望强烈，每个投资人都希望自己买进股票就上涨，卖出就下跌，短期买进卖出，频繁操作，希望很快发财，后悔自己没有买进天天上涨的个股，所以从心理学角度研究后悔也是个股投资的必然，如何减少后悔就成为人口营商研究的核心之一，从人气研究的满意、人群研究的契合，很容易理解真正的后悔标准是错失具有8倍增值的个股龙头，其他2倍、4倍个股增值后悔实在是太多了，任何一个投资人都不可能把握每只个股上涨的节奏进行有效投资，只要充分利用人群契合理论，寻找成长行业板块8倍龙头个股的上涨先、中、后顺序，把3个8倍龙头个股紧紧抓住，进行有效投资，以及运用人气对策形成人群环的4倍强弱，进行龙头个股心理接口的时间把控、有效交接，使每一轮行情投资个股的绝对价值最大化，就是真正地减少后悔了，很多投资人以为自己聪明，自己投资的就是龙头，一个错误的龙头损失可能也是8倍，如果加杠杆损失更加惨重，没有投资龙头更是不可能成功的，倍数太少，所以龙头个股投资是专业人士的追求和必须认真研究的核心问题，只要在一轮行情准确实现3个8倍，最大倍数就是$8 \times 8 \times 8 = 512$倍。

（三）心理期冀变化的内在含义

心理期冀的变化会引导投资龙头个股的不同人口8倍持续集中，为自己投资板块中的龙头个股寻找投资理由，不断对其进行赞美。所以对于投资者来说，对一国股票会有自己的心理期望，期望上涨；一个具体的地区板块或者行业板块是投资者做出的心理期盼，期盼该板块上涨；具体到契合大盘指数上涨的行业板块中的龙头个股才是投资者的心理期冀，是通过心理体验计量不同龙头个股的绝对价值。心理期冀的变动实质是投资人口的心理体验的绝对价值的具体变化，价值计量判断最后的龙头类型，通过心理接口对8倍先、8倍中、8倍后进行无缝衔接的投资，从大盘指数一轮上涨中不同龙头个股获取绝对价值最大化的收益，进行投资。在不同的时点，营商奢侈品（龙头个股）通过带动板块上涨进而带动整个大盘指数上涨的形式反映变化情况。板块指数的变化是指数包含的行业、地区板块等各个板块的变化。对于投资者来说，要想实现比指数更大或者相等的价值增值，就要在不同的时点选择能够带领大盘指数上涨的板块内部的龙头个股进行投资，选择依据是绝对价值最大的板块中的龙头个股。

（四）后悔龙头的类型和适用对象

后悔龙头适用对象与信任头部心理神往适用对象一致，如图 2 - 28 所示。

（五）投资人后悔龙头抉择的步骤

投资人在选择后悔龙头、调整心理体验的时候需要遵循以下三个步骤：第一步，判断大盘上涨的逻辑。大盘上涨的时间快、中、慢，指数人群环强度不足、正好、超过，都与大盘上涨的逻辑紧密相关，如果不能准确判断上涨逻辑，投资龙头个股就会犯错误。如币值平台对策推动股票上涨，指数板块上涨快，契合成长板块也会明确，龙头个股把握准确而鲜明；金钱杠杆推动股票上涨，大盘 2 倍快、超过，契合成长板块明确，龙头个股也会清晰，大盘 4 倍超过上涨，由于前期的套牢盘非常严重，大盘开始上涨慢，成长板块上涨也不会上涨快，所以成长板块龙头个股上涨 8 倍先、慢。随着前期套牢盘的释放，指数上涨就会加快，契合大盘的成长板块就会加快，成长板块龙头个股 8 倍中、8 倍后都会上涨加快。不分析清楚，既耽误时间，还引起投资人的误判，因为开始上涨的板块对于大盘推动作用不明显，投资人可能怀疑成长板块和龙头个股判断出错。只要大盘上涨的逻辑驱动没有错误，成长板块龙头个股 8 倍上涨是必定的。如表 3 - 2 所示。

表 3 - 2　大盘指数波动与后悔龙头的对应关系

上涨逻辑	判断对策的依据	龙头类型
平台	一个国家的币值平台对策快速上升就是股票上涨动力 全球大量的货币迅速投资该国的营商奢侈品，速度快 币值平台形成 2 倍不足、4 倍正好人群环 8 倍先、快作为人口后悔的第一投资标的，是 8 倍中与 8 倍后的前提铺垫，充分考验投资人的抽象思维能力及具象抉择能力	8 倍先、中、后，心理接口把握重要
杠杆	金钱杠杆推动股价，股价形成 2 倍超过、4 倍超过人群环 2 倍超过人群环，成长行业龙头个股上涨明显，节奏清晰；4 倍超过人群环，成长行业龙头个股上涨不明确；8 倍先可以是 8 倍快、中、慢，不一定 8 倍先就是 8 倍快，由于指数板块的套牢盘很多，开始上涨慢，契合指数的成长行业板块 8 倍先就成为 8 倍慢，不会像 2 倍快直接 金钱杠杆 4 倍快、超过大盘非常稳健，参与股市投资人越来越多，利用金钱对策推动股价指数，是股价上涨的必然	8 倍先、慢，8 倍中快，8 倍后、快

上涨逻辑	判断对策的依据	龙头类型
契约	2倍快、正好人群环，龙头个股上涨明确 4倍中、超过人群环，由于平台、杠杆对策作用推动股市上涨速度快已经不可能产生，速度中成为契约对策的核心 因此8倍先、8倍中、8倍后完成的速度都不会快，投资人在短期龙头个股增值空间放大是很困难的，没有大量资金迅速汇集股市，国家管理杠杆能力增强	8倍先、慢，8倍中、慢，8倍后、慢

第二步，判断推动大盘上涨的成长板块。推动大盘上涨的板块很多，可能是次板上涨推动大盘上涨，也可能是主板的非主流板块推动指数上涨，这些都是推动主板指数上涨的动力，这些板块上涨，具有赚钱效应能吸引大量资金，主板指数上涨只靠成长板块推动也是不可能的，这些板块是比较难以把握的，有时这些板块上涨与主流成长板块同时进行，有时影响契合大盘的主流成长板块的形成。同时这样也会分流资金，使真正的成长板块股票不上涨，也就是使指数上涨4倍快、超过的成长板块很长时间没有机构资金光顾，这个时候不要着急，只有非主流板块上涨到一定幅度，还有龙头个股表现突出，资金才转向指数上涨契合的行业成长板块，机构资金准备进入成长板块。成长板块的判断主要依据人群营商理论进行认真分析。

第三步，判断龙头个股8倍上涨，实现8倍增值。指数上涨的逻辑已经清晰，成长板块也很清楚，但是龙头个股8倍上涨也是各具特色，有的龙头个股实现得太快，可能同时进行，心理接口难以把握；有的8倍龙头长时间实现不了，真正的8倍慢使很多投资人丧失了投资信心，但能够让投资人按顺序投资8倍先、8倍中、8倍后，实现512倍增值，是典型的龙头个股投资抉择的实现。

在投资人后悔龙头选择的每一步骤基础上，要正确理解每次后悔龙头的实现，如图3－17所示，这是学习心理学在营商奢侈品投资上的重要体征。心理期冀分别是8倍先、8倍中和8倍后，通过价值计量对绝对价值最终的结果进行判断。价值计量是根据龙头个股的具体价位决定的。

（六）鼎盛时期后悔龙头的目标

对于处在鼎盛时期的国家而言，为了吸引专业人士投资，并使投资人能找到不同领域的龙头国家，是后悔龙头的目标。通过投资人对龙头投资标的的抉择，实现绝对价值的人口集中。本书将鼎盛时期的投资聚焦在营商奢侈品的投资中，所以鼎盛时期的龙头目标就是在营商奢侈品领域实现的。在一定时期内，鼎盛时期的国家，具有代表性的衍生品股票指数契合成长板块的赞美奢侈品龙头个股。不同的龙头个股上涨反过来带领行业板块上涨，进而带领大盘指数上涨，直至实现股票的价值创造。

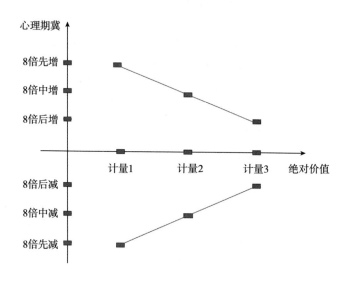

图 3-17 后悔龙头实现过程的价值计量形成

为了使投资人人口集中，抉择到正确的龙头个股，实现并创造绝对价值，这是鼎盛时期全球每一个国家、行业板块和专业人士共同努力并且希望实现最具吸引力的集中目标：鼎盛时期价值共建、形成心理期冀的龙头。这种人口集中目标主要是使得一个国家人口集中形成的奢侈品创造的价值更大，效率更高，社会财富快速而大量向该国积累，使该国人民尽快且长久地过上美好生活，使该国真正进入发达国家行列。从发达国家的成功经验可以看出，每一个国家都有自己的全球专业人士认可的奢侈品，一个国家形成奢侈品的种类和行业多少，直接影响该国的发达程度和国际地位，龙头个股地位形成带动相关产业和国家整体发展，如美国的波音飞机、计算机操作系统、苹果手机；法国的香水；德国的汽车；瑞士的手表，全世界其他国家只能相互学习，无法撼动这些国家共建奢侈品在国际上的地位，带动各国相关产业和国家整体发展，影响深远而强大。

三、后悔龙头价值投资选择

（一）后悔龙头绝对价值投资时机选择——奢侈品涌现的时期

不同于《人气营商学》对商业社会到来的强调以及《人群营商学》对虚拟时代变迁的强调，《人口营商学》的研究背景需要强调鼎盛时期的演进。

奢侈品的历史由来已久，在每个社会、时代、时期都存在奢侈品，只不过近几十年，随着奢侈品市场的飞速发展，人们对于奢侈品的理解更加深刻，品质生活和高质量发展为奢侈品的产生和形成提供了广阔的空间。如白酒市场，人们开始了解白酒就是一种文化的载体，可能理解为物品、上品，后来经过加工理解为产品、精品，现在人们马上会联想到只有中国是白酒的故乡，茅台酒的品质、产量和故事足以讲出奢侈品的故事，与世界其他国家相比，中国的奢侈品太少，比如日本的酱油、新西兰的牛奶、希腊的橄榄油、澳大利亚的啤酒和阿拉斯加的大马哈鱼等。后悔与奢侈品紧密相联，是因为任何一个奢侈品抽象思维体现在个股股价上是 8 倍增值空间，人口集中个股，上涨 1~3 个 8 倍才能成为真正意义上的奢侈品，这是每个想成为奢侈品的龙头个股的必经之路，投资人持续赞美形成 8 倍增值个股是形成奢侈品的前提和结果，后悔龙头赞美抉择，而不是后悔产品差异购买，是奢侈品不断涌现的结果，打破了人们固有的奢侈品理解思维。

（二）后悔龙头价值投资情形选择

1. 体征的定义

从体征的本来意思去理解，体征是生理学、医学用语，指医生在检查病人时所发现的异常变化，生命体征就是用来判断病人的病情轻重和危急程度的各种指标，主要有心率、脉搏、血压、呼吸、瞳孔和角膜反射的改变等。而价值体征则是反映个股股票自身的一些指标，例如个股现在股价、最低价位、历史最高价位、业绩如何、行业地位、主业构成、股性特点、行业知名度、地理位置、市盈率等。综合反映在对每只龙头个股的价格计量上，不是简单的度量、衡量，比价值度量和价值衡量更为细致，不是尺度、量度，是刻度，是有基本价位的。究竟哪只股票具备龙头个股的价值体征就成了关键问题。没有价值体征的准确计量就分不出绝对价值，也形成不了龙头，会使投资人产生后悔。如投资人没有计量出茅台酒的价值特征，投资了别的个股，增值倍数大幅减少。截至 2021 年 2 月 5 日，五粮液从低位 6 元上涨到 335 元，上涨 56 倍，茅台酒从低位 20 元上涨到 2364 元，上涨 118 倍，其他白酒股票上涨倍数都没有超过茅台酒，可见投资准确的龙头个股多么重要，价值体征是个股所具备的，不可能将茅台酒的体征与五粮液相混淆。

2. 三个时期的价值体征类型

价值体征是从价值体系、价值体现演变而来的，体系必须越来越完善、越来越高级；体现是越来越缜密、越来越升级；体征是越来越独特、越来越持久。不同的时期有不同的价值体征。定期、周期和时期都会带来个体价值体征，只有鼎盛时期的价值体征变化最大，因为这个时期带来的价值增值在这三个时期中最大，可以进行投资。总体来说，三个时期价值体征分为三种。兴盛时期的个体少量价值体征、昌盛时期三甲较多价值体征和鼎盛时期的人口集中个股大量价值体征。每个时期价值体征都是对个体的心理期冀进行价值计量得出的。

兴盛时期价值个体体征是少量，那个时期个体心理期冀极少，没有过多想法，基本上就是面朝黄土背朝天，可以价值计量的上品极其有限，所以对价值体征少有研究。对于昌盛时期来说，相较于兴盛时期人们心理期冀多了，昌盛时期由于技术的进步，精品也较多。进行价值计量就是因为三甲有较多价值体征，每个个体的变化明显，个体企业的体征比较明显。到了鼎盛时期，投资人对可以投资的奢侈品要求更高了，不同的指数板块、行业和地区板块不断涌现和创新，所以能够集中的个股价值体征就比前两个时期要多很多，个股之间的甄别是无时无刻的，而龙头个股投资正确对于投资人的影响是方方面面的，这时期的个股价值体征研究是对于同一板块的每只个股的深刻分析。

3. 鼎盛时期的价值体征情形

在鼎盛时期，后悔龙头 8 倍先、8 倍中、8 倍后，与满意 2 倍快、4 倍快和中、8 倍快、8 倍中和慢不同，满意在商品人气线上寻求，后悔在个股人口顶上寻求，计量刻度放大多少，需要具体分析。股价指数后悔龙头的上升情景是 8 倍先、8 倍中、8 倍后组合的形态。在一次完整的人群环 4 倍快和正好、4 倍快和超过、4 倍中和超过实现过程中，可以实现 8 倍快、中、慢，8 倍不足、正好、超过，依据对策的驱动逻辑不同，形成人群环，具体研究个股龙头的价值体征，只有具备这种体征的龙头个股，才能实现 8 倍先、中、后的人口顶，如同只有房价、股价、物价构成的"三价"具有倍增快、成倍快和中、8 倍快、8 倍中、8 倍慢，投资人必须尽早完善自己的价值体系，否则在商业社会是落后的。2 倍快、配合成倍快（4 倍快）和成倍中（4 倍中）形成指数人群环，按照人气线分析的成长板块一般都有三次实现 8 倍龙头个股价值增值的情况。2 倍快、不足，4 倍快实现 8 倍快、不足人群环；2 倍快、超过，4 倍快、超过实现 8 倍、正好人群环；2 倍快、正好，4 倍中、超过实现 8 倍慢、超过人群环，这 3 种情况分别对应了人气的三个对策、三种龙头个股值上升的情形。

情形 1　平台对策、无意识动机形成的个股心理期冀，8 倍绝对价值体征交叉。如图 3-18 所示。

特点：完成时间短，两次龙头实现之间间隔时间短，来不及转换。

优点：可以在较短时间，实现最大化绝对价值创造，没有其他个股龙头干扰股价。

缺点：板块轮动太快，同时上涨的板块较多，无法抓住所有 8 倍投资机会。

要求：需要耐心地等待启动和丰富经验提前发觉龙头个股。

形成原因：币值对策推动的后悔龙头趋势上升情形速度较快，所以一般两次龙头的实现总体时间较短。

情形 2　金钱对策、双因素动机形成的个股心理期冀，8 倍绝对价值体征合适。具体如图 3 – 19 所示。

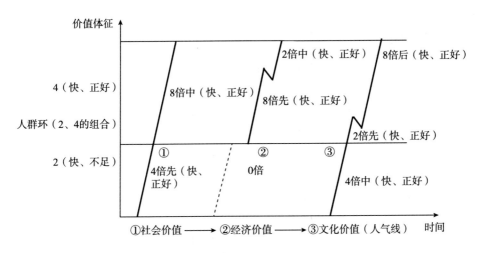

图 3 – 18　币值对策引发的价值体征

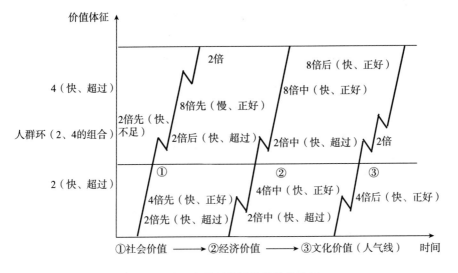

图 3 – 19　金钱对策引发的价值体征

特点：完成时间中等，两次龙头实现之间时间正好、波动空间大。

优点：可以实现最大化绝对价值创造，有相对较长的时间供投资人发掘龙头个股，易把握；可以实现投资板块的多次转换，价值增值空间巨大。

缺点：第一个 8 倍实现时间长，两次龙头实现波动幅度大，不易把握两次龙头调整的顶部和底部。

要求：需要不断进行价值判断，关注 4 倍人群环实现过程中成长板块的变化，以免错失先、中、后三个 8 倍投资机会。

形成原因：金钱对策推动的后悔龙头趋势上升情形速度也相对较快，所以龙头的实现总体时间中等。

情形 3　权力对策、层次动机形成的个股心理期冀，8 倍绝对价值体征延长。具体如图 3-20 所示。

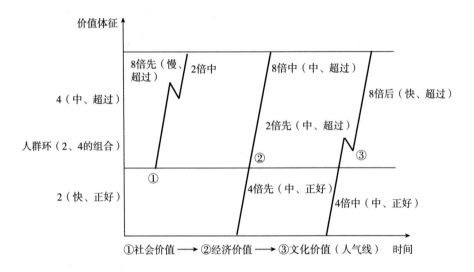

图 3-20　权力对策引发的价值体征

特点：完成时间长，两次龙头实现之间间隔有较长的盘整时间。

优点：相对稳定，可以稳定实现价值增值，可以进行多次不同板块的价值投资。

缺点：时间较长，不能实现短时间的价值增值，融资成本高。

要求：由于时间相对较长，对资金的占用时间长，要有长期自有资金投资的耐心。

形成原因：权力对策推动的后悔龙头价值上升情形速度就比较慢，所以一般每次龙头的实现总体时间最长。

（三）保持后悔龙头价值实现的方法

实现后悔龙头 8 倍增值，创造绝对价值最大化。实现后悔龙头 8 倍价值，减少后悔主要有四种不同方法，这四种方法在后悔龙头绝对价值投资过程中起到重要的作用，通过这四种方法可以更好地创造绝对价值，减少后悔，这些方法是经典的营销学理论 STP 方法在人口营商学的发展。四种方法依次是：绝对价值后悔龙头明显属性细分，绝对价值后悔龙头重要属性目标投资标的确定，绝对价值后悔龙头决定性属性定位和绝对价值后悔龙头个股动态属性调整。

1. 绝对价值后悔龙头明显属性细分

细分，是指按照龙头个股的价值体征要求，进行具体的个股划分。没有详细的个股细分就没办法在纷繁复杂的个股中找到可以投资的具体个股对象，所以细分是抉择龙头赞美的关键。

要进行明显属性细分首先要明确细分原则：第一，由大范围向小范围划分，先从国家这种大的范围进行划分。以股票划分为例：是投资中国股票还是投资美国股票。第二，由明确标准向不明确标准划分。也就是从熟悉的标准细分向不太熟悉的标准细分，具有价值认同、价值共同的标准细分更为确定。第三，根据变化及时调整细分标准。细分标准不是一成不变的。以股票划分为例：主、次板的形成，新型行业兴起等，都会形成新的细分标准。无论以什么标准细分，都是为了共建龙头 8 倍个股增值，没有龙头奢侈品 8 倍增值，细分没有必要。

根据大量的社会现象和投资实践，抽象出《人口营商学》的细分因素为四种，如同产品市场营销的细分因素是人口、地理、心理、行为一样，人口营商四种细分因素是板块、成本、杠杆、时间。

（1）板块因素细分。板块因素细分按照人群营商研究，还包含价值内涵板块、发展阶段板块、人气对策板块以及主、次指数板块。首先是价值内涵板块，根据人气关注的核心价值板块——文化价值、经济价值和社会价值三个价值区分，以及根据《人群营商学》中不同行业板块的价值体现，对不同的板块进行整合归纳，上市公司所有行业板块都可以归纳为三大价值内涵板块，如表 3 - 3 所示。

表 3 - 3　人口后悔价值内涵板块细分

细分	判断价值内涵板块的依据	举例
文化价值板块	有历史、文化内涵和政治、军备意义的板块	白酒、航母、食品、服装
经济价值板块	支撑指数板块上升主要动力板块，是有好的经济效益和实体业绩支持的板块	高铁、建筑、银行、石油、煤炭、化工
社会价值板块	社会认同感高的板块，对于指数板块反应较快的板块	证券、保险、房地产、教育

其次是发展阶段板块，发展阶段板块细分主要是指根据行业的发展和公司的发展时间阶段，可以将其分为题材板块、业绩板块和成长板块，也属于发展阶段人气线。细分判断依据如表 3 - 4 所示。这与行业的生命周期也有关系，一个传统行业的成长性不会比一个新兴朝阳行业的成长性好。成长板块是鼎盛时期投资的主体，是最为安全的投资。

表 3-4　人口后悔发展阶段板块细分

细分	判断发展阶段板块的依据	举例
题材板块	炒作题材的板块。这些题材可供借题发挥，可以引起市场大众跟风。特点属于业绩一般、市值小、政策性强	重组、政策支持板块
业绩板块	有业绩明显向好的行业环境支撑。特点属于业绩有保证、成长想象空间有限、市值较大的白马股	白色家电、银行、石油、煤炭板块
成长板块	具有成长性的板块，这些板块可能有题材，也可能有业绩，但是其成长性凸显时都归为成长板块，该板块业绩有保证、市值大小不重要、成长性一定要好	证券、高铁、航母板块

　　再次是人气对策板块。三种对策激发的主板人群环会有不同，主板价值内涵板块也有不同，正确理解对策板块细分，是准确判断价值内涵、发展阶段板块的前提，如币值平台对策导致证券板块是社会价值板块、成长板块；钢铁是经济价值板块、成长板块，是最后一次成长；金钱杠杆对策产生了高铁经济内涵价值、成长板块，是第一次成长，明显还有第二次成长，如表 3-5 所示。

表 3-5　人口后悔人气对策板块细分

细分	判断人气对策板块的依据	举例
币值对策板块	币值对策激发主板指数板块上涨的三种价值内涵行业、成长板块	证券、房地产、钢铁、黄金板块
金钱对策板块	金钱对策激发主板指数板块上涨的三种价值内涵行业、成长板块	证券、高铁、航母板块
权力对策板块	权力对策激发主板指数板块上涨的三种价值内涵行业、成长板块	保险、高铁、旅游板块

　　最后是主、次指数板块，具体情况如表 3-6 所示。得出主、次指数板块的选择是板块细分因素之一，否则板块细分因素也是不全面的。

　　（2）成本因素细分。选择个股，减少后悔进行投资时，板块因素是最基本的因素，板块投资错误影响较大，但是只要追求自身的 3 个 8 倍明确，就是投资成功的表现。首先，投资人的自有资产是多少？对于个人来说，很多人在很长的一段时间内，都处于一个资产累积的过程，资产作为现代人经济状况的体征，发挥着很大作用。其次，投资人的自身资产拥有量并不能完全决定其所愿意付出的成本，成本还和投资人自身资产与投资龙头个股成本的比例相关，提到投资比例，就不得不提到"投资组合"，投资组合是指如何在不同的资产当中进行比例分配。再次，投资人投资龙头个股的绝对数额，假如一个人有 100 万元的总资产，那么即使投资比例再高，假设 50% 用于投资股票，但是用于投资龙头个股的绝对数额只有 10 万元，其他资金，比如 40 万元用在投资基金或者不是 8 倍的龙头个股上，绝对数额也是非常少的。最后，投资人承受绝对亏损的程度的高低，高额的投资报酬率固然吸引人，但是很多投资人接受不了投资龙头失败的损失，这也是必须考量的细分因素，龙头投资收益高，但是失败也是存在的，一旦损失可能满盘皆输，这也是很多投资人不投资龙头个股的原因所在，因此要判断投资人的损失是否在可承受的范围内。

表 3 – 6　人口后悔主次指数板块细分（以中国为例）

细分	判断主、次指数板块的依据	举例
主板	上海 A 股和深圳 A 股统称为主板。深圳 A 股在深圳证券交易所上市交易，人民币交易的股票，股票代码"0"字开头。上海 A 股在上海证券交易所上市交易，人民币交易的股票，股票代码"6"字开头	钢铁、石油、煤炭、证券、银行等板块
创业板	以快速成长的科技型企业为主，人民币交易的股票，股票代码"3"字开头	新型能源、电动汽车、新型材料等板块
新三板	全名叫作股份转让系统，是场外交易市场（OTC）。新三板的企业叫作挂牌，而不是 IPO，实行的是主办券商制度，主办券商资格可以在中国证券业协会查询	还不符合公开发行上市条件
科创板	2019 年 7 月 22 日开市，采取注册制，科创板根据板块定位和科创企业特点，设置多元包容的上市条件，允许符合科创板定位、尚未盈利或存在累计未弥补亏损的企业在科创板上市，允许符合相关要求的特殊股权结构企业和红筹企业在科创板上市	芯片、人工智能等板块

（3）杠杆因素细分。投资龙头个股，减少后悔，还要进行杠杆因素细分，包括四个方面：杠杆使用是否合法、合规？杠杆使用的比例是多少？杠杆使用的绝对数额？杠杆使用的得失比较判断。自有资金投资在商业社会是很难成功的，因为每一个人的自有资金毕竟有限，杠杆率适当放大是商业投资的核心对策之一，只不过在工业社会中杠杆一般在政府和企业手中，一般投资人很少使用杠杆撬动未来，商业社会之前，杠杆体现在民间借贷比较多，现在是全民投资的时代，人人都要投资，所以民间借贷会越来越少，同时利息极高，容易产生纠纷，一般投资人开始利用金融杠杆，一点都不要觉得奇怪，发达国家早如此，这样也有利于金融监管，个人投资者利用金融杠杆投资房产的比较多，利用金钱杠杆

投资股市的一定是较为专业的金融人士，杠杆投资龙头个股才是专业投资人士应该研究的核心，因为龙头个股的 8 倍增值才是投资人真正羡慕的，好钢必须用在刀刃上。也只有在龙头个股上加大杠杆才有实际意义，才能减少后悔。这里不再讨论要不要加杠杆、愿不愿意加杠杆，对于龙头个股而言，重要的是如何加杠杆。

首先是合法杠杆，所谓合法杠杆就是法律允许范围内的股票融资交易，也被称作保证金交易。其次是运用杠杆投资龙头个股比例的多少，融资（保证金）比例是指投资者融资买入证券时交付的保证金与融资交易金额的比例。再次是投资人所加杠杆绝对数额的大小，即使投资人使用全部杠杆比例投资龙头个股，杠杆的绝对数额较少也赚不了钱，这是考察投资人在投资龙头个股的杠杆时使用的绝对数额。最后是杠杆使用的得失比较判断，股票融资交易有利于提高龙头个股投资的资金利用率，放大倍数，实现最大限度的增值，但是杠杆使用的得失，也要自己承担。

（4）时间因素细分。龙头个股不是板块选择正确、成本付出、杠杆使用这些因素细分清晰，就能够正确投资的，投资龙头个股，减少后悔，还要进行时间因素细分，包括四个方面：等待与准备时间多长？开始上涨时间如何确定？上涨持有时间长短确定？转换龙头的时间节奏。"会买的是徒弟，会卖的是师傅"，这句股市谚语生动地形容了在交易中"卖出"环节的重要性。因为卖出位置的准确性不仅关系着最终获利的百分比，也关系着能否避免本金损失等问题。在市场中，最遗憾的不是被深度套牢，而是一只股票刚刚开始上涨时，投资者就选择了卖出，然后目睹它一路疯狂拉升上涨 8 倍，只留下后悔和自责。对于散户来讲，找到一个合理的卖点确实很难，这不但需要系统的交易模式，更需要长时间的经验积累，最重要的是在市场中保持良好的心态，对理论保持绝对的信任，只有这样，才能在个股的涨跌中始终坚持初心、坚持理论指导，最终收获丰厚的"果实"，上述这些内容都是龙头个股时间因素细分必须考虑的问题。

当一波行情来临的时候，首先是 8 倍上涨等待时间多长，无论是价值内涵的哪一个 8 倍最先上涨，都有可能需要等待时间，不是一旦买进，立即上涨，这种概率极小。其次是开始上涨 8 倍的时间，每个板块推动大盘上涨时，购入对应板块的龙头个股，耐心持有，在板块没有轮动之前，需要等待，不要轻易抛出，以免错过最高的收益，产生后悔。再次是龙头个股 8 倍上涨持有时间长短，进入这个阶段，是上涨 8 倍的开始和共建共享龙头个股的最黄金时期，但也不是直线上涨，龙头 8 倍持有时间既要了解 8 倍的价位是多少，也要把握在什么价位卖出使一波行情的绝对价值倍数最大。最后是转换龙头个股的时间节奏，承担相应的得与失。

2. 绝对价值后悔龙头重要属性目标投资标的确定

绝对价值后悔龙头重要属性目标投资标的确定，是在鼎盛时期找到实现龙头个股价值，减少后悔的重要步骤之一。前面分析影响龙头个股减少后悔的细分因素是第一步，如何把握细分营商找准目标个股就是第二步，也是关键一步。重要属性是在 4 个细分因素中，选取至多三种重要属性细分因素，对可以投资的股票龙头个股进行把握，确定可以进行投资实现投资者 8 倍绝对价值的个股。

（1）一重属性确定。一重属性确定是在细分因素描述的基础上进行的，投资者选择一种细分标准进行投资。投资人根据自己熟悉的、很重要的、证券市场关切的细分标准，自主选择认为可以使绝对价值最大化的因素进行投资。投资人可以选择板块因素进行投资，也可以选择成本因素、杠杆因素、时间因素进行一重因素细分。这些因素都是投资龙头个股实现 8 倍增值的核心因素，按照人群契合理论和人口顶理论，选择板块因素进行细分是一重因素普遍采用的细分标准，而板块因素按照价值内涵进行板块细分，是利用了人气线理论，这样寻求 8 倍先、中、后龙头个股，更加有效，其他板块因素是二重、三重细分因素考虑的内容，一重细分使用比较少，很难确定目标龙头个股，多重因素运用普遍。具体的一重属性细分如图 3－21 所示，以中国为例，选择成熟的主板将其所有行业股票划分为社会价值、经济价值、文化价值三种价值内涵的板块股票就是一重细分因素，和市场营销一重细分因素一般是按照个人收入进行细分是一样的，任何细分因素都没有个人收入多少决定购买更加明确。

图 3－21　人口后悔重要属性一重因素确定目标示意图

（2）二重属性确定。二重属性确定是在细分因素基础上，投资者选择两重细分属性，建立二维坐标系，确定投资目标龙头个股。一重细分普遍利用板块因素的价值内涵进行细分，二重因素就可能是主、次指数板块因素，发展阶段板块因素、人气对策板块因素，选择两个细分因素把握龙头个股更加有效。因为人气对策不同，推动大盘的行业板块不一样，龙头个股明显不同，选择价值内涵和人气对策是两个重要的细分因素。如图 3－22 所示，在中国的上海主板指数板块中选择价值内涵和人气对策两个属性分类来确定板块龙头个股。

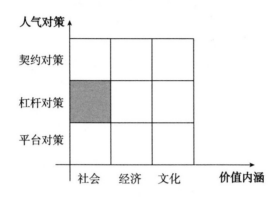

图 3－22　人口后悔重要属性二重因素确定目标示意图

（3）三重属性确定。三重属性确定是指选择三个细分属性，建立三维的坐标系确定投资目标龙头个股。选取价值内涵板块细分、发展阶段板块细分、人气对策板块细分三种细分方式来确定投资的目标龙头更为准确和全面。以目前中国上海主板指数为例进行细分，三重因素确定可以投资的板块龙头个股，如图 3－23 所示。

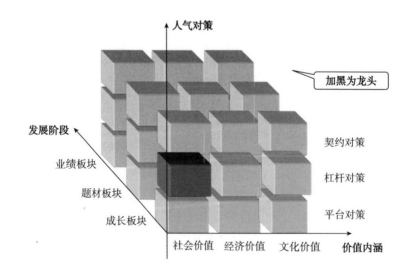

图 3－23　人口后悔重要属性三重因素确定目标示意图

四重因素示意图不能够被清晰画出，实际目标的确定经常超过三重因素，除了上述三个因素，投资人一定考虑主、次指数板块因素进行目标确定的因素还有成本因素、杠杆因素、时间因素，只不过板块因素考虑不清晰，其他因素作用不明显，或者出现错误，其他因素可以是选择好板块龙头个股之后需要考虑的细分因素。

3. 绝对价值后悔龙头决定性属性定位

决定性因素定位是后悔龙头绝对价值实现的另一个重要方法，定位就是要在确定目标的基础上，找到龙头个股8倍的具体价位，决定性因素不一定是重要因素，但是一定是细分的明显因素，目标龙头个股确定后，定位显得重要，没有明确的价格定位，这个龙头个股肯定不准确，不是龙头个股上涨到什么价位就是什么价位，而是受到各种因素影响的，但无论是什么影响因素，一定有一些因素是决定因素，这些因素决定了龙头个股的价位。

龙头价格的定位是从心理期冀出发进行判断的，不同行业价值板块龙头个股价值体征要在实际情况中不断检验，通过对历史数据和行业前景的判断，分别从文化、经济和社会价值行业板块中选出特定的、熟悉的行业板块，如汽车行业、煤炭行业、钢铁行业、证券行业、航母行业、高铁行业等。每一个价值板块通过细分、目标确定后，选择一到几个价值板块的具体龙头个股，进行逐个分析，如表3-7所示，最终确定3个价值板块具体龙头的价格定位，就会在对应的板块股票中抉择龙头个股。

表3-7 2021年股市行情人口后悔行业板块龙头个股价格定位范例

板块因素细分	不同行业具体龙头个股体征	定位
文化价值行业板块	航母行业8倍龙头个股	低位7元至高位60元附近
经济价值行业板块	高铁行业8倍龙头个股	低位10元至高位80元附近
时期价值行业板块	证券行业8倍龙头个股	低位17元至高位120元附近

4. 绝对价值后悔龙头个股动态属性调整

如表3-8所示，在金钱对策下，第一次成长指数板块龙头2倍快实现过程中，航母板块带头上涨，上涨超过了其他文化价值成长板块，所以证明定位正确，接下来成长指数板块龙头4倍快基本会接着实现。白酒板块的上涨没有在成长指数板块龙头2倍过程中超过指数，而是在指数调整过程中逆势上涨，说明白酒板块不能与契合指数板块的价值内涵板块一致。所以，在下一次4倍快实现过程中，白酒板块跟指数板块上涨也没有必然关系。因此在契合指数细分的价值内涵——文化价值行业板块投资中不选择投资白酒板块，航空、旅游板块随着指数板块上涨的幅度太小，没有发现 4 倍上涨的龙头个股。

表 3 - 8　2014 ~ 2021 年股市行情主板、价值内涵、成长板块龙头个股价格调整

指数板块实现 成长具体行业	2 倍快（超过）	4 倍快（超过）
航母行业板块龙头	上涨 2 倍后上涨 4 倍，超过指数上涨	肯定上涨 8 倍，超过指数上涨
高铁行业板块龙头	上涨 2 倍后上涨 4 倍，超过指数上涨	肯定上涨 8 倍，超过指数上涨
证券板块龙头个股	4 倍上涨，超过指数上涨	肯定上涨 8 倍，超过指数上涨

另外，对于行业板块而言，龙头个股逐渐成为引导成长行业板块发展的原动力。板块成就了龙头，龙头个股检验成长板块。最根本的核心还在于这一板块本身的发展前景以及板块中起龙头作用的个股的形成和发展。所以没有龙头个股带领实现 2 倍快、4 倍、8 倍上涨，整个行业板块都无法实现成长价值。

投资者通过细分、确定和定位后选定龙头个股，究竟是否可以实现减少后悔，就要依靠分析对不断调整的龙头个股具体价位进行准确把握，找到最终可以实现绝对价值的龙头个股。

四、后悔龙头个股期冀的把控调整

（一）后悔龙头调整的类型：主动和被动

心理期冀龙头个股要调整是为了使一国的营商活动充满活力，要集中形成龙头绝对价值，达成投资者不断集中个股的投资环境，吸引广大投资人。因为只有龙头个股 8 倍上涨，才能形成行业板块的所有股票上涨 2 倍或者 4 倍，龙头个股不能上涨，板块的其他个股也很难上涨。无论是在指数板块上涨还是行业板块上涨的过程中，龙头个股上涨作用都非同小可，没有龙头个股上涨的强有力带动，人群跟随的板块上涨很难形成，人气关注的股价才有投资价值。及时对龙头个股股价进行把控，就是对龙头个股的心理期冀调整，只有让证券投资人对龙头个股人口集中心理期冀始终保持不变，才能吸引更多人口集中。对于投资者来说，心理期冀就是投资人自己对于投资个股进行的绝对价值判断。

而一个龙头个股出现被动调整的主要原因可以分为自身原因和外部原因。首先是自身原因。龙头个股价值创造条件不具备，龙头已经在别国实现，本国实现的可能性大大降低；还有可能别国已经实现，别国没有必要实现龙头价值；只有别国实现龙头价值，本国必须实现龙头价值的个股才不会受到外部影响，并且可以参考外部龙头个股进行价位的合理计量。例如，美国引领的互联网龙头，中国很难同时实现龙头个股，中国有的互联网企业可能还得在美国上市，中国难以形成龙头个股。还有美国的飞机制造龙头非常明确，结合国情，中国没有必要打造飞机龙头，中国形成自己的高铁龙头，并肩波音飞机龙头就可以了。在资本市场的投资银行领域和军备领域，中国能够也必须形成自己的投资银行龙头和航母龙头，否则在全球化的今天没有发言权和相应地位。其次是他国原因。全球范围内的绝对价值出现变化，本国某些领域的人口顶饥饿地位的心理预估无法实现，就会出现有些龙头个股在另一国家比该国具有更大的绝对价值，使得人口被引导集中到另一国家，而本国实现这些个股龙头价值基本不可能，如西方国家的牛奶、手表、啤酒，本国想挑战龙头基本不可能，如果形成龙头，投资巨大、时间较长、没有核心技术、应用场景不是最好，得不偿失，因此这些领域在本国形成新的龙头基本不可能。

（二）后悔龙头心理期冀的把握：内部和外部价值体征

增加龙头个股心理期冀的价值体征要从国际、国内两个方面计量。在这两个方面又可以分别通过两种途径提高价值体征。一个国家要有一个自己的龙头价值体征，要从国内和国外两个方面思考。既要做强自己的龙头来影响世界，也要让世界认可自己的龙头价值体征。如图 3 - 24 所示，通过图中方式都会增加一个国家龙头的价值体征，保证龙头个股价值的实现。

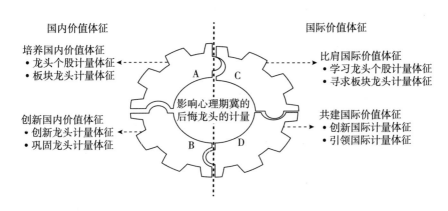

图 3 - 24　心理期冀中的龙头价值体征

对于国内而言，培养国内龙头价值体征，要从细分因素出发，板块因素、成本因素、杠杆因素、时间因素缺一不可，板块因素有价值内涵、发展阶段、对策板块、主次板块，板块龙头 8 倍空间增值和其顶格思维紧密结合，必须精心培养，如 2005 年股市行情的钢铁龙头为武汉钢铁，就是因为个股起始价位是 2 元多，8 倍增值是 16 元，而钢铁龙头的顶格是 20 多元，而宝钢股份的起始价位是 4 元，8 倍空间超过顶格，有些个股起始价位高或者上涨过快、过早，都不可能成为龙头价值体征，必须符合板块龙头价值体征和大盘指数的波动，主力资金可以介入，愿意付出成本、加杠杆、时间节奏把握正确，否则龙头个股价值体征不明显，对龙头个股必须加以呵护和利用智慧，有时通过配股，就是为了使龙头价位降低，寻求增值空间，2021年证券板块龙头中信证券，通过配股让主力资金介入，让一些对于龙头价值体征左右摇摆的投资人尽早出局，可以看出培养龙头个股的价值体征是非常重要的。

对于国际而言，一国龙头还要比肩国际价值体征。要跟世界比肩，别人有的龙头本国也要有，如钢铁龙头，是基础工业，必须形成自己的钢铁龙头，否则中国工业发展的基础就不坚实；而有些龙头可以自己创新，如交通龙头，制造飞机比肩波音，既不现实，也没有必要，只要有自己的大飞机就可以了，中国创新高铁龙头，将来比肩美国的飞机龙头，技术可以获得和创新，中国高铁的应用场景比飞机更好，所以高铁龙头可以比肩世界交通龙头。

第四节　后悔龙头的价值创造

一、人口后悔的研究对象

在后悔龙头的过程中，要明确为何要研究股价的龙头个股后悔。首先从人气与人群营商的联系来看，因为股价是商业社会"三价"之一，是人气营商的研究对象；不同价值板块是虚拟时代的衍生品，是人群营商学的研究对象，可以通过股票市场指数板块研究，指导和帮助金融市场为实体经济提供融资渠道，有利于实体经济发展，为投资人创造衍生品价值，一举多得。本书聚焦于股票龙头个股的投资，是指数板块和契合的行业板块的落地研究，也是投资人正确把握和带领其他个股上涨的具体描述，只要把握好龙头个股的方方面面，抉择好龙头，才能减少后悔。其次是因为股价研究的龙头后悔理论对于房价、物价具有重要的参考意义，只是房价表现在板块的"地王"上，龙头个股的研究既有利于理论研究，又有利于产业链的形成和发展，意义更加重大，没有好的龙头个股，8倍空间增值无法实现，更重要的是产业无法形成，前面多次提到互联网产业就受到了苹果龙头个股的带动，没有好的移动终端，互联网产业发展将受到限制，龙头带动互联网产业。龙头个股8倍增值表现在物价上就是奢侈品，苹果手机是奢侈品，培养更多的奢侈品是龙头个股投资的目标，茅台酒龙头个股的大幅上涨，就是因为茅台酒成为了白酒中的奢侈品。讲好奢侈品的故事是龙头个股营商的根本，所以龙头个股是奢侈品的营商故事，是人们对于奢侈品的赞美。奢侈品的赞美是判断绝对价值的重要依据，没有奢侈品的赞美，成为龙头个股也不太可能，只是智慧的营商专家比一般投资人更早发现，一旦大家认可或者说明后，龙头个股已经在上涨后期。人口后悔的研究对象如图3-25所示。

从图3-25可以看出，人气关注的研究对象是"三价"，研究"二价"如何受到人气的长期关注，并且使本国持续处于"明星"阶段，从而吸引更多的人气关注，创造更大的比较价值；只有受到人群跟随的国家股价才能在证券化时代成为价值"蓝海"，而指数板块成为"蓝海"是人群跟随的首要前提，契合的行业成长板块是推动指数板块上涨的动力；人口营商中，讲好奢侈品的营商故事，是产生8倍龙头个股的前提，人口集中龙头个股与奢侈品紧密对应，人气、人群、人口营商之间的相互联系也就清晰明了，营商最终目的非常明确，就是讲好每一个奢侈品的故事，实现龙头个股的8倍增值。

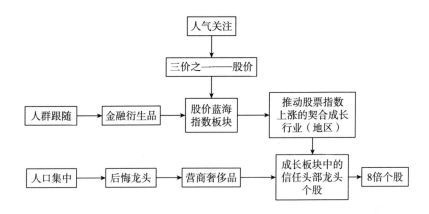

图3-25　后悔龙头的研究对象

二、后悔龙头价值实现的类型

投资人要减少龙头后悔，需要投资人对人气的对策、指数人群环契合成长行业板块轮动的时间顺序准确把握，从而判断龙头个股人口顶形成的投资策略，依靠头部信任理论，从抽象思维与具象推理的龙头个股高度来把握奢侈品龙头个股投资买进和卖出价位。如图3-26所示，在金钱杠杆推动的8倍中（2快超过×4快超过）人群环中，股票指数板块在2倍超过的人群环中，大盘指数上涨快、空间大，首先是社会价值证券板块龙头4倍先形成，其次是经济价值高铁板块龙头4倍中形成，最后是文化价值航母板块龙头4倍后形成；场外配资为主的杠杆，一旦去杠杆，容易形成指数大幅下跌，指数板块形成长期资金为主的第二次金钱杠杆推动上涨是指数 4 倍快超过，首先是社会价值证券板块龙头 8 倍先，其次是经济价值高铁板块龙头 8 倍中，最后是文化价值航母板块龙头 8 倍后都会按顺序实现，是典型的几何级数绝对价值（8×8×8＝512 倍）。

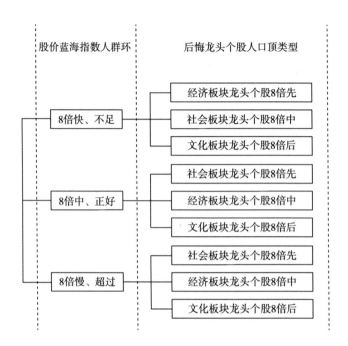

图 3 − 26　后悔龙头个股价值实现的类型

　　从后悔龙头个股价值实现的类型分析中可以看出，判断后悔龙头个股 8 倍先、中、后的价值内涵板块，是龙头后悔投资的核心，是人气对策、人群契合分析的结果，在此基础上通过人口顶及信任分析，后悔龙头在不同对策作用下形成人群环是不同的，不同价值内涵的龙头个股实现顺序非常明确，错误地判断顺序，后悔龙头个股投资就会失误，如金钱杠杆作用下的 8 倍中人群环，8 倍先是社会价值板块龙头，在龙头投资过程中，主力资金一定是社会价值的龙头，没有社会价值龙头个股实现 8 倍增值，经济价值龙头 8 倍增值不可能形成，即使在 8 倍社会价值龙头投资中，有其他板块龙头出现，对于大盘指数影响也不会太大，不是在明确的价值内涵板块投资龙头，8 倍增值空间不易把握，经济价值龙头也只能实现 2 倍或者 4 倍，必须是社会价值龙头实现 8 倍增值之后，经济价值龙头 8 倍才会形成，以此类推。很多情况下板块龙头实现是具有参考性与从众性的，不是主流板块，当绝大多数投资人看清楚龙头个股行情走势的时候，龙头个股基本上 8 倍已经完成了，或者投资人根本等不及，早早卖出，买进了别的股票。因此专业投资人必须具有前瞻性和极好的耐心，否则龙头个股与投资人就会迎面错过。

三、龙头个股8倍增（减）后悔绝对价值投资

（一）8倍增（减）龙头个股后悔投资的实现步骤

对于投资人来说正确把握龙头个股8倍增（减），才能减少后悔。投资8倍龙头减少后悔，选择步骤一共分为5步，如图3-27所示。鼎盛时期的投资人需要正确把握此步骤，只有根据这个步骤，鼎盛时期的投资人才能从后悔层面分析资产增值，创造最大化的龙头绝对价值，从而在鼎盛时期占得投资先机。

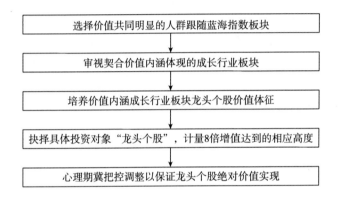

图3-27　8倍增（减）后悔计量龙头个股股价的步骤

第一步，选择价值共同明显的人群跟随蓝海指数板块。人群是以跟随为主要标准进行投资的，因此进入股价投资第一步就是选择人气关注的国家的股价以及价值共同的股价指数板块，每个国家股价指数板块可能有多个，主、次板有几个，但是价值共同的指数板块在每个国家是不一样的，没有价值共同的指数板块，投资的第一步就会出现错误，这就需要投资人对于一个国家的指数板块进行长期观察和分析，在不同的时期、不同的国家，指数板块的价值相同是不可能的，中国的深圳中小板股价指数板块并入主板指数板块，就是寻求更多的价值共同。上海主板的价值共同在中国指数板块是非常明确的，这与国家的金融政策、地区金融地位和构成指数板块的相关行业有非常紧密的关系。

第二步，审视契合价值内涵体现的成长行业板块。契合的成长行业板块，是人群营商学研究的内容，在人气对策作用下产生8倍不足（快）、正好（中）、超过（慢）形象思维人群环，价值共同指数板块契合的价值内涵由成长行业板块来演绎体现，只有先将契合价值内涵的文化、经济、社会成长行业正确分析清

楚，行业板块才能落地，否则指数板块无法投资。成长板块内个股数量众多，多达几十只股票，而板块龙头个股只有一个，实现 8 倍增值，由它带动其他个股上涨，最后实现整个板块上涨。

第三步，培养价值内涵成长行业板块龙头个股价值体征。了解价值内涵成长行业板块的每只股票，在前三甲中寻求人口集中的个股，培养具备 8 倍增值空间的龙头个股，是龙头个股的价值体征。如何与指数板块协调一致，引领行业板块上涨和下跌，与信任的顶格思维一致，创新龙头价值体征、比肩国际资本市场、共建全球价值体征，都是投资龙头个股、减少后悔的必需步骤，没有完美的价值体征，龙头个股 8 倍增值不可能实现。

价值内涵成长行业板块的龙头个股计量刻度，是指投资人进行龙头个股投资必须清楚该指数板块的龙头价值计量，虽然具体价位比较模糊，但是底线和顶格还是应该清晰计量。本书依据《人气营商学》中不同的投资对策以及《人群营商学》中的契合理论，对应价值内涵成长指数板块的龙头价值情形，提出三种策略对应三种典型价值内涵行业板块龙头实现计量刻度，具体如图 3 - 28 所示。价值计量的刻度影响着后悔龙头的价值实现，刻度是人口信任的龙头个股顶格以及 4 个策略的结合，是人们投资理论和实践经验的总结。龙头个股的股价是一种用数字记录的刻度单位，根据龙头后悔的价值计量，在价值共享的计量刻度下实现不同的龙头个股价值体征。

第四步，抉择具体投资对象"龙头个股"，计量 8 倍增值达到的相应高度。人口顶高度不确定，投资人就很难踩准投资节奏，买进和卖出个股的价位也会犯错误，导致损失时间和金钱，使投资人感到后悔，个股没有到顶将股票卖出，股票没有进入 8 倍上涨就买进股票，占用大量资金，浪费时间。有时龙头个股 8 倍相互重叠，更是难以区别，币值平台对策影响下，出现 4 倍快人群环，8 倍个股上涨就会重叠，要实现 $4 \times 4 \times 4 = 64$ 倍，就要在龙头个股的 4 倍价位顺利卖出和买进，时间节奏最好，几何倍数最大。在金钱杠杆对策影响下，出现 4 倍快、超过人群环，8 倍先 $\times 8$ 倍中 $\times 8$ 倍后 $= 512$ 倍，就是这样清晰的 8 倍，有时也是不好把握，因为在 8 倍先上涨时，8 倍中的个股也在波动，8 倍后的个股也在上涨，如何放弃小幅波动，把握 8 倍增值，需要定力和丰富投资经验，稍不注意就会犯错，误以为自己是短线高手，造成损失，后悔莫及。

第五步，心理期冀把控调整以保证龙头个股绝对价值实现。龙头个股 8 倍增值是投资人的心理期冀，如何把握好投资人心理期冀非常重要，既不能不相信龙头个股的 8 倍增值空间，错失龙头个股投资机会，也不能在投资龙头的过程中操之过急，恨不得投资龙头立即上涨 8 倍，这也是投资心理的研判，如普通投资人没有准备好 8 倍龙头个股，反而龙头个股上涨极快，平台对策推动证券龙头 8 倍上涨很快，而金钱杠杆明显表现为龙头证券个股上涨8倍，这时证券板块龙头上涨是非常慢的，虽然是8倍先，但是明显是8倍慢，龙头个股的心理期冀必须不断进行调整，只要与指数板块上涨协调一致，与行业板块契合，龙头个股的底线没有出现错误，相信龙头个股的绝对价值一定实现。

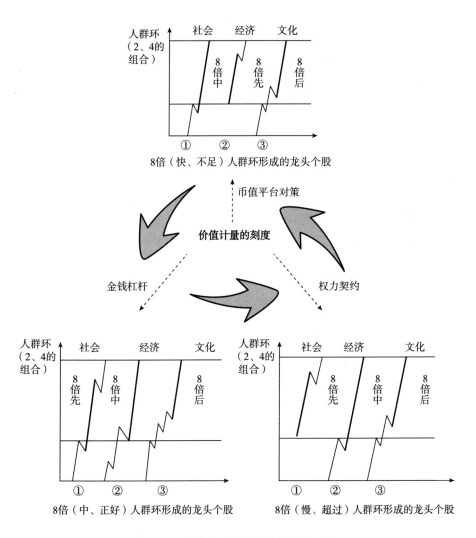

图3-28 后悔龙头的价值计量刻度示意图

（二）8倍增（减）后悔绝对价值投资龙头个股的选择

为了有效投资龙头个股，减少后悔，本书已经分析了龙头个股投资的实现步骤，但是在实际投资过程中，这些还不够，还有很多情况出现，必须正确选择，如同满意理论的倍增（减）投资，必须告诉投资人人气关注的"三价"能够实现倍增（减），倍增快是起点，成倍快、中，8倍快、中、慢，倍数越高越好；但是必须告诉投资人选择自己最熟悉、最简单的"三价"进行投资，不能盲目投资；自己的财力和阅历决定投资的满意度，不熟悉股票投资，开始肯定容易失败，一般投资人不要参与物价和期货投资，要求投资人慢慢适应"三价"投资，不是什么倍数高、快就选择什么，这是满意理论的核心要点。后悔龙头个股投资也是如此，由于投资对策不同，产生的契合价值内涵成长板块不同，而在指数板块的人群环上涨时，其他板块同样上涨，可能同样有8倍增值空间，有时甚至比价值内涵成长板块龙头上涨还快，如何选择龙头个股、选择什么样的龙头个股也是本章研究的内容。

成长股票指数板块的后悔龙头的价值计量受到《人气营商学》中三个对策的影响，也受到《人群营商学》中板块的影响，还受到《人口营商学》中龙头个股绝对价值实现的影响。在鼎盛时期找到可以推动股票指数实现龙头后悔的板块，想要明确这一点首先要明白研究对象的逻辑。《人气营商学》将研究问题聚焦在"三价"上，即房价、物价和股价；《人群营商学》将研究问题聚焦在股价的成长板块上；《人口营商学》则将研究问题聚焦在龙头个股的选择上。所以本部分内容涉及这三部分内容的综合运用。

人口后悔龙头个股是蓝海股票指数板块上涨实现的价值内涵成长板块龙头个股上涨8倍形成的人口顶。在实际的价值投资过程中，减少后悔还要寻找确定性的龙头个股，因为投资2倍、4倍个股，增值空间虽然不大，但是减值空间也小，龙头个股减值空间和增值空间是对等的，一旦错误，可能损失惨重，或者在追求8倍增值的过程中实现8倍减值，把握每个龙头个股的价值计量刻度，就显得尤为重要，也可能在8倍龙头个股投资的过程中失败，板块因素、成本因素、杠杆因素、时间因素都会导致失败。明确不同人气对策、契合指数板块价值内涵成长行业板块。在社会、经济、文化价值内涵行业板块中寻求龙头个股是投资人的正确选择。本章就结合三种营商理论对人口后悔龙头个股价值计量形成的要点进行综合归纳，具体如图3-29所示。

要点1：契合文化、经济、社会价值内涵的成长行业板块8倍龙头个股先、中、后的计量刻度是投资首选。

契合的成长行业板块，通过相对价值分析，确定性较强，投资人选择的行业板块能够在指数人群环确定的前提下，实现成长行业板块推动指数板块循环跟随，这在人群营商学中已经进行了重点研究。在成长的社会、经济、文化价值行业板块基础上寻求具有价值体征的8倍龙头个股，更为容易识别和把握不同板块龙头个股形成的先后顺序、时间快慢和强度大小。尤其当4倍股价指数人群环契

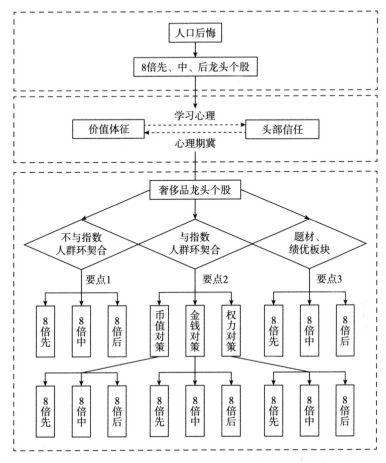

图 3 - 29 后悔龙头个股选择的价值计量刻度营商理论综合示意图

合成长行业板块时，寻求 8 倍个股龙头的先后顺序是投资人创造几何级数绝对价值的根本。投资人选择熟悉的、参与人数较多的、行业代表性较强而清晰、发展时间较长的指数板块，契合该指数人群环并结合四个对策进行龙头个股投资最具正确性与合理性，因为只有形成完整的行业板块，这样的指数板块更加安全和稳定，如只要证券板块龙头上涨至 240 多元，下一个指数人群环契合的成长行业社会价值就不是证券板块了，而经济价值板块龙头高铁不能上涨至 300 元左右，下一轮契合的行业板块还是高铁板块，龙头个股 8 倍在指数板块契合下更加明确，只要该板块在人群环研究范围内，龙头个股价值空间和发展速度就是清晰可见的，投资人就可以以此为目标进行个股投资抉择。

要点 2：准确把握 2 倍、4 倍龙头个股投资计量刻度，是正确投资龙头个股 8 倍计量刻度的基础。

4倍股价指数人群环契合成长行业板块，是寻求8倍个股龙头帮助投资人创造几何级数绝对价值的根本。不能准确计量2倍、4倍龙头个股的刻度，就不能找准8倍个股的价值计量刻度，同时，不同对策对应的价值计量刻度是不同的。

（1）币值平台对策形成的主板人群环为8倍快、不足。在2倍不足契合的成长行业板块中，社会价值——证券板块与文化价值——黄金板块依次带动指数上涨，此时社会价值证券板块龙头为4倍先（快、正好），文化价值黄金板块龙头为4倍中（快、正好）；在4倍正好契合的成长行业板块中，经济价值、社会价值、文化价值依次带动主板指数上涨，此时8倍先为8倍快、正好，对应经济价值钢铁板块龙头，因为在指数2倍环中，该板块没有上涨；8倍中与8倍后也为8倍快、正好，分别对应社会价值证券龙头与文化价值黄金龙头。

（2）金钱杠杆形成的人群环是8倍中、正好人群环，与2倍快、超过与4倍快、超过契合的成长行业板块中，社会价值对应证券板块，经济价值对应高铁板块，文化价值对应航母板块。指数人群环2倍快、超过时，4倍先为证券龙头，4倍中、后依次为高铁、航母龙头。指数人群环4倍快、超过时，此时8倍先依然是证券龙头，它能够带动指数较慢上涨，不过此时8倍先为8倍慢、正好，8倍中为高铁板块龙头，此时对应的为8倍快、正好，最后8倍后对应航母板块龙头（8倍快、正好）。

（3）权力契约对策形成的人群环是8倍慢、超过，当指数人群环2倍快、正好时，契合的成长行业板块中，4倍先龙头为4倍中、正好，对应经济板块龙头，4倍中龙头为4倍中、正好，对应文化板块龙头。当指数4倍中、超过时，契合的成长行业板块中，8倍先为8倍慢、超过，对应社会板块龙头；8倍中为8倍中、超过，对应经济板块龙头；8倍后为8倍快、超过，对应文化价值板块龙头。

要点3：严格考察成本因素、杠杆因素、时间因素对于龙头个股投资的影响。

龙头个股是奢侈品，是长期投资最确定性的标的，但是并不等于说龙头个股只涨不跌，因此，投资人买入龙头个股也要对成本因素、杠杆因素、时间因素进行计量，买入龙头个股的成本价位太高再加上较大比例的杠杆，在事件性因素的扰动下，即使不改变龙头个股的长期走势，但是短期内却有被证券公司强制平仓的风险，因此，投资人要对龙头个股的成本因素、杠杆因素、时间因素进行细致的计量。

第四章 基于营商价值的人口集中原理及策略

第一节 如何理解人口

一、人口的理解

（一）人口含义

人口一词，在《辞海》中有四种含义，一是指"人"；二是指"家族或家中的人数"；三是指"人的嘴巴"；四是"一定时间内一地区具有户籍身份的全部居民"。在社会学研究中，人口学上的人口是指特定区域内人数之总和，人口即人之集合体或群体，但强调是在某一时间，存在于某一地区内的一群人。因此人口学上的人口，具有下列三个特性：

（1）空间性：指一定区域。区域之范围可大可小。大至整个世界，小至一个家庭。

（2）时间性：一定区域内的人口常随时间的推移而变化。例如，昼间都市因就业人口集中而增加。夜间因歇业，人口返回住所而减少。

（3）集体性：人口是一集合名词，它是人的集合体或集合体中的一部分，如就业人口、老年人口等。因此一个人不能称为人口。

人口统计学中将人口定义为是一个内容复杂、综合多种社会关系的社会实体，具有性别和年龄及自然构成，多种社会构成和社会关系、经济构成和经济关系。以上对于人口的概念大多从其形态上做出阐述，而本书所讲的人口有所不同，是鼎盛时期大背景下形成的以追求绝对价值最大化为目标的、能够起到集中效应的集合。综合之前"人口"的含义，将其归纳理解为由所有存在某种联系的个体组成的人类集合体。

在人口营商的研究中，人口作为四个策略之一，主要是因为人口在投资中可以跟随不同的投资标的，尤其在鼎盛时期中有广泛的投资标的。在鼎盛时期全球化、证券化、专业化的奢侈品价值背景下，奢侈品种类越来越多。投资人开始追求绝对价值的最大化，不断在不同价值个股中进行投资。识别与把握人口顶是价值投资的关键，这就是使用人口进行研究的原因。

（二）人口演变

"人口"这一概念并不是新造词汇，在源远流长的中国传统文化中，这一概念就一直存在。如《红楼梦》："头一件是人口混杂，遗失东西①。"《三国演义》："王允又命吕布同皇甫嵩、李肃领兵五万，至郿坞抄籍董卓家产、人口②。"《减字木兰花》："落花飞絮，杳杳天涯人甚处③。"这里的"人"与"人口"同译，即存在某种联系的人的集合。在兴盛时期，人类的生存和子孙后代的延续发展是时期面临的主要问题。由于生产力水平不发达，人口主要聚居在一些土地肥沃且耕地面积广阔的地方，这就形成了自然村。较大的人均耕地面积弥补了生产力水平上的不足，保证了人们的基本生存需要。此时人口主要分布于农村，呈零散化分布。因此兴盛时期人口主要解释为某个地区或家庭中的个体单位，即个人。

在昌盛时期，人口的概念在兴盛时期个体的基础上进行发展，个人或组织将注意力逐渐向其所在地区、行业领域的前三位汇集，即从众多个体中挑选出影响力最大的前三个体，代表领域内的最高水平与优势地位，将其称为三甲，这正是昌盛时期人口的含义所在。三甲可以理解为"2 + X"，"2"代表前两位，其通常情况下排名是稳定的、无可争议的；"X"表示前二位之后的排名，可能一个，也可能多个（三甲只是个抽象概念，其真正个数并非局限于三个），位于 X 位置的个体排名通常是变化的、不确定的，存在一定的争议。"2"与"X"共同构成了三甲，三甲的时期特征体现在以下几点：①随着昌盛时期的演进，人们无论是地理迁徙还是思维汇聚，无不受三甲的影响，其影响的广度与深度是其他个体无法比拟的。②三甲的含义不仅表现在空前绝后的优势地位上，还表现为其拥有广阔的发展空间。③由于各个专业化领域中前三的排名受主客观因素影响此起彼伏、不断变化，三甲也随之不断更新易位，但三甲始终是个人或组织的最终向往与目标。④比肩三甲、超越三甲是昌盛时期的主旋律，这也是由人气关注所决定的。⑤任何组织和个人在其所在的行业、地区都存在着三甲，只不过是人们普遍

---

① 译为"第一件事是人口又多又杂，容易遗失东西"。
② 译为"王允又命令吕布同皇甫嵩、李肃，领兵五万去郿坞将一切家产、劳力没收归官"。
③ 译为"在这落花阵阵柳絮飘飞的季节，渺茫的天地间人何处走可寻？"

熟悉的行业中三甲企业最为显著、确定，也最有研究意义。因此本书着重研究三甲企业，通过研究三甲企业来抽象所有专业化领域的人口三甲特征。

　　随着时期的演进，鼎盛时期来临，这时人口的含义已经发生了深刻变化。与兴盛时期和昌盛时期不同，在鼎盛时期，人口来源于人的思维，表示人们思维向某一事物或目标集中。集中旧指把分散的汇聚到一起，现指人的思想在更大领域集中、相互碰撞，带来超前思维，这既是全体人心所向，也是形成国际奢侈品的中流砥柱。扩散思维与集中思维是辩证统一的，是辩证唯物主义认识论在当代时期演进中的具体运用。扩散思维体现了创新思维的多向性，思维集中就是对扩散思维的多种设想进行整理、分析，从中选出最有价值的设想，并加以完善和深化，使之具体化、现实化（肖亚超，2020）。在鼎盛时期，思维方式与人们的学习心理有着密切关系。具体来说，人们根据不同的学习心理产生不同的思维方式，而相同思维方式的人们便聚集在一起成为人口集中，呈现出思维的高度一致倾向。人口集中目标的选择是根据所集中事物创造绝对价值能力的学习心理产生的强大驱动力，只有创造绝对价值的专业事物才能引导投资人集中。鼎盛时期的人口是根据人的学习心理不同而进行划分的，只有依托思维聚焦绝对价值的事物才能进入大众的视线，带来持续集中效应。三个时期"人口"的演变如图4-1所示。

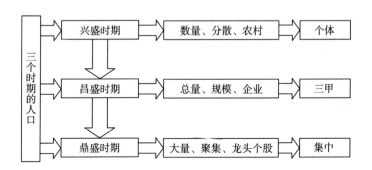

图4-1　人口的理解及其演变

二、人口表现

　　人口表现主要是从人口在三个时期中的活动特征和原因来衡量的。总体来说人口在三个时期中呈现出三种不同的变化特征：在兴盛时期，"人口"表现为个体的生命力；在昌盛时期，"人口"表现为三甲的恒定力；在鼎盛时期，"人口"表现为集中的专注力。具体如图4-2所示。

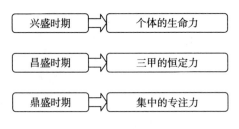

图 4 - 2 三个时期人口表现

（一）兴盛时期人口表现：个体的生命力

在兴盛时期，"一方水土养育一方人"，通过精耕细作，生产不同地域的特产（即上品）。由于各地域的自然禀赋不尽相同，每个地区、个体的生命力也不同，生命力即寿命，"活得长"是个体、家族乃至国家发展的基本前提。因此人们普遍追求生命力的旺盛，对于个体而言，长寿意味着机会增多，是实现自身价值和理想的关键基础。兴盛时期伴随着人们适应自然禀赋的实践演进，人们依赖土地，夜以继日地开展生产活动，从实践中探寻、利用自然规律。粮食亩产与人均粮食的提升就是生产力提升、自然规律掌握的体现。

兴盛时期的人口表现如图 4 - 3 所示，不同人口代表着不同生命力的地域环境适应方式或过程，人口越来越多，对环境的适应性也就越强，越来越多元，生命力也就越旺盛。兴盛时期的人口表现为一定人口、时间、生命力组成的不同平面。保证了兴盛时期人口对于各种自然环境的适应性与生命力，生产和发现更多的上品供人们享用，这样便会保持甚至不断增加人口数量，使一个民族和国家保持正常的繁衍和不断壮大，生命力的追求是一个人基本的追求和传统道德。家庭是社会的细胞，众多兴旺的家族组成了整个社会的人口。

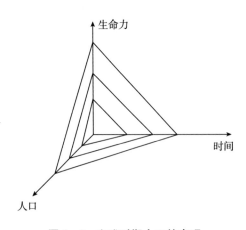

图 4 - 3 兴盛时期人口的表现

（二）昌盛时期人口表现：三甲的恒定力

兴盛时期后期，生存问题已经得到了基本解决，人们随之开始追求更好的物质生活，此时人类开始逐渐向下一时期演进，昌盛时期是继兴盛时期之后的时期演进的阶段，以经济增长为核心。此时三甲企业作为昌盛时期的人口，表现为客户规模增长、销售量增加，拥有行业中位于前三位的精品。这是其自身的顾客认可、市场规模扩大的结果，企业正是在一轮轮的市场开发与循环竞争中，从茫茫企业个体中脱颖而出，并在三甲之间互相学习进步，力求取得垄断地位。垄断地位对于三甲的影响体现在以下4点：①客户范围较广。②垄断利润较大。③在行业中无法被替代。④在某个专业化领域确立优势地位，并远远走在最前面，使其他企业难以望其项背。

如图4-4所示，在一定的时期内，一定的行业中，人口与三甲恒定力是正相关关系，恒定力呈现出不同的层级，代表着不同水平的行业综合实力。经过激烈的市场竞争与筛选，企业间的排名不断刷新，依托深层次、多角度的创新变革来占据并长期保持最大规模的用户群体与市场份额是三甲企业的最终目标。恒定力也与时间有关，不同的时间点企业的恒定力也呈现出变化的趋势。所以，昌盛时期的人口表现为更加深刻的三甲恒定力，只有行业中的各个企业加强恒定力，企业的盈利能力才会越来越强。

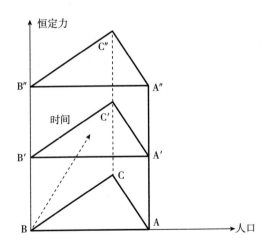

图4-4　昌盛时期人口的表现

（三）鼎盛时期人口表现：集中的专注力

进入鼎盛时期，人口表现不再仅仅是个体的生命力或者三甲的恒定力，更重要的是人们思维意识集中的专注力。鼎盛时期的人口概念已经发生了重大的变化，强调众人的思维升级与判断。鼎盛时期的到来标志着人类社会的发展支撑向思维的创新与集中倾斜，核心是创造绝对价值，价值创造是人们哲学社会科学的创新，只有具有绝对价值并且未来具有足够的绝对价值创造潜力的事物才能被人们发掘，带来集中效应，使得创造绝对价值最大化。而人口集中带来价值创造的机会需要较长时间的等待，这要求人们思维和心理的高度专注，需要一定的意志努力的注意（贾卫红，2004），因此人口在鼎盛时期的表现为集中的专注力。

对于鼎盛时期的人口来说，人口表现如图 4－5 所示。不同的人口、不同的时间所对应的集中专注力呈现出不同的梯度，各个梯度有着数量不同的投资人。人口集中会在这些梯度间选择和转化，8 倍的快、中、慢，人们都愿意投资，因为空间足够大，时间等待也是可以理解和宽容的。只有 8 倍先、中、后才是每个投资人非常需要抉择的投资，人口集中会随着人们思维的迷雾层层开阔，最终呈现在众多投资人的视野中，此时专注力随时间和个股股价上涨而不断上涨，直至达到 8 倍的顶点，只有最先发现、低价位投资，同时又不轻易放弃的 8 倍个股投资才能实现最大增值。

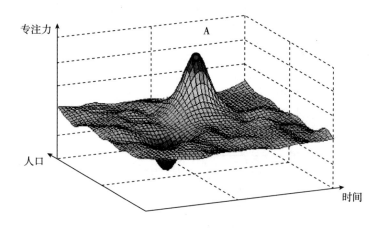

图 4－5　鼎盛时期人口的表现

三、人口作用

在不同时期，人口的作用也发生了不同的变化。三个时期中，人口作用是不同的。总体来说，如图 4－6 所示，兴盛时期人口是为了发挥各地自然环境的特点，减少体力投入，生产更多的主食，保障每个个体的旺盛生命力，进而形成和保持上品特色；昌盛时期人口为了增加物质利益，聚集人才、技术、资源，从而保证企业制造的精品特别；鼎盛时期的人口作用是为了更好地创造奢侈品的绝对价值，进而培养奢侈品个别。

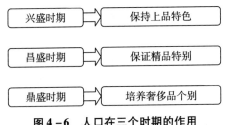

图4-6　人口在三个时期的作用

（一）兴盛时期人口作用：保持上品特色

在时期演进中，"器具、机器、思想"演化为"精细、精密、卓越"，这是人气关注决定的。在兴盛时期，人口指众多的个体单位，每个个体组成了家族，当家族繁荣兴旺时，兴盛时期才会不断向前演进。兴盛时期以"精细"是核心，精细在兴盛时期起到了重要作用，人们秉承精细原则因地制宜种植农作物，例如南方种植水稻、北方种植小麦。在此基础上不同地区的人们通过精细的耕种与工艺获得具有地方特色的上品，例如中原地区的丝绸、陶瓷。总体来说上品的形成与特色保持一方面来自于当地的得天独厚的自然禀赋，另一方面也离不开精细的观念做支撑。

正是人们对各种自然规律的不断重复、总结，广泛掌握，精细思想逐渐深刻，才推动人类文明不断向前，实现不同时期的演进，推动兴盛时期演进到昌盛时期。兴盛时期以精细为核心，表现在自然、工艺层面。人口的具体作用如图4-7所示。

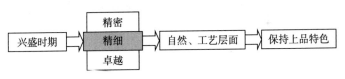

图4-7　兴盛时期的人口作用

（二）昌盛时期人口作用：保证精品特别

伴随着18世纪中后期的工业革命，机器开始取代人力，以大规模工厂化生产取代个体工厂手工生产的一场生产与科技革命逐渐蔓延至欧洲大陆甚至全球。昌盛时期是在兴盛时期长久积累自然禀赋的基础之上演进而来的，更是对兴盛时期的定期的超越。自然规律年复一年的严格定期——兴盛时期逐渐被经济发展长短不一的产品、行业、品类周期——昌盛时期所取代，人们的观念从精细逐步上升为精密，精密是基于机械化，而非人工，技术程度逐渐加深，领域逐渐全面，理论逐渐系统，这是时期演进、新型行业、企业竞争的必然趋势。

由于昌盛时期出现了众多的同行业竞争对手，企业为了能够利用自身的地位优势获得更多的利益，于是针对企业自身情况制定相关竞争战略保持自身的地位不被其他企业取代，这便是企业昌盛时期的表现。如图4-8所示，人口推动了城市化与工业化程度的加深，在这个过程中，人才、资源、技术等的聚集保证了企业在生产、资源层面从传统生产方式转化为精益生产方式，只有在精密生产方式下，才能满足精品的生产需要。昌盛时期演进的主要动力则是城市化、工业化对企业实现以及优势地位保持的极大刺激。由此可见人口在昌盛时期的作用必须保证精品的特别。

图4-8　昌盛时期的人口作用

（三）鼎盛时期人口作用：培养奢侈品个别

鼎盛时期以人为本，从昌盛时期的精密演进为鼎盛时期的卓越，卓越体现在思想层面，思维集中成为了能够聚集绝对价值的出发点，想要聚集绝对价值最大化首先必须认识并领悟思维汇集的意义和内涵，并在此前提下借助奢侈品的个别属性引发用户对于该奢侈品的一致赞美，也就是说奢侈品赞美是思维集中的时期表现方式，企业通过不断地积累用户对自身奢侈品品牌的赞美来巩固自身的集中地位并创造绝对价值。因此人口在这一过程推动了赞美的形成与积累。

在鼎盛时期中，推动时期演进的是人，如图4-9所示。人的学习心理是推动绝对价值创造的原动力。鼎盛时期以人的思想为本，人的思维成为了能够创造绝对价值的关键，在这种时期背景下，人口的含义为集中，表现为集中的龙头个股专注力的大小。资本市场研究奢侈品有着特殊的意义，将品牌奢侈品的金融属性反映在龙头个股的股价上，既保障投资人投资奢侈品的金融属性，又可以发挥投资人赞美奢侈品的想象，从个股股价投资中共建共享奢侈品，创造绝对价值最大化，茅台酒品牌的金融属性反映在龙头个股股价就是明显的表现。当人口的集中专注力不断增加，那就意味着能够培养更多的奢侈品个别——龙头个股。

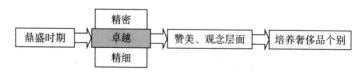

图4-9　鼎盛时期的人口作用

四、人口形成

人口在三个时期也有不同的形成机理。在兴盛时期中人口形成主要是通过存亡，在昌盛时期主要是通过存续，在鼎盛时期主要是通过存在。

兴盛时期，人口表现为个体的生命力，生命力繁盛的氏族部落才能不断壮大，在兴盛时期立足，也就是说对于每一个部落、村庄、个体，生存是第一要义，这也是地域上品形成的前提。生存是所有个体共同的本能，也是马斯洛需求理论中的生理需求与安全需求，是最基础的层次，以此为首要目的，人们才会采取各项生产活动。此时人们生产力低下，一个地区只有人口数量不断扩大，人们才能更好地协调配合，尽可能地提高生产效率，保证不同粮食品种的顺利生长，生产力就在这样一个实践与配合的循环过程中不断进步。

因此，兴盛时期人口的形成如图 4-10 所示。人口体现在个体的生命力上，人类的存亡问题使得人们不得不一步步适应与利用自然环境，随着人们生产力不断提高以及人口基数的不断增大，进而形成人口数量加速增长。此时自然环境的优劣尤为重要，决定了当地人口的容量与生存方式，优渥的自然条件可以更好地提升本地区的综合产出与生活质量，保证家族传承的同时也能为上品的特色保持与来往提供良好的自然前提，而这正是兴盛时期人口所在。"存亡"问题在时期演进的过程中推动人口的形成，因此人口由"存亡"形成和赋予。

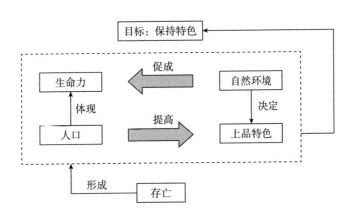

图 4-10 兴盛时期人口的形成

三甲的出现是时期演进的标志，随着昌盛时期到来，制造行业中竞争者不断增多，企业必须把心思放在如何在竞争中立足上，进而在一轮轮的行业比拼洪流中不被淹没，这就是存续的含义所在。存续造就了昌盛时期人口的形成，个体的存亡演变为企业存续，存续最安全、稳定的选择就是保持前三甲，三甲虽然是一个比较模糊的概念，不是非常确切，但是始终保持三甲地位和学习三甲，是企业、组织乃至个体人存续的根本，否则名落孙山，存续艰难。一般所说的三甲都是指企业和组织，取得三甲的优势地位并运用三甲的恒定力不断巩固自身排名，进而不被其他企业所迭代。

昌盛时期人口的形成如图4-11所示，三甲企业为了在行业中稳定发展并且更好地满足消费者的精品需求，昌盛时期的人口需要通过工业化—城市化的互补机制来保障自身企业在日益激烈的竞争中存续下去。此时人口不只为基本的存亡问题而担心，推动企业不断进步变革、为消费者提供更具特别的精品初衷便是企业存续的根本。人口表现为三甲恒定力，企业的存续推动了人口在昌盛时期的形成和赋予。

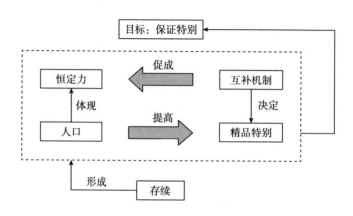

图4-11 昌盛时期人口的形成

进入鼎盛时期后，人口作为投资人的集中，表现为专注力的强弱。根据人口的含义可以知道，人口在鼎盛时期对各投资人投资个股有着重要的指导作用，不是精品的购买，而是奢侈品的投资。鼎盛时期的人口是由存在而形成的。"存在"在《辞海》中意为持续占据时间或空间，尚未消失。首先奢侈品依托存在感来建立连接、进入大众视线，提升品牌热度和知名度，让该奢侈品一直处于大众的视线中。企业力求做到第一提及知名度，即该品牌在人们心目中的地位高于其他品牌。

当然，"存在"不止体现知名度这一个维度，还要具备长久的影响力，可以从以下三点来理解"存在"的影响力：①人口的集中与存在密切相关，集中能够呈现出存在感，具备了足够的社会存在感才能更好地吸引人口集中。②"存在"必须"持续"，这不仅只是体现在时间层面，更要体现在其影响力的广度与深度层面，力求达到"虎啸风生、相帅成风"的境界。③"存在"的影响力要是正面的、有益于人类社会的，即要为社会做出积极贡献，例如伟人们因为国家、为人民做出重大贡献而存在，之所以存在是英明永远存在，比存亡和存续更加抽象，是人们心理和精神层面的最高追求，追求正面的同时，可能成为负面，物极必反，只是负面的存在慢慢被人们淡忘，或者遗臭万年。

鼎盛时期下，人口不再只是关心存亡与存续，而是关注"存在"。"存在"是一种感觉，要在思维层面去把握它，如图 4 – 12 所示。而"存在"形成了鼎盛时期的人口，通过集中知名度与影响力的相互作用，最终达到在鼎盛时期下创造绝对价值的目标。鼎盛时期，人口表现为集中专注力的大小。被集中对象的绝对价值计量，形成集中专注力的不同，即存在形成和赋予鼎盛时期的人口。

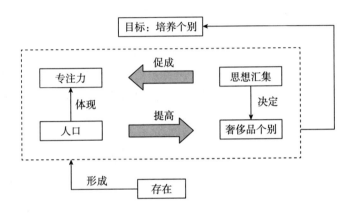

图 4 – 12　鼎盛时期人口的形成

第二节　鼎盛时期的人口

一、鼎盛时期人口角色变化

（一）人口集中与专业化密切相关

正如本章第一节所描述的，人口集中是鼎盛时期投资人进行绝对价值创造的专注力表现，也就是说，投资人要想实现绝对价值创造就必须进行人口集中，只有这样才能实现绝对价值，达到投资人学习动机的预期效果。换句话讲，必须通过专业化才能创造人们喜爱的奢侈品，资本市场上也就形成龙头个股奢侈品。专业化是鼎盛时期人口集中实现绝对价值创造的一个显著特征。

专业化与全球化密切相关，没有全球化思维，专业化集中容易产生错觉，在全球化的视野中寻求专业化，更容易把握前进的方向，专业化的效果更为明显，一种是学习别国，实现追赶，形成国际、国内双循环；另一种是国际上没有或者别国无法实现的，自己发现、探索和创新。

专业化与证券化密切相关，证券化思维，是实体经济在虚拟资本市场的充分体现，是投资人对于整个板块的价值衡量，如果没有证券化板块的形成和成熟，专业化也无从谈起。

全球化关注是投资的起点，证券化跟随是投资的支撑，专业化集中是投资的终点。本书所指的专业化，是在鼎盛时期的大背景下，每只个股都有自己的专业化，但是选择龙头个股进行专业化研究更具有现实意义，而人口集中与专业化又密切相关，人口集中加速专业化，专业化才可能产生人口集中。

（1）专业化导致人口集中。鼎盛时期选择人口集中的范围较人群跟随的证券化更加聚焦，证券化只是一个板块，范围还是比较广阔的，基于专业化的视角进行人口集中更加安全和有效。此时投资人所要集中的对象不是单纯的一个国家或商品，更多的是能代表本地区的投资奢侈品，尤其是龙头个股股票。

（2）人口集中促进专业化。在鼎盛时期，人口集中必然带来行业内部竞争加剧，导致专业化水平更加提高。对于龙头企业，由于人口的持续集中，带来了技术、人才、资源等方面的竞争优势，这为企业进一步提升专业化水平提供了保障。

（3）人口集中与专业化的时机选择非常重要。在鼎盛时期，想要成为引领世界的奢侈品，必须能够拥有8倍先、8倍中、8倍后的绝对价值，这些价值标准能够反映在龙头个股证券市场价格上。因此投资人要深刻领悟人口集中与专业化之间密切的共生关系，依靠时机选择达成两者之间的对接，创造绝对价值。

（二）人口创造绝对价值

鼎盛时期，人口创造绝对价值。主要有两个方面：一是人口的集中创造绝对价值；二是绝对价值的形成引发集中对象发生改变，从而形成人口集中。

绝对价值是价值绝对论的基本主张。绝对价值是主体经过人们切实体验，从中显现出的客观的、显著的、固有的意义或作用。处在绝对价值形式上的商品通过用户体验的产品质量表现出来。绝对价值是一杆标尺，为衡量各种具体的、绝对的价值提供了最终的尺度。日常生活中，随着条件的变化，价值的大小、价值的有无都会发生转换，而其衡量的尺度就是价值本身，就是绝对价值（刘尚明、李玲，2011）。

绝对价值具有三个特性：①绝对价值存在于龙头个股中，不是比较品种或者相对群体。比较价值的人气线，相对价值的人群环，具备绝对价值人口顶实现8

倍价值时间最短的可能不是唯一个股，但最具确定性的个股应该是唯一的。②现在或者将来是板块里价值量最大化的个股，即个股资产市值（龙头个股股数×价格）最大化，如茅台酒市值最大与其8倍龙头紧密相关。③不同行业在不同时期的龙头价值量是不同的，随着板块轮动变化，价值量发生巨大变化，但可以保持龙头地位。

投资人会持续不断地进行价值判断，在三种绝对价值人口中选择集中，形成不同的人口顶，人们经过投资实践和相关人群契合、人气对策理论分析，追求奢侈品绝对价值的人口顶：8倍先、8倍中、8倍后，吸引专业投资人，这是典型的品牌奢侈品带来龙头个股股价奢侈品，积累和持续时间很长，人气线（股价）、人群环（白酒行业板块）也非常明显，但是对于主板指数人群环的贡献不会太大。

本书研究更多的是在指数人群环契合的行业板块寻求8倍龙头最为确切，时间最短。这些都能够说明绝对价值与人口持续集中的关系。鼎盛时期研究人口理论是为了创造绝对价值，人口的持续集中就以追求绝对价值最大化为目标。人口绝对价值创造是人群相对价值、人气比较价值理论进一步深入研究，同时也是每只个股绝对价值创造的最终追求。

二、鼎盛时期人口新要求

本书尝试运用学习心理学，由表及里从结构、作用和功能各个方面本质地把握专业化集中人口的演化机理，集中形成两点新要求。基于专业化市场环境下人口的复杂、开放、异质、涌现等特征，这两个要求分别是人口的广泛影响力、人口的主动性和独立性。

（一）人口的广泛影响力

鼎盛时期人口集中可以创造8倍绝对价值，通过创造的绝对价值不同来判断是否继续进行持续集中，能够帮助投资人更好地投资，从而实现超过其他个体的2倍、4倍，达到8倍价值创造，因此人口集中在鼎盛时期的影响力是极其广泛的。具体地，鼎盛时期的人口集中影响力从三个方面理解：

（1）国家层面：①国家单个个体的绝对价值不断汇集国家整体价值量。从全球资本市场角度来看，一旦该国出现更多的奢侈品人口集中，那么该国在世界上的金融地位和营商环境就会大幅提升，社会财富快速向该国积累，该国加速进入发达国家行列。②任何国家单个个体汇集的绝对价值越多，该国就越伟大。鼎盛时期具有专业化特征，各国的投资人都会利用人口与专业化的密切相关性寻找能够创造绝对价值的投资对象，即选择不同的人口集中。

（2）行业层面：①绝对价值龙头个体带动整个行业发展。人口与人群有相同之处，都会带动自身行业甚至其他相关行业的发展。②培养和赞美龙头个体是整个行业的责任。通过专业化的奢侈品资产价格上涨和股权投资，带动相关行业发展，也是行业期盼的专业化奢侈品支持实体经济和相关产业发展。

（3）个人层面：①投资人专注龙头是价值创造的核心，价值最大。没有投资人会放弃 8 倍，投资 2 倍、4 倍。②不投资龙头不但是错误的，而且是不确定的。鼎盛时期投资龙头是非常谨慎的，没有投资龙头，一旦投资错误，带来的损失一样巨大。

（二）人口的主动性和独立性

人口集中的主动性与独立性相互联系，关于主动性，其最初含义为主动性是个体按照自己规定或设置的目标行动，而不依赖外力推动的行为品质。在鼎盛时期人口集中的主动性的基本含义可以理解为三点：选择的主动性、执着的主动性、时机的主动性。

选择的主动性即投资人选择龙头主动进行调整，最大限度地发挥人口集中对经济的积极影响。执着的主动性即投资奢侈品是一个漫长持续的过程，需要投资人以及个体长期的专注与执着。执着不仅表现在时间层面，更表现在专业化层面。时机的主动性即根据环境、形势的变化做出调整抉择，如中国根据国内、国际形势变化，决定学习世界的大飞机、航母制造、投行业务，进行人口集中，时机选择非常重要。

独立性的基本含义为意志不易受他人的影响，有较强的独立提出和实施行为目的的能力。具有独立性的人口具备以下两个条件：关键环节自己掌控、完整的产业链。所谓关键环节自己掌控，即放眼全局，提升战略竞争的关键硬实力，不被他国牵引。

如果一国的人口集中不能满足主动性与独立性，则会对该国的鼎盛时期以及经济发展产生极大负面影响，轻则造成该国资本外流、发展缓慢，重则使该国陷入长期中等收入陷阱，很难实现新的突破，所以保证人口集中的主动性与独立性至关重要。

三、人口与龙头个股价格的关系

人口策略是四个策略中最为重要的一个，对鼎盛时期的奢侈品绝对价值投资而言，是实现龙头价值创造的重要前提条件，对投资者进行价值投资意义重大。在第三节将对人口集中策略的理论和意义进行详细的阐述。人口集中是鼎盛时期饥饿地位、圈子核心和标杆象征的前提，人口集中是人们学习心理中作用的结果。因此研究人口集中与龙头个股价格的关系对其他三个策略的学习研究以及人口对奢侈品价格的影响有重大意义。

人口集中的高度不同是头部信任分析的结果，不同的行业分类形成人群，不同人群的个股顶格极度决定了不同的人口集中龙头个股的高度。人口根据8倍绝对价值的大小进行集中，经过个股头部信任分析，人口集中选择不同投资个股标的进行投资，也就产生了不同价格的头部个股，投资人选择个股，有人选择2倍，有人选择4倍，人口集中的核心是8倍个股，只要没有明确的8倍，智慧的投资人是不会轻易投资的。因此龙头的头部信任高度能够帮助选择集中的国家、地区、个股，只有综合运用头部信任和人口集中理论，才能实现龙头个股奢侈品的8倍绝对价值创造。

人口集中是因为有对个股的价值体征判断和8倍绝对价值的价值计量，与产生投资的头部信任极度结合分析，人口集中形成绝对价值才能实现。没有经过头部信任分析，人口选择不同的投资标的进行投资，也就产生不同的价值个股。这些个股将会围绕核心个股上涨，吸引资金大量流入，进一步推动龙头个股价格上涨，带来巨大的时期财富增值。不同的投资人通过投资实现不同的价值增值。龙头个股价格变动、人口集中、信任头部的关系，具体如图4-13所示。总体来讲，三者组成一个正向反馈循环系统，人口集中是信任头部的前提，信任头部是人口集中的关键要素。人口集中引发龙头个股价格变动，与此同时，龙头个股价格的变化又导致对于个股头部实现的顶格极度的信任，信任头部和龙头个股价格变动与8倍绝对价值之间相互作用。同样地，人口集中是因为有对个股价值盈余判断和绝对价值的计量。

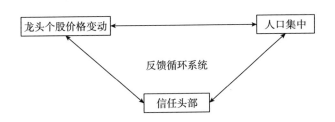

图4-13 人口集中与龙头个股价格的关系

四、鼎盛时期的人口确定

（一）绝对确定

绝对确定是以绝对价值的空间大小和绝对价值的时间作为人口的确定标准的。人口选择集中对象，总是会对集中的对象进行绝对价值的判断，选择绝对价值最大的对象进行人口集中，没有明确的绝对价值计量，投资人是不会轻易集中的，散点式的个体和清晰的三甲都不会引起投资人集中，绝对价值必须有8倍价值空间。

由于奢侈品个股不同，价值量也不同。但各个奢侈品的价值计量——个股的股价涨幅或者因此形成的个股资产市值，表现出的绝对价值的大小——远远超过其他个股，这是人口集中的核心，因此在多个投资对象的绝对价值分析时需区分它们之间绝对价值量的关系。绝对确定应用在股市中的个股上具备一定的规律性，根据各自之间的价值量变化趋势大致分为两类情形：

（1）第一种情况：初期板块中 N（N≥3）个个股起步基本一致，绝对价值差距甚小，慢慢发展形成三甲 A、B、C，然后三甲 A、B、C 发展为绝对集中的个股。如图 4-14 所示，此时 B 与 C 绝对价值量保持相同水平，而 A 绝对价值量开始 8 倍集聚，与 B、C 的差距逐渐拉大。这个阶段 B、C 的绝对价值并不是保持不变的，也在以一定的速度进行价值积累，不过其上涨的幅度远低于 A 个股，这就在总体上造就了 A 个股独占鳌头，除 A、B、C 的其他上市个股绝对价值变动不明显，无法追赶 A，由于它们的人口的集中潜力低，也在上涨，但是基本上是 2 倍、4 倍，导致这些个股在行业的个股集中中逐渐被淡忘。在下一阶段，随

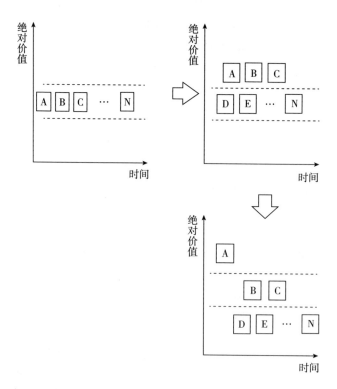

图 4-14　绝对确定的第一种情况（A > B、C）

着个股 A 的价值集聚，B、C 个股难以在绝对价值水平上与 A 个股抗衡，一定会受 A 个股绝对价值的影响，其必须想方设法通过思维创新打破这一格局，提升自身个股价值的集聚效率。若保持这一趋势，最终 B、C 个股一定会受 A 个股绝对价值差距的影响，逐渐在行业竞争中被淹没。引起这一格局的主要原因就是鼎盛时期投资人追求价值多极。在鼎盛时期，仅仅追求物质的丰富已经不能满足人们对更高精神生活层次的追求，追求极致时期的到来成为人口集中的时机选择。也就是说，必须追求极致，一旦拥有极致，才能在某些领域、在世界上保持领先，难以被别国超越，进而带动该国全方面发展。

（2）第二种情况：如图 4-15 所示，板块中 N（N≥3）个个体绝对价值量水平相差较小。A、B、C 首先呈现出三甲的局面，D、E 暂时落后（也可能开始没有上市）。下一阶段 D 与 E 由于长期的价值积累与沉淀，在该轮行业比拼中一跃而起（也可能 D、E 是刚刚上市），替代 B、C 成为新三甲，而 A 还是表现出三甲强大、持久的恒定力，在新一轮的竞争中稳居三甲之位，在第二阶段个股集中 A 实现腾飞，达到第二轮绝对价值计量，确立了其一超多强的格局，继续集中 A 也是由个股的价值特征决定的，D、E 个股可能上市价位太高，也可能上涨速度太早、太快，与整体行业板块和指数板块不一致（共建确定研究），不能明显表现 8 倍空间，价值集中不能在 D、E 个股中实现。现实投资中存在很多从三甲发展为个体的绝对集中案例，这是绝对价值短时间内形成 8 倍的结果，也就是鼎盛时期追求极致的必然表现。例如券商板块在投资初期 2005~2007 年按照各自绝对价值量进行比较，三甲是中信证券、国泰君安和华泰证券，人口集中在个股中信证券上，从 12 元上涨至 117 元。而在 2020 年行情中中金公司与中信建投纷纷上市，迅速集聚人口专注力，异军突起与中信证券组成新三甲，国泰君安和华泰证券被淘汰出三甲。那么为什么第二轮还可以确定个股龙头为中信证券？首先中信证券股票总市值最大，在绝对价值个股市值方面占有优势；其次中信证券相较中金公司与中信建投起始个股股价低，中信证券 8 倍起始价位 14.72 元，中金公司起始价位 34.54 元，太高，中信建投起始价位较低，但是一路上涨速度过快，超过中信证券，与主板指数轮动不能一致，而中信证券紧跟主板指数，中信证券作为老牌综合类的证券公司，其长期稳定居于前三甲，并且存在历史价位可以作为参考，8 倍空间最为明显、清晰，实现最有保证。一般行业板块个股的人口集中不会超过三次（个别行业如服装业可能超过三次），如果三次集中个股价位就会很高，如茅台酒，二次集中和一次集中较为常见。到底是几次集中由多种因素决定，如行业地位、人气对策、人群契合、个股信任的最高价格——国际顶格极度。

（二）龙头确定

虚拟时代衍生品投资是跟随人群营商中的"蓝海"指数板块、成长行业板块

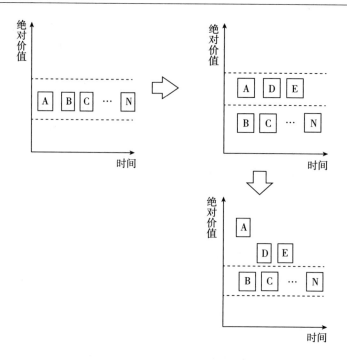

图 4 - 15   绝对价值差距大（A > D、E）

进行投资的，鼎盛时期奢侈品还要在跟随板块投资过程中集中 8 倍先、8 倍中、8 倍后的个股进行投资，这些个股具有强大的集中潜力，其上涨会对整个板块造成影响。这种某一时期在股票市场的投资中对同行业板块的其他股票具有影响和号召力的 8 倍个股在投资领域被称为"龙头"，这里借用这个词汇更能代表人口集中的绝对价值创造。根据人口集中的理解，它是鼎盛时期创新的概念，在一定层面上正是龙头的体征。因此，想要成为引起社会专注、被全球投资人集中的人口，必须结合龙头的概念和类型进行确定。

1. 龙头的概念

龙头个股指的是某一时期在股票市场的炒作中对同行业板块的其他股票具有影响和号召力的股票，它的涨跌往往对同行业板块其他个股股票的涨跌起引导和示范作用。龙头个股并不是一成不变的，它是一定时期的产物。投资人想要让绝对价值最大化，必须寻找龙头，通过投资龙头进而在短时间内集聚可观的绝对价值。作为龙头，其最显著特征就是必须具有 2 倍、4 倍，更有 8 倍特征，相较其他个股具有明显的绝对价值优势，并且地位稳固，难以被超越。

本书的龙头是鼎盛时期的概念，有更具体而深入的理解，认为龙头是人群契合的行业中能够在时间损失较小的情况下实现最大化增值的绝对价值个股，是否为龙头，一定是以 8 倍增值加以计量的。只有将这些个股作为投资对象才有可能形成人口集中，即成为鼎盛时期的人口，有着较强的人口集中专注力。

2. 龙头的类型

鼎盛时期人口主要由学习心理产生的龙头个股来确定，根据龙头的界定并结合绝对价值的内容，在运用龙头进行人口确定时，将以下三种类型作为可以进行集中的具有绝对价值的龙头个股，分别表示为：8 倍先龙头、8 倍中龙头、8 倍后龙头，其中 8 倍指的是绝对价值增值的大小。人口营商学将研究的重点集中放在 8 倍的创造上，而"先、中、后"指的是绝对价值增值的时间顺序，只有正确把握时间节奏，才能实现龙头价值和绝对价值的最大化。

龙头个股是鼎盛时期的人口集中的投资对象，投资人每次投资都会寻求龙头个股投资，龙头的判断是在 2 倍、4 倍增值的前提下，必须有明确的 8 倍，这种龙头才是鼎盛时期的人口集中，而不只是个股背后的昌盛时期企业利润、产值、规模龙头。

（三）共建确定

1. 原产地共建

原产地是指来源地、由来的地方，原产地是指兴盛时期上品的最初来源，即上品的生产地。原产地间的共同建设能保障自然资源的原产地供应，如西湖的龙井茶、兰州的拉面、贵州的茅台酒、新西兰的牛奶都有原产地的标记。原产地共建是鼎盛时期绝对价值创造的基础和源泉，是故事的起源和根基。

昌盛时期市场上营销的品牌也带有原产地概念，即它来自哪个国家或地区，学术上把品牌所来自的国家或地区称作"原产地"，一般含义是"××制造"（Made in）。品牌原产地影响消费者对品牌的评价，进而影响购买倾向，这种现象被称为"原产地效应"。Schoole（1965）认为，"消费者对某国或地区生产的产品具有总体性认知，这源于消费者长期形成的对该国生产和营销的印象或感受"。中国古代的原始啤酒可能也有 4000～5000 年的历史，但是市场消费的啤酒是 19 世纪末随帝国主义的洋枪洋炮进来的。1903 年英国和德国商人在青岛开办英德酿酒有限公司，这就是现在青岛啤酒厂的前身。青岛啤酒博物馆中最具价值的核心区域当属第一区域——百年历史和文化。在这里，顺着时空的脉络，游客可以通过详尽的图文资料，了解啤酒的神秘起源、青啤的悠久历史、青啤数不胜数的荣誉、青岛国际啤酒节、国内外重要人物来青啤参观访问的情况。现如今青岛啤酒的行业地位就是从近代开始进行原产地共建的结果，所以中国人普遍认为啤酒来自西方，白酒来自中国。

2. 关联企业共建

关联企业共建是昌盛时期的核心，由几个重要的企业共建形成，如家电就是格力电器、美的、海尔等企业共建，白酒就是茅台、五粮液、泸州老窖等企业共建，这是鼎盛时期共建的支撑，制造业的进步促进昌盛时期的演进。原产地共建逐步发展为生产企业共建。为了获得更大利益，各个关联企业选择不断协调合作，体现共同参与，发挥自身优势和潜能，将供应链效益最大化。关联公司的产生有着深刻的社会经济背景。

3. 专业人士共建

专业人士共建是鼎盛时期人口确定的核心。只有通过专业人士共建，才会有人口集中的形成，这是由人的学习心理发挥作用形成的，原产地共建是自然环境影响人们的需要，关联企业共建是竞争环境影响顾客需求，鼎盛时期专业人士共建使投资人学习心理起主导作用，人们会不断地激发投资人的学习心理形成人口顶，这是共建确定中的重要环节。

综上，共建确定要求契合的成长行业板块奢侈品龙头个股必须与主板大盘指数人群环同步上升，既不能涨得太快，更不能不涨，要紧跟指数大盘，更加稳定、精准、有序地投资 8 倍奢侈品，在不同板块实现 8 倍的"先、中、后"，进而实现百倍增值，这是共建确定与互联确定的联系。同时茅台酒个股的共建确定是专业人士脱离主板指数进行的个股共建确定的典型，在主板指数 2015 年大幅下跌的行情中该个股早日稳定，持续上涨，所以很多时候人群跟随指数板块投资股票，还不如人口集中个股投资股票更为灵活，可以说指数大幅下跌，8 倍龙头个股是最好的避风港，但是指数的波动与非契合的行业板块联动不明显，龙头个股上涨、下跌与大盘不会完全同步。

与人群环的 2 倍、4 倍不同，人口顶一定含有 8 倍，人口顶是以人群环为支撑的。将人群跟随的"蓝海"作为研究人口集中龙头的支撑，可以使问题简化、方便、易量化、更确切。人口顶来源于人们的长期共建、人们对不同时期演进和投资的长期观察和总结。相比于人气线研究"三价"、人群环研究指数板块，人口顶研究个股是基于人的学习心理以及鼎盛时期追求极致的时期主旋律而确定的。专业人士共建是鼎盛时期人口确定的核心。人口顶来源于专业人士共建、投资人共享，各方面专业人士会集在一起可以结合他国的共建历程以及本国的饥饿地位来判断个股顶格的极度，并向他国学习比肩，探寻本国龙头个股提升空间，立足本国，放眼世界，核心是专业人士人口集中。专业人士共建形成人口顶的影响因素如图 4 - 16 所示。

专业人士共建形成人口顶的四个因素中，第一个因素是他国的专业人士已经共建行业个股，他国人口集中的个股对其他国家乃至全球的鼎盛时期演进都是宝

他国	本国
他国专业人士已经共建的行业个股	本国专业人士准备共建的行业个股
他国专业人士共建的成功个股	本国的支撑条件与具象个股

图 4 – 16　时期演进形成人口顶的影响因素

贵的经验。由于其他国家人口集中，本国也可能会集中，所以智慧的投资者应当及时发现这些顶层设计所形成的人口顶进行投资。2005～2007 年股票行情，投资钢铁个股就是了解国际钢铁板块的龙头股票人口集中高度就是 20 多元，选择 2元多的武汉钢铁进行人口集中，能够实现 8 倍，而宝钢股份起始价位 4 元多，实现不了 8 倍，不能投资。第二个因素是本国专业人士准备共建的行业个股，别国共建个股有哪些，本国准备共建个股应该随着时期的演进，指数板块和行业板块轮动进行先后顺序排列，只有不断编织行业和龙头个股，时期演进才能顺利进行。第三个因素是他国专业人士共建的成功个股。他国的不足或者教训很可能会成为本国现在或者将来的成功方向。他国的成功范例，是本国必须效仿的个股，别国成功后，超越别国是非常困难的，只能学习与比肩别国，缩小差距，意味着投资者获得的价值增值空间也就更大，付出的时间损失就越小。第四个因素是本国的支撑条件与抽象、具象思维个股，抽象思维与具象思维的把握，这是由于时期不断演变，全球投资人思维进步引起的，由于营商的专业化、产业的不断升级，投资人对于信任头部以及价值创造的理解加深。

综上所述，原产地共建、关联企业共建、专业人士共建的三种方式，都会引起投资人在鼎盛时期的人口集中，但是人口顶集中到达顶格高度是不同的，原产地共建是基础、关联企业共建是支撑，须通过专业人士共建，以专业人士共建为核心，改变投资人学习心理的诱因、刺激物、驱动力的大小，从而引起投资人的真正人口集中。专业人士共建是鼎盛时期的主旋律，本书是以学习心理学为主的奢侈品——龙头个股股价作为研究对象。

第三节　鼎盛时期的人口集中原理

一、人口集中原理的理论来源

鼎盛时期的人口是投资人的持续集中。人口集中某一事物的过程就是人口对该事物产生影响的过程，也是人口创造绝对价值的过程。鼎盛时期的人口集中原理主要表现为人口的学习心理和心理持续集中。集中原理的理论来源主要包括经济学和营销学两个方面。

（一）经济学来源

边际效应（Marginal Effect），也通称边际效益或边际贡献。边际效益是经济学中经常使用到的一个概念，定义为：在其他情况不变的条件下，增加一单位要素投入给生产带来的产值增量变化。随着产品和服务消费数量的剧增，消费者产品和服务消费过程中总利益也会发生变化，这一变化具体表现为：消费者每增加单位该产品或服务的消费数量，则边际效应会相应减少。若边际效益曲线与边际成本曲线逐渐交于某一点，则该点为消费者使用该产品或服务的最大效率水平，计算公式为：

$$MR = \Delta TR / \Delta Q$$

其中，MR 为边际效用，Q 为一种商品的消费数量，TR 为总效用。

所有追寻利益最大化的企业均遵循着这一边际原则，即当某项经济活动的边际收益大于边际成本时，企业势必会扩大这种活动；相反地，若某项经济活动的边际收益小于边际成本时，则企业会减少这种活动，直到边际收益等于边际成本时，企业利益也就达到最大。所以企业投入比例最优的临界条件为企业各项资源边际效益相等。

边际效用递减法则，也称边际效益递减法则、边际贡献递减，边际效用递减是经济学的一个基本概念，是指在一个以资源作为投入的企业中，单位资源投入对产品产出的效用是不断递减的，换句话说就是，虽然其产出总量是递增的，但是其二阶导数为负，使得其增长速度不断变慢，使得其最终趋于峰值，并有可能衰退，即可变要素的边际产量会递减。

边际效用递减原理通俗的说法是：开始的时候，收益值很高，越到后来，收益值就越少。用数学语言表达：X 是自变量，Y 是因变量，Y 随 X 的变化而变化，随着 X 值的增加，Y 的值在不断减小。这就是著名的边际效用递减原理。

　　边际效用递减法则主张，随消费量增加而边际效用会逐渐减少，因此，消费者愿意支付的价格也降低，形成随消费量增加而商品价格降低的需求法则，消费者才愿意再增加消费商品 X。如此由边际效用递减曲线导出负斜率的需求线，线上每一点代表每一需求量，对应消费者愿意支付的最高价格。如图 4 - 17 所示。

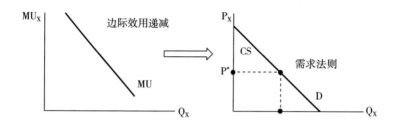

图 4 - 17　边际效用递减

　　该理论的含义是投资人追求的目标是边际效用最大化。人们总是寻求最大化效用，在开始投资时，很难辨别谁的效用最大，在投资的过程中，投资人在不断甄别个股价值大小，并且向价值量大的个股集中，不断淘汰价值量小的个股，个股投资的过程是一个从价值量大小不清晰盲目投资→价值量小的个股散点投资→逐步转向价值量大的个股集中投资的过程。

（二）营销学来源

4P 营销理论（The Marketing Theory of 4Ps）产生于 20 世纪 60 年代的美国，是随着营销组合理论的提出而出现的。1953 年，尼尔·博登（Neil Borden）在美国市场营销学会的就职演说中提出了"市场营销组合"（Marketing mix）这一术语。

　　营销组合指的是企业在选定的目标市场上，结合竞争环境、政策环境、产品品质、用户消费能力、地域消费习惯等因素进行综合考量，制定出符合企业自身发展需要的营销策略，并对以上因素进行有效的整合、应用和营销，从而满足市场需求、获得更高营业利润。具体来说，在 4P 理论中，企业产品营销活动的出发点包含产品（Product）、价格（Price）、渠道（Place）、促销（Promotion）四方面内容。

　　产品策略（Product）：产品是指由卖方提供给市场，能够被消费者使用和消费，并能满足人们某种需求的东西，既包括有形的实体商品，也包括虚拟的电子产品、服务产品、传递的经验和价值观或者以上三者的组合。根据营销目的可以将产品分为四种类型：引流型产品、销量型产品、利润型产品和形象型产品，分别用于解决客源问题、现金流问题、放大客户终生价值问题和企业形象问题。产品是 4P 理论的核心，产品要素包含产品的种类、样式、规格、包装、品质和服务等。

本书着重研究人口策略，人口策略与《人气营商学》中的人气对策和《人群营商学》中的人群决策有很大的差异，首先人口策略是真正意义上研究 8 倍奢侈品龙头及 8 倍如何实现的策略，是人气对策与人群决策基础上的"落地"投资。其次需要注意的是：①每只个股都有策略，与产品策略一样，是每只个股的呈现。②人口策略研究 2 倍、4 倍、8 倍的组合，其中最重要的是 8 倍，必须有 8 倍才能实现人口顶，每个人读书的 8 倍是博士，不是硕士、本科。③实现人口顶的途径也有不同，人口策略要求寻找时间最短、最为确定的途径。具有鲜明投资对策作用于"三价"，契合指数板块的成长行业板块龙头最为确定。④人口策略只是人口营商学的展现，人口营商学的核心在于人口信任。

人口策略则是人口营商学中 4 个策略的核心，确定人口顶到达的高度是人口策略的关键，如图 4-18 所示，二者的联系在于产品策略满足消费者的复杂利益整合的需要，人口营商通过学习心理学的诱因、刺激物、驱动力三要素形成人口集中策略来创造信任的绝对价值，是饥饿、圈子、标杆策略形成的基础。

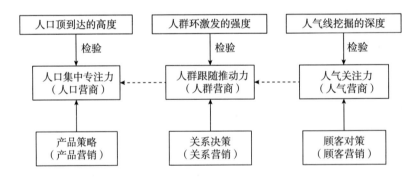

图 4-18　人口（集中）策略与产品策略、人群跟随决策、人气关注对策的关系

二、鼎盛时期人口集中原理

（一）基本原理

鼎盛时期人口集中主要是指心理持续与人口集中之间的关系。人口集中来源于人的思维到达的高度，而这个高度是与人们的心理持续相关联的。人的心理持续通过影响人们思维的到达高度，进而使得人口的集中呈现出持续性，时期演进中思维的聚集是连接心理持续与人口集中的桥梁。所以在鼎盛时期下，如何判断人口集中某只个股奢侈品形成的高度会更高是一个重要课题，也是人口策略的研

究重点。

研究人口集中的心理持续，其作用机制如图 4 – 19 所示，心理持续直接影响人口集中某只个股奢侈品的龙头价值，而人口集中高度的大小的变化情况又会影响心理持续，两者相互作用、相互影响。一个投资的个股能够持续共建成为时期增值的某只奢侈品个股，人口集中的心理持续就会形成龙头，投资人投资该类奢侈品创造的价值就会越来越大，因此吸引着专业投资人的人口集中。

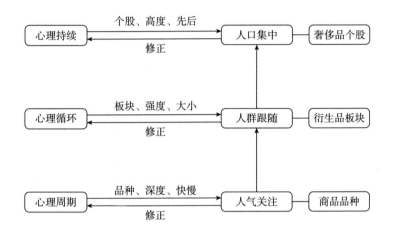

图 4 – 19　人口集中原理的作用机理

所以选择鼎盛时期龙头个股吸引投资人集中，是人口营商的良好开端，人口集中个股一旦形成，集中的人口专注力就会一直保持对于该个股较强的水平，没有人口集中，就说明没有个股绝对价值的创造、没有龙头，吸引了人口集中后应充分利用其创造更多的绝对价值，保持人口的集中，激起专业投资人的心理持续，让专业投资人获得更多、更好的回报，从而更好地带动相关产业的长远发展。

（二）人口作为集中研究的逻辑

要理解人口是一种集中，必须要理解人口作为集中的逻辑。鼎盛时期集中的根本目的是创造绝对价值，而创造绝对价值的过程是通过专业投资人集中产生投资实践。鼎盛时期人口集中的过程也就是投资者选择投资个股的过程，鼎盛时期以个股为主，学习心理学形成的不同时期人口顶集中，才是鼎盛时期的最重要集中，才能更加有效地创造绝对价值。投资人根据不同板块的学习心理驱动不同时期的人口集中，只有拥有超强的集中专注力才能投资龙头个股，而没有集中的个股是不可能进行奢侈品投资的，集中是投资的必要条件，投资是集中的必然结果。

当人口集中某一奢侈品龙头时，必然会在短期内带来全球化、证券化、专业化的资金流动，该奢侈品龙头个股的价格才能上涨，从而使得价值发生增值，实现8倍的涨幅，如茅台酒龙头个股的形成就是全球化、证券化、专业化投资的结果，美国的苹果股票也是如此，具体如图4-20所示。因此，鼎盛时期人口集中的根本目的是创造绝对价值，而创造绝对价值的过程是通过投资实现的。因此鼎盛时期人口集中的过程就是投资者选择奢侈品龙头个股进行投资的过程。

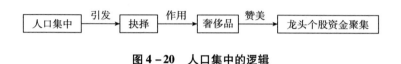

图4-20　人口集中的逻辑

（三）心理持续变化的内在含义

心理持续是人口集中原理的核心，所以研究人口集中的持续原理应当明确心理持续变化的内在含义。首先要明确的是，心理持续变化的实质是因为绝对价值发生了变化，随着专注力的变化，人口集中对象的心理持续会发生变化，其绝对价值也会随之发生改变，进而对集中对象的价值创造产生影响。鼎盛时期绝对价值的创造是通过心理持续的人口集中来实现的，因此人口集中某一对象，并且使其处于人口顶8倍龙头高度，则会创造相应的绝对价值。

人口集中的心理持续与个股人口顶紧密相关，不同的人口顶所创造绝对价值的能力不同，心理持续处于某个板块"龙头"时创造绝对价值的能力要强于其他板块龙头个股，投资人投资奢侈品龙头价值，与人群营商中投资人投资"蓝海"价值是一样的，投资人不断地寻求板块（指数、行业、地区板块）的蓝海，板块轮动进而更好地推动龙头个股价值的8倍实现。而心理持续变化的实质就是个股创造绝对价值能力由弱→强→弱的过程。衡量人口集中的心理持续就是判断创造绝对价值的能力，人口矩阵的"龙头"个股创造绝对价值的能力要强于其他个股。没有8倍的个股价值不会产生心理持续，到达不了人口顶，人口就会逐渐向别的龙头个股集中。

（四）集中类型的特征及适应对象：人口矩阵分析

人口集中开始的初期并不显著，投资者此时由于个股的价值体征以及对板块轮动价值体现把握不全面等，很难判断人口正在向哪只个股集中。在人口集中过程中开始创造2倍、4倍、8倍的绝对价值而形成正向反馈，人口集中个股对象的先后顺序将明显表现出来，但是上涨空间也随之变小，投资者很难在个股投资中实现龙头价值增值。

1. 人口矩阵的概念

随着全球虚拟经济的快速发展，国际金融市场一体化趋势日渐明显，资产证券化的步伐越来越快，证券投资也越来越受到人们的广泛关注。许多机构投资者与个人投资者开始寻求更好的选股策略与算法，以获得收益最大化。因此，在金融市场中投资者在追求高投资收益的同时如何有效地控制风险，成为投资的首要问题（高萍，2018）。

　　类比人气、人群营商中的价值矩阵，人口营商被用于选择个股奢侈品进行投资时，也可以以此为基础进行划分，此时可以分为 12 个不同类型，如图 4 - 21 所示。人口矩阵将横轴、纵轴的内容分别变为增（减）值空间和绝对时间损失，其中增（减）的大小是以 2 倍增（减）、4 倍增（减）以及 8 倍增（减）来确定的，而矩阵中的绝对时间损失分为"快、中、慢"三种，人口矩阵不同于其他矩阵，其多划分出 8 倍的价值增（减），这是个股投资不同于板块投资的抽象结果，"三价"品种投资具有倍增的跳跃思维就可以投资，板块投资必须具有 2 倍、4 倍的形象思维才能投资，个股必须抽象出 2 倍、4 倍，更重要的是 8 倍的价值投资。人气的核心是对策研究，重点是倍增快，人群的核心是契合，2 倍快、4 倍快和中成为研究重点，如果作为人群环进行研究 2 倍快不变，同时还有 2 倍不足、超过、正好表示强度；4 倍快、中不变，同时还要 4 倍正好、超过表示强度；4 倍慢不会有人进行投资，强度也就无从谈起。人群环研究的对象，不足、超过、正好配合快、中、慢，作为人群环研究的时间快慢和力度强弱更为合适。人群环的 8 倍研究也是象征意义，是 2 倍、4 倍作用的结果，形成 8 倍不足、正好、超过的人群环，不可能像个股那样明确上涨 8 倍，个股的 8 倍实现既有快、中、慢，也有不足、正好、超过，更有先、中、后。通过个股的 8 倍先、中、后，分析个股的 2 倍（快，不足、超过、正好）先、中、后，4 倍（快、中，正好、超过）先、中、后。

　　在这 12 个方块中，需要按照一定的标准进行筛选，而这种标准便是一定时间内绝对价值实现的大小。有别于人气、人群矩阵，人口矩阵中投资人应该选择增值空间最大的国家、板块和个股进行投资，具体表现为三种个股：8 倍先、8 倍中、8 倍后（见图 4 - 21①②③），围绕 8 倍，可能形成的个股 2 倍先、中、后，4 倍先、中、后，构成人口矩阵模型，2 倍增值在人气营商中已经研究，4 倍增值在人群营商中已经研究。此时人口集中的个股是 8 倍绝对价值的最大化，因此具有 8 倍增值空间的投资对象——个股是符合人口研究条件的，对于 8 倍慢，投资人也是宽容的。根据鼎盛时期人口确定，投资人将以上具有 8 倍增值的投资对象统称为"龙头"，也就是说只有龙头才值得个股投资。

　　人口矩阵中包含 2 倍、4 倍、8 倍，其中 8 倍是最重要的，没有 8 倍就不构成人口矩阵，8 倍具体分为 8 倍先、8 倍中、8 倍后三种。鼎盛时期，应该首先选择增值空间大、实现时间最短的 8 倍个股进行投资。人口策略中，2 倍与 4 倍常见，要重点研究 8 倍，这是个股投资的第一要求。根据鼎盛时期人口的确定，三者依据实现时间顺序进行划分，将 8 倍先、8 倍中、8 倍后统称为"龙头"个股。

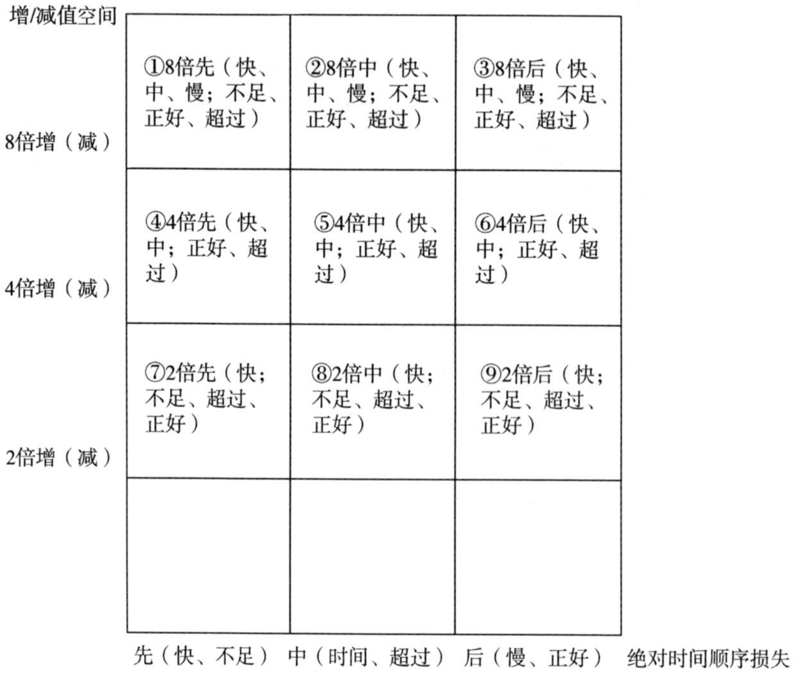

增/减值空间			
8倍增（减）	①8倍先（快、中、慢；不足、正好、超过）	②8倍中（快、中、慢；不足、正好、超过）	③8倍后（快、中、慢；不足、正好、超过）
4倍增（减）	④4倍先（快、中；正好、超过）	⑤4倍中（快、中；正好、超过）	⑥4倍后（快、中；正好、超过）
2倍增（减）	⑦2倍先（快；不足、超过、正好）	⑧2倍中（快；不足、超过、正好）	⑨2倍后（快；不足、超过、正好）

先（快、不足）　中（时间、超过）　后（慢、正好）　绝对时间顺序损失

图 4 - 21　人口矩阵

2. 人口矩阵的特征描述（"龙头"特征）

（1）8 倍先（时间快、中、慢；不足、超过、正好）。特征描述：8 倍先是"龙头"价值创造初始阶段投资选择。8 倍先是龙头 8 倍投资时间顺序的最优先选择，8 倍先的增值空间最大，只有通过抽象思维正确把握个股的价值体征和板块轮动价值体现的投资人能够识别该个股，专业人士领先于其他投资人，引领新一轮绝对价值创造。不同的价值板块 8 倍先的绝对时间损失与强度是不确定的。也就是说 8 倍先可以是 8 倍快、中、慢，不一定 8 倍先就是 8 倍快，由于指数板块的套牢盘很多，契合的行业板块 8 倍先就成为 8 倍慢了，2020 年指数板块由 2440 上涨至 5178，一路的套牢盘，契合上涨证券板块龙头中信证券就是 8 倍慢，指数板块套牢盘较少，8 倍先就变快了，2005 ~ 2007 年上证指数从 1500 上涨，套牢盘很少，契合的钢铁板块、证券板块龙头就成为 8 倍快；8 倍先可以是 8 倍不足、正好、超过，8 倍先的强度也是随着指数板块形成的对策作用产生的，如金钱杠杆对策形成的板块资金充足，8 倍先在头部顶格思维确定的情况下，不会

出现 8 倍不足，2005～2007 年行情中，币值平台对策使股票上涨，速度快、时间短，可能出现 8 倍不足，8 倍中就开始上涨，必须密切注意，否则将错失 8 倍中的投资机会。对以上个股进行投资，可以实现几何级数的价值增长。由于心理持续的程度增强，必须随时保持高度警惕，不断保持价值共享。

适应对象：指数板块实现 4 倍增值，力图领先别人实现第一个 8 倍，引导全球范围内各国及投资者向其集中；善于通过抽象思维与独到的投资经验（或者是人生阅历）正确把握个股的价值体征和板块轮动价值体现，准确判断大盘与龙头的联动效应；追求资产升值空间最大的投资者；对于资产增值有较高要求的投资者；心理神往程度较高，可以承受双向波动风险的投资者。

（2）8 倍中（时间快、中、慢；不足、超过、正好）。特征描述：8 倍中是"龙头" 8 倍投资时间顺序的中间阶段选择，它在绝对价值创造上同样也具有 8 倍的升值空间，具有非常可观的投资回报，因此存在较高的集中专注力，心理持续的程度较强并趋于稳定。在 8 倍先实现后，8 倍中将会成为投资人的重点研究对象，其在人口集中的百倍价值创造策略中连接 8 倍先与 8 倍后，起到承上启下的作用，是这个过程中至关重要的一环。不同的价值板块 8 倍中的绝对时间损失与强度是不确定的。也就是说 8 倍中也可以是 8 倍快、中、慢，但是 8 倍中一般都是速度快、中，不会慢，因为这时大盘指数上涨到一定高度，没有大量套牢盘，资金推动个股速度加快，同时 8 倍中上涨也表明主力资金进入市场，如果 8 倍先是试探，8 倍中则是坚定信心的表现，推动大盘超过前期高位需要 8 倍中个股龙头上涨，牛市启动，大量资金进场；8 倍中可以是 8 倍不足、正好、超过，这与推动股市上涨的对策逻辑紧密相关，如果是金钱杠杆对策，8 倍中肯定是正好和超过，因为 8 倍中龙头个股起到推动大盘大幅上涨的作用，如果 8 倍上涨不足，大盘指数无法实现 4 倍超过。

适应对象：指数板块实现 4 倍增值，已经实现 8 倍先，希望继续引导一定范围内国家及投资者向其集中；希望创造较大的绝对价值的投资者。心理持续在一定时间内改变人口集中的专注力，从 8 倍先转向 8 倍中，绝对价值增值空间很大。8 倍中是投资人在 8 倍增值中的第二次选择，应该毫不犹豫。

（3）8 倍后（时间快、中、慢；不足、超过、正好）。特征描述：8 倍后虽然也具有 8 倍的空间，不过实现起来比较困难，是百倍价值创造的最后一个环节。是人们的最终目标，可遇不可求，但仍然有集中的必要，因为其也能实现 8 倍增值，在一般情形下能够推动一部分投资者集中。8 倍后的实现与否决定了整个绝对价值集中策略的完整性与科学性，是真正意义上从量变到质变的过程。具备 "8 倍后" 的集中对象，其创造绝对价值的时间可能快、中、慢，但是一般应该是快，大盘上涨至后期，大盘没有多少空间，龙头个股会加速上涨实现 8 倍后增值，这时很多投资人把握不住 8 倍后，这时可能是 8 倍后与 8 倍中的时间交叉，错失投资 8 倍后，只要大盘上涨空间足够和时间允许，一般在金钱对策、指数实现 4 倍超过，实现 8 倍后的可能性会加大。

适应对象：指数板块实现 4 倍增值，8 倍先、8 倍中都已实现，必须选择 8 倍后，这是可遇不可求的，留给龙头的时间和空间完美结合才能实现 8 倍后；可能 8 倍后龙头与 8 倍中时间交叉，或者就没有 8 倍后空间，也可能大盘指数没有空间，都会使 8 倍后投资落空，使投资人的几何级数 $8 \times 8 \times 8 = 512$ 倍增值不能实现；强烈追求非常短期增值的投资者、实现人生梦想的投资人、具有长期投资经验和丰富阅历的投资人，心理持续程度最为强烈，可以承受双向波动风险和巨大压力的投资者。

（4）4 倍先（时间快、中；正好、超过）。4 倍先是蓝海价值投资中的指数板块实现 2 倍增值空间，龙头个股初始阶段选择，具有 4 倍的价值升值空间。此时投资人在时间层面可以容忍 4 倍快和中，在强度层面可以容忍 4 倍正好和超过，对于 4 倍慢与 4 倍不足的龙头不予考虑，这是由龙头价值增值空间与板块蓝海契合的成长行业龙头属性决定的，也是后续 8 倍龙头判断的初始依据，没有在指数板块上涨实现 2 倍时，个股上涨 4 倍，可能在指数上涨 4 倍时实现龙头 8 倍。

（5）4 倍中（时间快、中；正好、超过）。4 倍中是蓝海价值投资中指数板块实现 2 倍增值空间的中间阶段选择，龙头个股具有 4 倍的价值升值空间。此时投资人在时间层面可以容忍 4 倍快和中，在强度层面可以容忍 4 倍正好和超过，对于 4 倍慢与 4 倍不足不予考虑，一般在指数板块实现 2 倍增值时，至少存在 4 倍中龙头个股，只有 4 倍先龙头个股，大盘指数无法上涨 2 倍。

（6）4 倍后（时间快、中；正好、超过）。4 倍后是蓝海价值投资中指数板块实现 2 倍超过增值空间的末尾阶段选择，龙头个股具有 4 倍的价值升值空间。此时投资人在时间层面可以容忍 4 倍快和中，在强度层面可以容忍 4 倍正好和超过，对于 4 倍慢与 4 倍不足不予考虑，只有指数板块明确有 2 倍超过增值空间，4 倍后才有可能出现，并且依次排序，否则即使有三个板块龙头，投资人也是很难依次投资的。

（7）2 倍先（时间快；不足、超过、正好）。2 倍先是指数板块实现 2 倍、4 倍增值空间，龙头个股出现 2 倍投资机会，是龙头个股增值空间需要在 4 倍、8 倍上涨之前上涨 2 倍，也有可能是龙头个股下跌过程的反弹，改变龙头个股的下跌趋势，出现准确的 4 倍或者 8 倍上涨空间，是龙头个股上涨的起始判断和上涨空间的进一步拓展。个股具有 2 倍的价值升值空间，是判断龙头个股 4 倍或者 8 倍投资的基础，重点不是投资 2 倍个股。4 倍、2 倍增值现象的准确把握，是 2

倍、4 倍价值增值的正确落地。

（8）2 倍中（时间快；不足、超过、正好）。2 倍中是指出现一个 2 倍个股增值使 8 倍先龙头出现后，又出现 2 倍个股增值，一定要密切关注，可能新的龙头 8 倍又会出现，这时并不一定立即投资，因为 8 倍先没有实现之前，新的 8 倍空间还比较难以形成，既要耐心等待，还要明确新的 8 倍龙头形成的价位应该是多少，否则投资过早，既占用资金，还要等待较长时间。

（9）2 倍后（时间快；不足、超过、正好）。2 倍后可能是继出现第二个 2 倍增值个股后，再次出现 2 倍增值个股，这时可能是又一个新的 8 倍增值龙头出现，结合上轮行情进行分析以及板块的契合分析，最后一个龙头个股产生了。

结合人口矩阵分析，不难看出人口集中分析 8 倍先、中、后龙头个股的重要性，没有 8 倍的个股，投资有极大风险且价值无法最大化，可能得不偿失，只要有 8 倍，个股 2 倍、4 倍是否具备，并不一定，但是投资个股的 2 倍、4 倍是基于具有 8 倍的龙头个股分析的，2 倍、4 倍个股增值帮助判断和形成 8 倍龙头个股是非常明确的。这也是本书紧紧围绕龙头个股 8 倍研究的原因所在，研究清楚龙头个股的 8 倍，其他问题就会迎刃而解。

（五）投资人人口集中选择的步骤

投资人在选择集中对象的时候要遵循三个步骤：第一步是判断该国是否存在人口集中潜力、是否可以引导人口的集中、是否存在人口矩阵中的"龙头"个股。只有满足"龙头"特征，即绝对价值需要达到 8 倍先、8 倍中、8 倍后才能够成为人口集中选择的对象；不在"龙头"范围内个股的国家和地区是无法吸引投资人进行人口集中投资的。上一节中已经讲到了鼎盛时期的人口的确定方式，人口集中最根本前提就是这个投资对象要具有绝对确定、龙头确定、共建确定。

第二步是判断具有绝对价值的奢侈品个股，一个国家的绝对价值是通过该国家的奢侈品个股价格变化来反映价值投资的，而股票市场投资个股的选择，是人口矩阵在该国奢侈品龙头中投资的具象体现，灵活运用人口矩阵进行"龙头"个股的选择是投资奢侈品个股的基本前提，还要以人群营商理论为基础，运用人口营商理论具体分析，才能准确投资奢侈品个股，保障收益的最大化，奢侈品的产生是市场长期形成和短期爆发的结果，如茅台酒个股奢侈品的形成就是典型的案例。

第三步是判断心理持续，投资人需要运用心理持续和集中的相互关系，判断具有绝对价值奢侈品的心理持续，投资人选择的个股人口顶形成与集中，是人口集中策略的核心，及时审视具体投资对象及其价值共享的情况，把握投资人心理持续龙头价值，投资人必须在专业化领域寻找奢侈品龙头投资对象。人口集中的 8 倍先（增/减）、8 倍中（增减）、8 倍后（增/减），都是投资人判断心理持续的标准，不断审视龙头个股投资的 8 倍先增（减）、8 倍中增（减）、8 倍后增（减）空间与时间，在人口顶上判断人口集中专注力的对象变化与时间先后，还要准确把握转换集中对象的理论依据，在不同时间拐点转换人口集中的人口顶，呈现出几何级数的增值最大化。人口的心理持续示意图如图 4 – 22 所示。

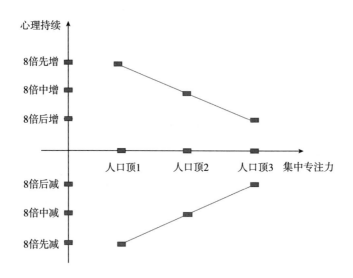

图 4 – 22　人口的心理持续示意图

（六）鼎盛时期人口集中的目标

使投资人人口集中，实现并创造绝对价值，这是鼎盛时期全球每一个国家、行业板块和专业人士共同努力，并且希望实现最具吸引力的集中目标：鼎盛时期价值共建、形成具有专注力的人口顶和心理持续的龙头。这种人口集中目标主要是使得一个国家人口集中形成的奢侈品创造价值更大、效率更高，社会财富快速而大量向该国积累，使该国人民尽快且长久过上美好生活，使该国真正成为发达国家。从发达国家的成功经验可以看出，每个国家都有自己的全球专业人士认可的奢侈品，一个国家形成奢侈品的种类和行业多少，直接影响该国的发达程度和国际地位，龙头个股地位形成带动相关产业和国家整体发展，影响深远而强大。

之所以要使得人口持续集中一个国家和某一奢侈品，一方面是因为无论是一个国家还是某一奢侈品龙头在开始时只能吸引到极少数的人口集中。想要实现人口集中，需要满足许多条件，从人口确定可以得出，一定是从众多个体中选择出来的绝对价值、必须具备 8 倍价值空间龙头、专业人士共建共享，三者统一，投资人才会确信无疑地信任集中投资，否则只有 2 倍、4 倍投资，创造的价值量是非常有限的，如中信证券个股的投资，就是从几十只证券个股中脱颖而出的，

8倍价值空间明显，是投资银行业务专业人士共同建设的龙头个股，是中国投资银行业的奢侈品。另一方面，奢侈品形成是与人气、人群紧密相联的，如任何国家继续在汽车市场上与德国竞争，吸引人口集中就会困难，汽车市场在工业受到社会人气关注，商业社会再关注传统汽车的可能性减少，人口集中的奢侈品不可能形成，所以中国在高铁领域的投资就是为了寻求交通行业的人口集中奢侈品。

三、人口集中专注力选择

（一）集中时机的选择：追求极致的时代到来

人口集中这一概念是人口在兴盛时期、昌盛时期、鼎盛时期演进过程中产生的。在人气营商学的理论中，商业社会人气关注转移是依据人气线进行的，人们从购买转向投资，人气的含义发生变化，成为关注。随着三个社会向三个时期的背景理解演进，人们的学习心理发挥作用，人们所赞美的事物也发生了变化。鼎盛时期到来，及第与级别已经不能满足人们对更高生活层次的追求，如何才能实现更高的生活层次成为人们开始思考的问题。这时，对于极致的赞美成为人口集中时机的选择。极致是比及第与级别更高层次的内容，是鼎盛时期人口集中专注力持续汇集的必然结果。从兴盛时期保持上品特色、昌盛时期保证精品特别以实现更高级别到鼎盛时期通过人口集中来培养奢侈品个别，是学习心理作用程度逐渐加深的过程，极致是对于奢侈品的赞美。

营商是人们充分发挥主观能动性的表现，而人口集中也是人们学习心理驱动的主观行为，这既是时期演进的抽象，也是人们不同时期共建形成的具象。这在本书前面一些章节进行了详细描述，但是如何利用人们的学习心理，分析人口集中专注力的变化，是鼎盛时期价值共建的重要内容之一。

（二）集中情形选择

通过学习心理的研究发现，龙头绝对价值创造是人口持续集中形成的源泉，人口集中的转换反映在人们实现8倍增（减）的心理持续。利用抽象思维分析和判断人口矩阵创造绝对价值的变化，帮助人们把握心理持续和正确抉择人口集中的人口顶进行有效投资，是本书的核心。

通过时期演进和人们学习心理的分析，为了正确把握心理持续影响下的人口集中，帮助投资人准确识别集中的价值类型，时间快、慢，力度强、弱，先后顺序，进行正确投资，创造绝对价值，本书提出了人口顶及人口组合的概念来对人口集中的对象和情形进行具体分析。

1. 人口顶

（1）人口顶的定义。人口顶是由学习心理驱动形成的具象思考顶点，是在动机心理学形成的2倍、4倍成长板块人群环基础上的一种8倍龙头个股思想聚焦，是由诱因—刺激物—驱动力学习心理引起的持续集中，是由于人群契合不同成长板块导致龙头个股集中程度变化的结果。人口顶是学习心理推动形成龙头价值的奢侈品鼎盛时期的一种具象推理，是推动鼎盛时期不断演进、吸引人们投资的思维持续。人口顶具有以下几项特征：

1）个股人口顶必须有8倍，无论时间快8、中8、慢8，强弱8不足、8正好、8超过都是投资人的追求，个股2倍与4倍是实现8倍的基础或者补充，没有8倍的个股没有人口顶，因为8倍是龙头个股有别于其他普通个股的唯一标志。

2）正常情况下行业板块形成的个股最多存在三次集中人口顶（8倍），3个8倍形成的时间间隔、持续时间长久和超过的空间大小，是由行业特征和个股的独特性决定的。

3）在人气线关注社会、经济、文化价值、人群环跟随契合的成长行业板块基础上寻求人口顶集中，更为容易识别和把握人口顶形成的先后顺序、时间快慢、力度大小。

4）在4倍股价指数人群环契合成长行业板块，寻求8倍个股龙头的先后顺序是投资人创造几何级数绝对价值的根本，是本书的研究重点。

在人群跟随的金融衍生品人群环中，不断发现和判断三种人气关注的价值成长板块龙头个股的绝对价值百倍人口顶，是人口顶理论应用的典型代表：①8倍快、不足人群环（2快不足×4快正好）形成的龙头个股百倍人口顶。具体如图4-23所示。②8倍中、正好人群环（2快超×4快超）形成的龙头个股百倍人口顶。具体如图4-24所示。③8倍慢、超过人群环（2快正好×4倍中超过）形成的龙头个股百倍人口顶。具体如图4-25所示。

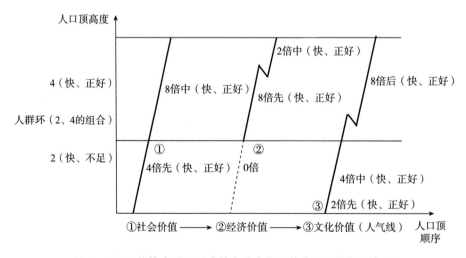

图4-23　8倍快人群环形成的龙头个股百倍人口顶倍数示意图

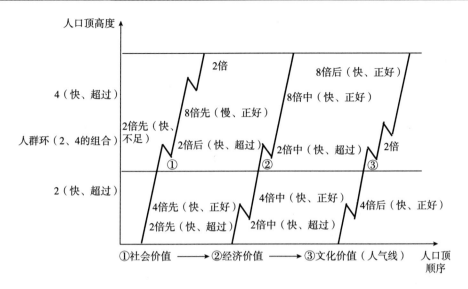

图 4 – 24　8 倍中人群环形成的龙头个股百倍人口顶倍数示意图

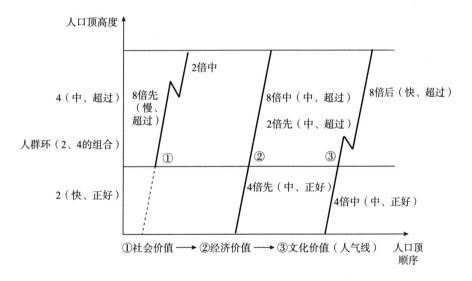

图 4 – 25　8 倍慢人群环形成的龙头个股百倍人口顶倍数示意图

（2）人口顶的形成。首先，人口顶来源于学习心理学，是学习心理在奢侈品投资领域的具体应用，是人们对时期演进和个股投资的长期观察和总结，属于共建共享研究。长期观察和总结不仅适用于规律记载、技术探索，也适合思维想象的发展，思维想象与投资的经验和成败更是密不可分的，人类长期社会实践的抽象思维能在一定程度上帮助把握人口顶的形成。

其次，从人口顶的定义可以看出，与人群环的 2 倍、4 倍不同，人口顶一定含有 8 倍。人口顶是以人群环为支撑的。人口顶来源于人们的长期共建、人们对不同时期演进和投资的长期观察和总结。经过原产地共建、关联企业共建、专业人士共建的核心流程，人口集中的专注力越发汇集于某一个体，投资人心理持续集中逐渐形成该个体的人口顶，带来绝对价值的 8 倍增幅。在鼎盛时期将研究的对象具体到个体，即奢侈品龙头个股，有利于最大限度地追求绝对价值的最大化，吸引全球资本向本国某奢侈品集中，因此用人口顶来研究龙头个股是最为科学、严谨的。当然，人口顶理论不是只能用于个股的研究上，其对房价、物价以及人们生活的方方面面也具有重要的参考价值与借鉴作用。

最后，人口顶根据抽象出来的结果，经过思维的聚焦最终实现人类共享。价值共享主要是指专业投资人与龙头个股之间形成共建共享的关系，专业投资人集中某只龙头个股，可以增强龙头个股的辨识度，龙头个股同时又可以满足投资人对于资产增值的心理神往。人口顶也具备自身的独立性、共建性，人口顶以头部信任为核心，通过顶格思维以及饥饿、圈子、标杆策略抓住价值共享的投资点，找到证券市场上最好投资时机和最大的绝对价值增值空间的集中龙头个股上涨的先后顺序。

（3）人口顶龙头价值的特征。人口顶龙头价值形成的核心驱动是由学习心理学理论影响的，由诱因、刺激物、驱动力三要素构成。三种因素对人口集中的作用的时机、增值空间的大小的影响具有极大的不确定性，这也就使得人口顶龙头价值的形成具有不确定性，但是这些都不会影响人们对学习心理和人口顶理论的研究。

先抽象，后具象，是人的最高追求。抽象即从众多的事物中抽取出共同的、本质性的特征，而舍弃其非本质的特征的过程。具体来说，抽象就是人们在实践的基础上，对于丰富的感性材料通过去粗取精、去伪存真、由此及彼、由表及里的加工，形成概念、判断、推理等思维形式，以反映事物的本质和规律。利用人口顶投资奢侈品，拉动相关产业。不是所有的抽象都一定具有意义，利用人口顶个股上涨，带动相关产业发展是人类的智慧，实体经济由金融带动，这在《人群营商学》中已经进行了阐述。产业的概念介于微观经济细胞（企业和家庭消费者）与宏观经济单位（国民经济）之间。

每个人口顶龙头价值必须具备 8 倍，不同个体的人口顶可能有一个、两个或者三个（最多三个），前面的分析已经说明一个人一生中实现三个人口顶，说明这个人的学习心理极强，具有长期的心理持续，部分人一生中可能一个 8 倍都没有实现，实现两个 8 倍也是相当不易的，龙头个股也是如此，连续三个 8 倍（如茅台酒股票，见图 4-26），个股价位就会极高，上涨三个 8 倍的时间都是比较长久的，大部分投资人不可能识别或者长期持有。所以以茅台酒这样的个股说明坚守的重要性，但是投资龙头个股这样的时间长度只能帮助投资人抽象思维，具体应用应该是研究和投资其中最为典型的三种类型人口顶：①8倍快人群环（2快不足×4倍快正好）形成龙头个股百倍先、中、后人口顶；②8倍中人群环（2快超×4倍快超）形成龙头个股百倍先、中、后；③8倍慢人群环（2快正好×4倍中超过）形成龙头个股百倍先、中、后，如图4-27所示。而这些人口顶龙头8倍价值的判断和形成机理，正是本章的重点与难点，是智慧投资人综合运用自己的知识、能力和智慧把握的结果。

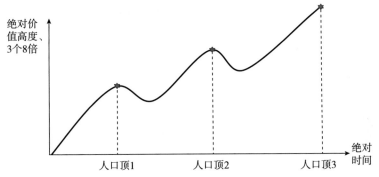

图4-26 单个个体（人生或个股）的3个人口顶

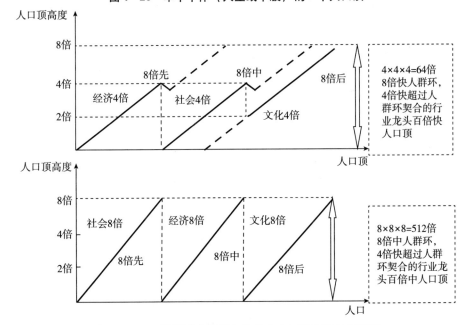

图4-27 三种类型人群环8倍龙头人口顶理想几何倍数

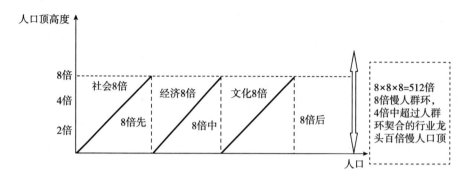

图 4 – 27　三种类型人群环 8 倍龙头人口顶理想几何倍数（续图）

2. 人口组合

（1）人口组合的含义。人口组合的概念源于产品组合。产品组合是指一个企业在一定时期内的生产经营的各种不同产品、产品项目的组合，也称"产品的品种集合"。企业不能仅仅经营单一的产品，世界上很多企业经营的产品往往品种繁多。同样，鼎盛时期每个个体都有自己的人口顶，并且不止一个；只不过普遍个体的人口顶只能达到 2 倍与 4 倍，拥有 8 倍价值空间的人口顶显得格外稀少。也就是说由于鼎盛时期人口顶的数量呈现出一定的规模，因而若干个人口顶组合在一起也会形成人口组合。人口组合就是鼎盛时期中多极的人口元素的组合，不同种类、不同数量的人口顶组合在一起产生不同的人口组合，这些人口组合可以表现出鼎盛时期的多极性，并且可以被用来分析和研究不同的社会问题。人口组合中所含的人口顶数量越多，所能够分析的问题可能越具体、越科学。

鼎盛时期的不同领域中有不同个体的人口顶，例如在投资领域，个股是最值得研究的人口顶，但在其他领域人口顶也同样存在，这一点与人群环与人气线类似。另外以学习心理为本质依据，没有学习心理驱动，无法形成人口组合。只有当专注的程度达到一定的水平，才能形成广泛的人口集中，进而创造绝对价值，所以必须鼓励人们试错，提倡"共建、共享"。鼎盛时期的到来标志着商业社会的发展，虚拟时代的变迁与抽象、具象思维共建相统一，核心是创造绝对价值，价值创造是人们哲学思维的共建，如同科学技术共建是产品利益需求满足的源泉一样，人口顶与人口组合的共建是绝对价值创造的源泉，人们必须鼓励思维的共建，强调众人的思维升级与集中。

（2）人口组合的特征。人口顶和人口组合是绝对价值创造的源泉，人们必须鼓励思维的共建与共享，用抽象思维、具象推理共建人口组合，推动鼎盛时期不断向前演进。有很多是定性研究，只有多极的人口顶和人口组合，鼓励人们在鼎盛时期共建共享，创造绝对价值。

图 4-28 是鼎盛时期人口顶，人们比较熟知、比较典型的人口组合一部分，共由 13 个人口顶组成的人口组合，研究每个个体的变化时应当分别在人口顶上进行研究，最后综合判断个体的结果。人口顶与人口组合帮助投资人确定投资对象是否心理持续集中或者转移集中，结合信任头部、后悔龙头与饥饿、圈子、标杆策略能够更加准确地把握投资对象的人口顶实现时机与价值空间。当然，人口顶的分析和把握有一定的难度，需要人们生活阅历的积累、思维的碰撞以及哲学社会科学的实践运用，才能正确把握。

兴盛	昌盛	鼎盛	时期演进人口顶
上品	精品	奢侈品	时期品类人口顶
往来	交往	赞美	价值经营人口顶
特色	特别	个别	时期落地人口顶
出身	会考	抉择	资源获取人口顶
保持	保证	培养	时期形成人口顶
军备	产业	营商	时期主体人口顶
特产	名牌	高端	时期喜好人口顶
及第	级别	极致	追求目标人口顶
生活悠闲	财务自由	受人尊敬	奋斗目标人口顶
县级	省级	国家级	权力级别人口顶
博士	教授	知名教授	专家奋斗人口顶
8倍先	8倍中	8倍后	个股投资人口顶

图 4-28　人口共建典型人口顶及其人口组合

（三）加强人口持续集中的方法——人口模式

要使人口集中一个国家或某一类型奢侈品龙头，保持较强的持续的集中专注力，除了通过人们学习心理时期共建形成的不同龙头人口顶，决定选择不同的人口顶进行集中外，还要正确运用把握人口集中的方法，真正保持集中专注力的持续，本书以人们经常提出的商业模式研究为研究基础，将人气营商学理论中的人气模式、人群营商学理论中的人群模式加以深化和提高，提出人口集中的模式，简称人口模式，较为系统地分析加强投资人集中的方法，帮助解释为什么很多个体奢侈品不能吸引人们的集中，或者集中的奢侈品核心方法是什么。

1. 人口模式的概念

人口模式对保持人口持续集中起到关键的作用，人口模式是人气营商学的人气模式、人群营商学中人群模式的提升，也属于人口营商学的共建理论，是针对人口这一专业理念、基于人们思维聚焦而存在的概念。

人口模式的思想区别于人气模式和人群模式，虽然都是强调价值创造，但是人气模式强调比较价值和周期关注，人群模式强调相对价值和循环跟随，人口模式强调绝对价值和持续集中，自 1975 年孔扎尔（Konzal）和 1977 年多巧雷（Dottore）使用商业模式一词以来，商业模式的概念历经国内外众多学者和企业家的研究，已经具有了丰富的研究成果，简要来说商业模式就是创造价值的内在逻辑（李萌，2016）。彼得洛维奇（Petrovic，2001）等专家人士在研究过程中指出，商业模式主要阐明潜藏于具体业务深处的商业系统创造价值的逻辑（田志龙、盘远华、高海涛，2006）。拉帕（Rappa，2004）在研究过程中指出，商业模式指的是做买卖的技术与手段，是企业可持续发展的渠道——可以给公司带来收益的渠道。其明确指出企业在整个价值链里面的所处位置，在此基础上，指导企业怎样实现收益（丁浩、王炳成、苑柳，2013）。商业模式的内在逻辑是价值模式。

人口模式是国家、企业或个人通过对专业化市场的奢侈品龙头的有效规划和自身拥有的相应专长，结合抽象思维共建和具象演绎共享形成持续集中，创造绝对价值、实现龙头增值的方法和思维，如中国高铁事业就是典型的人口模式的成功范例，为了吸引人们集中个股中国中车，南车、北车合并，集中专注力于一只个股，国家精心培育。人口模式包括具象代表个体的选择，个体必须拥有产生可持续盈利收入的要素，这是商业模式的有效发展。所谓人口模式就是吸引人们的持续集中，这是创造绝对价值的基础，没有集中，无从谈及价值绝对创造，方法和思维二者不可偏废。人口模式是国家、企业或投资人通过其所选取的代表结合自身拥有的共建能力聚集绝对价值、实现龙头的方式。人口模式包含代表与共建。

2. 人口模式的内容

人口模式包括四个部分：地位、专属、抽象思维与具象推理，如图 4 - 29 所示。地位和专属是保持人口持续集中的必要条件，只有在饥饿地位并且投资人清楚认识到的唯一地位保证能够实现人口持续集中；而抽象增值思维和具象推理是从思维层面对地位和专属的丰富与延伸，是保持人口持续集中的充分条件，即能够保持人口持续集中的投资对象一定拥有良好的抽象思维和具象推理能力。这四个构成部分相辅相成，无论是技术应用还是思维共建、无论是微观操作层面还是宏观顶层设计层面，都能得到全面的把握和实现。

（1）地位。《辞海》中对地位的解释：地位指一个人或团体在社会关系中所处的位置，或者因其社会阶级所得到的荣誉和声望。

地位在鼎盛时期具有斗争性。不同国家间竞争造就各自地位的差异，各个国家要向高地位国家看齐，努力提升本国地位以保证人口持续集中。

地位具有唯一性。在鼎盛时期，专业投资人普遍向最高地位的国家与个体集中，也就是说只有达到龙头地位才能广泛吸引投资人投资。

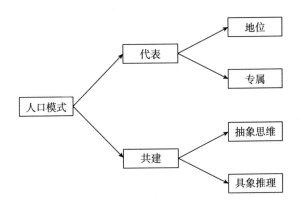

图 4 – 29　人口模式

地位具有排他性。最高地位不只是唯一的，也是持久稳定的。国家或企业一旦到达最高地位，其绝对优势会愈加显著，难以被超越。

（2）专属。专属指将系统资源分配给某种特定应用或目的，即某样事物是某人独有的、唯一的。人口模式中的专属指的是某个国家、企业地位的专属特征，分为地域专属、社会专属、技术专属。

地域专属指国家或企业在相邻地域间取得专属地位，这源于地域内消费者的认可与赞美，为其带来广大投资人的持续专注。社会专属指该品牌奢侈品在行业内最具竞争力、市场份额最高，这是鼎盛时期中人们聚集绝对价值的根本保证，只有取得市场上的专属地位，才有机会成为龙头。技术专属指品牌维持和巩固自己的技术和市场领先地位。这需要强大的研发力量通过持久、广泛的研发活动为奢侈品获取革命性或突进性共建，并领先其他企业。

（3）抽象思维。所谓抽象思维，就是人们在认识活动中运用概念、判断、推理等思维形式，对客观现实进行间接的、概括的反映的过程。它是作为对认识者的思维及其结构以及起作用的规律的分析而产生和发展起来的。

抽象思维想要发挥作用，首先要对投资对象有深刻的理解，比如说一提到品质生活，人们就会不由自主想到白酒是茅台酒厂生产、牛奶是新西兰生产、汽车是德国造、飞机是美国造、高铁是中国造，一定要在专业理解的基础上打开思路；其次通过抽象思维将各投资对象紧密联系起来，比如提到高铁就会联想中国中车个股股票；最后完善投资对象的绝对价值思考，比如投资中国高铁的合理性、长期性、正确性，进行龙头价值的不断聚集。

（4）具象推理。所谓具象推理是用具体的形象来表达抽象的思想感情，用个别表现一般，从而引起联想，产生想象，以至诱发灵感和直觉，它是思维方式中最普遍的一种形式，具有形象性、概括性、创造性和运动性的特点。

具象推理的核心在于"具"，不能漫无目标。鼎盛时期人口持续集中，一定会具体到某只龙头个股上，只有龙头实现8倍增值的时间最短，其他个股，只能实现2倍、4倍增值，因此具象推理必须聚焦到龙头个股上，没有龙头，具象推理就会落空。

四、人口集中持续的把控调整

（一）人口集中调整的类型：主动和被动

由于鼎盛时期的任何事物都具有多变性和不确定性，要实现人口持续集中的目标，人口集中的调整显得格外重要，集中某一个国家和奢侈品的人口调整可以分为两种类型：主动调整和被动调整。主动调整是指一国以头部信任为核心进行后悔龙头分析，通过饥饿、圈子和标杆策略的综合运用，对人口集中的持续专注力产生影响，适当引导或者集中人口，避免投资人集中错误的人口顶组合中的某个顶而造成集中专注力失败，导致心理持续很难实现、人口顶不能达到预期高度，继而产生投资错误或者失败的结果。而人口的被动调整是全球范围内专业化市场中绝对价值的变化流动，是由全球所有的国家和投资者共同来决定的。

人口集中的主动调整分为两个方面。首先是调整集中时机。判断当前是否是人口集中的最佳时机。其次是调整集中达到的高度。人们应当主动调整使创造价值的高度保持在合适范围，发现"龙头"并且及时集中，但是高度也要把控好，以保证该国能正确利用"龙头"创造价值，人口集中的实现能够给投资人创造8倍绝对价值。

而一个国家出现被动调整的主要原因可以分为自身原因和他国原因。首先是自身原因。集中国的价值创造没有准备好，时机不成熟，还有可能是时机已过，没有回天之力，无法实现8倍，也无法继续通过思维共建形成绝对价值人口顶，人口出现集中的专注力减弱，转而集中其他具有龙头价值空间的国家或者个股。其次是他国原因。全球范围内的绝对价值出现变化，本国人口顶饥饿地位的心理预估无法实现，就会出现有些龙头个股在另一国家比在该国具有更大的绝对价值，使得人口被引导集中到另一国家，而本国实现个股龙头价值基本不可能。

（二）人口集中心理持续的把握：内部和外部价值多极

历史和现实表明，价值从来都是具体的、多极的。价值多极主要体现为人们价值观念、价值目标、价值评价、价值选择等方面的特殊性。自古以来，人类历史的重大演进中，价值多极会带来巨大变革。专业投资人以人口顶为基础对各国龙头价值进行判断，不断进行持续选择。一个国家要把握心理持续对人口集中的影响，要从价值多极思维加以衡量，可以从外部价值多极和内部价值多极两个方面来进行，如表4-1所示。

表4-1　人口持续集中的价值多极

外部因素形成价值多极	内部因素形成价值多极
他国经济发展势头	本国驾驭国际局势变化的能力
国际综合影响力变化	本国在危机中开新局的能力
国际事件的联动效应	本国共建共享势头的形成和发展
他国国际事务执行力	重大国际事件的研判与应对策略

1. 他国经济发展势头

国家经济发展势头的预判指标包括经济总量、经济效率、经济结构、发展潜力和创新能力五个方面。一国经济发展的进程中，经济增长的速度、GDP的水平等数量指标固然重要，但如果总是论数量，往往适得其反、陷入悖论。

人口集中在进行心理持续的把握上需要将他国的经济发展势头作为一个重要的外部因素进行考虑，因为他国发展势头直接影响本国的人口集中，直接抑制本国的战略计划，只有明确他国的发展势头并开发出与他国不同的具有本国竞争能力的龙头个股，才能吸引更多的人口集中，增强心理持续的把握。

2. 国际综合影响力变化

由于鼎盛时期的人口集中与专业化密切相关，且人口与奢侈品的价格与该国和地区的国际综合影响力有着密切的关系，当一个国家或者几个国家在全球的综合影响力下降，就是其他国家国际综合影响力上升的关键时期，国际局势突变，必然引起世界政治、经济格局的变化，人口集中就会重新发生转移，这种转移可能是短期的，也可能是长期的，有影响力下降的国家，必然有影响力上升的国家。世界格局的变化已经证明了这一点，欧洲国家的综合影响力下降，使美国的影响力上升，人口集中于美国的奢侈品越来越多，实力越来越强大，特别是在高科技领域的集中，没有其他国家可以比拟。因此国际综合影响力的变化便成了把握人口集中心理持续的一个重要的外部因素。没有国际综合影响力，没有在全球各领域的话语权，便不能赢得世界的信任，形成全球专业的奢侈品也是不可能的。把握国际综合影响力的发展态势与变动情况才能更好地运用心理持续的变动完成人口集中。

国际综合影响力是一个国家综合实力的重要体现，包括经济、政治、军事、文化等方面。各个国家都希望提升自身的国际综合影响力，进而为未来的发展提供更好的机遇。

3. 国际事件的联动效应

随着全球经济活动一体化的发展不断加快，一件突发事件发生之后所波及的程度已经不再简单地局限于一个国家或者地区，而是波及多个国家乃至于全球，局部地区的突发事件，却在全球范围内产生了巨大的影响（刘定平，2014）。一个国家在国际舞台上的故事以及国际事件的联动范围可以体现出该国的国际地位，进而更长久地吸引人口的集中。当一个国家加入国际舞台后，能够和其他成员国共享某些资源，与他国积极进行合作联动，形成国际组织，共同进退。国际组织和国际事务中，一个国家地区是否具有号召力，是该国是否具有人口集中潜力的一个重要判定。

一般来说，越是联动范围大、程度深的事件越能够影响全球投资人的心理持续，一旦心理持续发生改变，那么人口集中的情形也会发生变化。因为人们受重大事件的影响，专注力越强的事件越会有更多人口集中，而人口是以人气、人群为基础的深化，受到抽象思维和学习心理的驱动，因此国际事件的联动范围会影响人口集中，如2020年的新冠肺炎疫情由于时间长、范围广，对世界各国的影响和联动效应很快就得到体现，人口集中创造的绝对价值巨大。

4. 他国国际事务执行力

美国"9·11事件"发生后，其经济一度处于瘫痪状态，对一些产业造成了直接经济损失和影响。地处纽约曼哈顿岛的世界贸易中心一下子化为乌有，五角大楼的修复工作至少在几亿美元以上，人才损失难以用数字估量。美国"9·11事件"的经济影响不仅局限于事件本身的直接损失，更重要的是影响了人们的投资和消费信心，使美元贬值、股市下跌、石油等战略物资价格一度上涨，并实时从地域上波及欧洲及亚洲等主流金融市场，引起市场的过激反应，从而导致美国和世界其他国家经济增长减慢。

一个国家，特别是作为联合国常任理事国，在世界舞台上发挥作用不明确，或者起负面作用，在一定程度上就会减少投资人心理持续的时间。当一个国家的目光只局限于国内事务时，便不可能吸引足够的人口集中。一国或者地区通过正确处理国际事务，以提升自身的曝光度，从而不断引领人口集中，形成绝对价值的创造。

5. 本国驾驭国际局势变化的能力

国际局势对全球各个国家的未来发展都会产生或多或少的影响，本国需要正确认识国际局势，实事求是、与时俱进，用发展、辩证的眼光去看待新一轮的国际局势，最后做到合理利用国际局势为自身发展创造前所未有的机会，并且严防国际局势对本国带来的不利影响，将危害降到最低。

当前以信息技术为代表的科技革命突飞猛进，知识与技术更新周期大大缩短，科技成果以前所未有的规模与速度向现实生产力转化。商业全球化、资产证券化、营商专业化趋势加快，世界市场对各国经济的影响更加显著，国际竞争与合作进一步加深。思想观念不断更新，各种文化交流日益扩大，开放意识、竞争意识和效率意识明显增强。对于任何一个国家来说，指责和阻碍经济全球一体化本身是没有任何作用的，因为它是一种趋势，如果不融入这一发展趋势中，自己将永远落后。唯一的办法是提高驾驭国际局势变化的能力，把自己的事情做好，使自己成为竞争的强者，搞好国内、国际双循环。具体来说，应采取以下对策和措施：①必须坚定不移、积极主动地参与到经济全球一体化当中去；②注重科技发展和人力资源培养战略，实施"科教兴国"战略。

6. 本国在危机中开新局的能力

一个国家在危机中开新局对于把握人口持续集中有着至关重要的作用。机遇往往会预示未来可观的发展前景，吸引人口集中，能够按照集中的心理持续发展，出现突变的可能性较小，更容易受到全球范围内投资人的集中。中国高铁目前正以惊人的速度向前发展，相继出现上海磁悬浮列车以及近日西安交通大学研制世界首座高温超导磁悬浮列车，都充分表明了中国高铁超乎寻常的技术。因此，在危机中开新局的能力代表着一个国家或地区在鼎盛时期的价值增值空间大小。善于发现机遇、把握机遇的国家或地区如中国、俄罗斯等金砖国家，在兴盛时期就是引领时期演进的国家，进入鼎盛时期后具有比其他国家更大的价值增值空间。因此，人口总是优先集中于洞察力敏锐的开新局国家。

7. 本国共建共享势头的形成和发展

当今世界是一个共建共享的世界，人、财、物以及信息等在全球加速流动，前所未有地把世界各国紧密联系起来。今天，没有一个国家可以在封闭中发展自己，也没有一个国家可以独善其身。要实现自身发展，共建是必然选择。世界已经成为"你中有我、我中有你"的"地球村"，各国经济社会发展日益相互联系、相互影响，推进共建共享、加快融合发展成为促进共同繁荣、发展的必然选择。同时，各国发展环环相扣，一荣俱荣、一损俱损，不同发展阶段的国家面对的各类矛盾相互交织、日益复杂。

随着各国共建共享空前紧密、利益共生不断深化，国际关系的形态和运行方式也在发生着改变。全球治理体系与国际关系变化不相适应的地方越来越多，国际社会对改革和完善全球治理体系的呼声越来越高。国际上的有识之士认识到各国命运相关的趋势，主张冲破主从之分、阵营之别的思想藩篱，跳出零和博弈、赢者通吃的理论窠臼。中国的"一带一路"发展构想、"中欧班列"开通都是共建共享势头的形成和发展。

8. 重大国际事件的研判与应对策略

一个国家对重大国际事件的研判与应对策略是人口长期持续集中的基本条

件。尤其是到了鼎盛时期，重大国际事件频发，一个国家保障国家安全、人民福祉、稳定经济增长的能力就成为了该国价值多极的必要条件，能极大地影响投资人集中的信心。

当重大国际事件爆发，本国应全力展开研判与应对，有效抵挡国际各种危机在全球造成的负面影响，为世界赢得时间，为国际社会形成模板和解决问题的典范。2020年新冠病毒肆虐全世界，中国对重大国际事件的研判和应对策略成为世界其他国家学习的典范。

第四节　人口集中的龙头价值创造

一、人口策略的研究对象

本章的主要内容是探讨如何运用人口集中进行龙头价值创造，以及如何应对人口专注力集中的各种情形，为投资者在人口变化的不同情况下提供策略方法来达成人口集中投资。人口集中是一个复杂的过程，其不再是人气营商学中对房价、股价和物价"三价"之间的周期关注或者是人群营商学中的板块之间的循环跟随，而是直接将眼光聚焦于个股股价的持续集中。鼎盛时期研究人口是为了创造绝对价值，人口集中的过程就是利用学习心理、专注力吸引投资人在专业化个股上创造绝对价值的过程。奢侈品创造的绝对价值比金融衍生品创造的相对价值更加吸引投资人，这是金融衍生品投资的具体落地表现。人口营商强调投资人所创造的个股绝对价值最大化，这是人口营商学的关键。因此，投资者在对投资某一具体个股进行未来的预判时，需要在人气关注和人群跟随理论的帮助下，掌握并运用人口集中理论寻求正确的策略，使得人口理论真正落地。

另外，与信任头部的研究对象（见图2－36）一致，首先人气关注的研究对象是"三价"，探讨"三价"如何受到人气的长期关注，并且使本国持续处于"明星"阶段，从而吸引更多的人气关注，创造更大的比较价值；其次研究人气关注的国家和地区的"三价"人群跟随，只有受到人气关注的国家才能在证券化时代有实力成为价值"蓝海"，而成为"蓝海"是人群跟随的首要前提，此时研究"三价"中的"股价"，更精确地说是成长指数股票板块，人气线上升为人群环；最后在人口营商中，主要研究奢侈品龙头个股，并且是蓝海成长板块中的专业化奢侈品龙头个股，没有人群跟随的衍生品人群环——指数板块，人口顶理论很难用来研究人口集中奢侈品——龙头个股，将人群跟随的"蓝海"作为研究人口集中龙头的支撑，可以使问题简化、方便、易量化、更确切。

二、人口集中龙头价值实现的类型

鼎盛时期人口集中龙头价值实现的人群环类型对于投资人选择契合的成长行业板块以及龙头有很大的影响。利用人口集中投资股票价格时，首先要进行人口集中龙头价值类型划分，鼎盛时期中人口集中龙头价值实现的类型是以股价为主进行研究，在人群营商学中已经进行了分析，8 倍快、中、慢人群环最适合股价研究，同时通过金融带动实体经济，那么人口顶的 8 倍先、中、后就是以 8 倍快、中、慢股价人群环蓝海指数板块为基础契合的成长行业板块进行研究。在现实投资类型选择上一定要先判断三种人群环类型，再去判断契合的成长板块人口顶先后顺序情况。

个股人口顶的实现需要投资人对人气的对策、指数人群环契合成长行业板块轮动的时间顺序进行准确把握，从而判断个股人口顶形成的投资策略，依靠头部信任理论，从抽象思维与具象推理的龙头个股高度来把握奢侈品龙头个股投资买进和卖出价位。如图 4 - 30 所示，比如说，在 8 倍中（2 倍快超过 × 4 倍快超过）人群环中，是金钱杠杆对策推动股票上涨，股票指数板块容易实现 2 倍超过，大

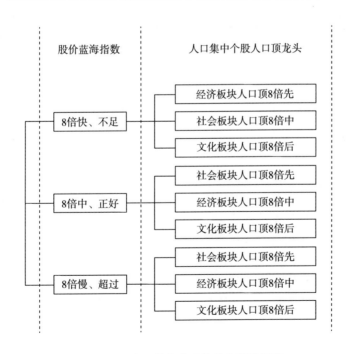

图 4 - 30　人口集中龙头价值实现的类型

盘上涨快、空间大，首先是社会价值证券板块龙头 4 倍先形成，其次是经济价值高铁板块龙头 4 倍中形成，最后是文化价值航母板块龙头 4 倍后形成；杠杆推动股票，一旦去杠杆，容易形成指数大幅下跌，指数板块形成第二次杠杆推动上涨也是 4 倍快超过，首先是社会价值证券板块龙头 8 倍先，其次是经济价值高铁板块龙头 8 倍中，最后是文化价值航母板块龙头 8 倍后，是最大的几何级数绝对价值（8 × 8 × 8 = 512 倍）。

从人口集中龙头价值实现的类型分析中可以看出，人口矩阵九种类型中只有实现最上方的三个 8 倍，才可以称之为龙头个股，2 倍、4 倍是为了帮助实现 8 倍，而它们所代表的板块（社会、经济、文化）奢侈品龙头个股识别和把握是实现 "8 倍先" "8 倍中" 或 "8 倍后" 的三种人口顶关键，但是，很多情况下人口策略是只具有参考性与从众性的，当绝大多数投资人看清楚股票行情走势的时候，龙头基本上 8 倍增值已经完成了，或者投资人根本等不及，早早卖出。因此专业投资人必须具有前瞻性和极好的耐心。

三、绝对价值龙头的人口策略

（一）人口投资策略选择步骤

对于人口策略来说，人口的集中原理，主要是说明人口在鼎盛时期中的运作机理。从国家层面来说，正确把握鼎盛时期集中的人口作用机理能够使本国奢侈品龙头个股更多地受到人口集中，更加健康地发展，创造更大的绝对价值。从投资者层面了解并掌握人口的作用机理可以使投资者在投资过程中付出更少的时间损失实现 8 倍甚至百倍，获得更大的投资增值。但是鼎盛时期人口集中奢侈品是专业化的，并不只是全球化、证券化人口集中的变化情况。所以，投资者在不同的人口状态下应该结合人口营商理论进行具体分析，选择相应的策略应对这些变化。

对于投资人来说，想要做好人口投资策略，需要明确投资策略选择的基本步骤。人口策略的步骤一共分为 5 步，如图 4 - 31 所示。鼎盛时期的投资人需要正确把握此步骤，只有根据这几个步骤进行人口投资，投资人才能更好地实现自己在鼎盛时期的价值增值，从而在鼎盛时期占得先机。

第一步，选择价值共同的人群跟随蓝海指数板块。人群是以跟随为主要标准进行投资的，因此股价投资的第一步就是选择人气关注的价值共同股价指数板块人群。每个国家为了发展资本市场，衍生品发展加快，各种指数板块相继推出，投资人必须选择自己熟悉的、参与人数较多的、行业代表性较强而清晰的、发展时间较长的指数板块进行投资，只有形成完整的行业板块体现，价值共同的指数板块才更加安全和稳定。

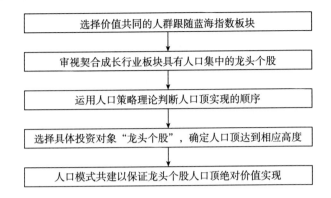

图 4 - 31　人口投资策略的步骤

第二步，审视契合成长行业板块具有人口集中的龙头个股。成长板块内个股数量众多，多达几十只股票，而板块龙头个股只有一只，只有龙头能够在一定时间内（可能慢、中、快，可能不足、正好、超过）实现 8 倍增值，其他个股是不可能实现 8 倍增值的，最后由它带动整个板块上涨。只有龙头才能集中人口。本章对龙头集中进行了认真分析，有几点必须明确，首先，上涨幅度 8 倍是判断龙头的唯一标志，上涨得早、快、价位高低不能作为判断龙头的标志；其次，龙头个股是前三甲中集中出来的，没有进入三甲或者退出三甲都不可能是龙头；最后，龙头个股 8 倍人口顶高度不能高过信任头部的顶格思维，如 2005～2007 年股票行情中，武汉钢铁 2 元多上涨，8 倍是 16 元，而钢铁个股的顶格就是 20 多元，当时宝钢股份是 4 元多，8 倍就是 30 多元，投资人选择集中前三甲的武汉钢铁，是 8 倍增值 16 元后，回调 12 元上涨 20 多元，完美实现 8 倍、2 倍增值。

第三步，运用人口策略理论判断人口顶实现的顺序。成长行业板块龙头个股选择准确后，人口顶实现的顺序尤为重要，人口顶的核心就是先、中、后，从人气矩阵可以理解 8 倍快、中、慢都是可以接受的；从人群环矩阵可以理解 8 倍不足、正好、超过也是正常的。对于 8 倍的研究是人气、人群、人口共同研究的话题，只是研究角度、对象是不同的，人口研究对象是个股，研究角度是时间顺序。只有结合人气对策、人群契合，才能正确判断人口顶的实现先后顺序。推动三种典型人口顶的顺序如图 4 - 32 所示，以此为基础进行投资选择具有较强的确定性。

第四步，选择具体投资对象"龙头个股"，确定人口顶达到相应高度。人口顶的个股都已经选择正确且先后顺序都已经排定，但是人口顶高度不确定，投资人就很难踩准投资节奏，买进和卖出个股时也会犯错误，导致损失时间和金钱，个股没有到顶就将股票卖出，股票没有进入 8 倍上涨期，买进股票，占用大量资

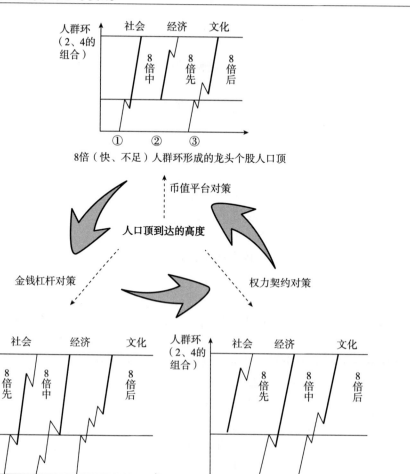

图 4 – 32　龙头人口顶实现顺序

金，浪费时间。有时龙头个股8倍相互重叠，更是难以区别，币值平台对策下，出现4倍快人群环，8倍个股上涨就会重叠，要实现 $4 \times 4 \times 4 = 64$ 倍增值就要在龙头个股的4倍价位顺利卖出和买进，时间节奏把握好，从而使几何倍数最大。在金钱杠杆对策下，出现4倍快、超过人群环，此时增值倍数为8倍先×8倍中×8倍后 $=512$ 倍，就是这样清晰的8倍，有时也不好把握，因为在8倍先上涨时，8倍中的个股也在波动，8倍后的个股也在上涨，如何放弃小幅波动，把握8倍增值，需要定力和丰富的投资经验，稍不小心就会犯错，误以为自己是短线高手，造成损失。

第五步，人口模式共建以保证龙头个股人口顶绝对价值实现。龙头个股人口顶实现是投资人共建共享的结果，不是某一个机构和少数投资人投资形成的，因此龙头个股也是最为安全的，不是龙头的个股，投资者学会按照龙头个股的板块、低于龙头个股的倍数和价位进行投资，就会比较安全，不要轻易超过龙头个股，炒作过快、过高，都是不安全的，都会回调至一定位置，很难真正超过龙头。龙头个股在依据人口模式进行共建时，有其明显特点：一是龙头个股紧跟指数板块，龙头个股的起始价位跟大盘低位密切相关，中信证券在 2018 年 10 月 19日跌至 14.72 元，是 14.72×8 = 117.76 的起始价位，上证指数也是在同日跌至最低 2449 点，此时中信证券处于历史最低位，即使上证指数跌至 2440 点，中信证券也比 14.72 价位高，说明龙头个股与指数板块同时见底，看不清指数板块，可以看龙头价位；二是龙头个股上涨也与指数板块上涨高度吻合，不会超过指数板块的上涨和下跌，大盘指数慢慢上涨，龙头个股也是慢慢上涨，8 倍先成为 8倍慢了，8 倍快的个股就成为不了龙头，这与人们习惯认为上涨快就是龙头的看法是不一致的，只有与指数高度吻合，指数快，龙头个股才能快；三是龙头个股投资完成，这也是检验指数达到高位的标志，龙头个股上涨没有完成，指数板块不会下跌，龙头个股上涨完成，指数板块开始下跌，所以盲目猜测指数点位，还不如从龙头个股上涨完成的节奏和价位来进行正确把控。

（二）人口集中绝对价值的投资策略

鼎盛时期人口集中龙头个股股价的投资策略是所有投资人梦寐以求的，这既是个股投资落地的真实感受，也是投资人在最短时间创造最大价值的迫切愿望。在鼎盛时期的今天实现这些愿望并非遥不可及，只是投资人的思维在绝对价值创造中如何把握，从而形成有效的投资策略显得格外重要。虽然人口集中也要受到各方面的影响，包括饥饿地位、圈子核心、标杆象征等策略，而最重要的是受到信任头部的影响。个股能否成为龙头达到 8 倍人口顶的高度？能够实现几个人口顶？到达的顶格思维的极度是多少？达到一定高度能否维持更长时间？这些都是个股绝对价值投资人经常思考的问题，也是人口集中个股股价的投资策略选择。人口策略受学习心理的影响，学习心理持续到达的高度直接影响投资人对于奢侈品龙头个股的绝对价值判断。龙头个股信任头部的顶格极度是本书的研究重点。

根据图 4-33 的选择逻辑，人口集中绝对价值的策略有三个主要要点，具体分析如下：

（1）要点 1：学习动机，心理持续实现 8 倍先、中、后，龙头个股上涨达到一个 8 倍或者多个 8 倍高度是每个投资人追求的目标和学习的榜样。①投资人必须审视该个股是否是某一成长行业的龙头个股，行业是成长的，但是行业不清晰，龙头也就不确定，龙头不能出现，成长行业也就无法形成，只有成长的行业

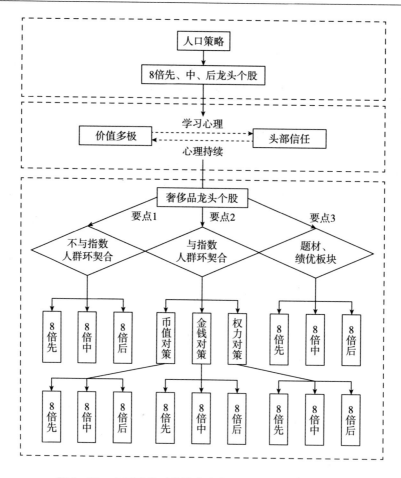

图4-33　人口顶绝对价值龙头个股投资策略的选择逻辑

龙头才具有8倍价值，否则投资任意个股肯定是错误的，蚂蚁金服没有上市之前，投资人就投资仁东控股，结果大幅下跌8倍，从64元下跌至9元，8倍上涨没有实现，8倍下跌损失惨痛，没有实现8倍增值的能力，投资2倍、4倍增值的个股也是合适的，投资个股8倍，需要专业领域的智慧。一旦投资8倍增值成功，就是人们学习的榜样。②在一定时间内，有些行业龙头个股会出现二次持续8倍上涨的情况，这需要一定的持续学习动机才能实现，成为个股价位较高的奢侈品龙头。二次8倍（8倍先、8倍中）是人口营商的第二个目标，它代表着专业化领域的一定水平，很多个股有二次8倍上涨就是该行业板块龙头信任头部的顶格极度了，比只有一个8倍的个股又多了一次人口集中的机会。如证券行业的龙头顶格极度就是240多元，也就是二次人口集中的8倍增值机会，没有第三次机会。而钢铁板块只有一次人口集中8倍的机会。③还有一些行业龙头个股具有三次持续 8 倍（8 倍先、8 倍中、8 倍后）价值集中的机会，是投资人对于该行业龙头个股的顶格思维的极度的最高信任。这需要持续的学习心理、坚定的自信、核心技术和故事才能实现的第三个目标。与成长行业体现、龙头个股的体征紧密相联，虽然能够持续三次集中的行业龙头不是很多，但是该个股对于全球的影响、证券行业板块的带动、专业化水平的提高作用巨大，能形成非常完整的产业链，其核心技术和故事是其他个股望尘莫及的，如茅台酒就是白酒行业的龙头三次 8 倍价值集中，全球对于中国文化的关注、白酒板块的带动，以及茅台酒专业化水平提高都有深远的影响，这进一步巩固了中国白酒的世界地位，是中国白酒自信和核心技术、故事的表现，对于扩大消费、拉动经济意义重大。而啤酒在中国形成三次 8 倍集中的可能性就很小了，全球投资人对于中国啤酒的自信心远远低于西方啤酒。

（2）要点 2：人气对策—人群契合—人口集中龙头个股 8 倍最确定。币值平台对策对于股价上涨推动是明显的，金钱杠杆对策、权力契约推动股价也是股价上涨的确定逻辑，在对策推动下，契合的成长行业板块，通过相对价值分析，也是确定的，投资人选择的行业板块能够在指数人群环确定的前提下，实现成长行业板块推动指数板块循环跟随，这在人群营商学中受到了重点研究。在成长的社会、经济、文化价值行业板块基础上寻求人口顶集中，更容易识别和把握人口顶形成的先后顺序、时间快慢和强度大小。尤其当 4 倍股价指数人群环契合成长行业板块，寻求 8 倍个股龙头的先后顺序是投资人创造几何级数绝对价值的根本。投资人选择熟悉的、参与人数较多的、行业代表性较强而清晰、发展时间较长的指数板块，契合该指数人群环并结合四个对策进行龙头个股投资最具正确性与合理性，因为只有形成完整的行业板块体现，价值共同的指数板块才更加安全和稳定，只是在人口顶与顶格思维的共同作用下，投资人更加容易把握契合的成长行业板块，如只要证券板块龙头上涨至 240 多元，下一个指数人群环契合的成长行业社会价值就不是证券板块了，而经济价值板块龙头高铁不能上涨至 300 元左右，无论是下一轮契合的行业板块还是高铁板块，龙头个股 8 倍在指数板块契合下更加明确，只要该板块在人群环研究范围内，龙头个股价值空间和发展速度清晰可见，投资人就可以以此为目标进行个股投资抉择：①币值平台对策形成的主板人群环为 8 倍快、不足。在 2 倍不足契合的成长行业板块中，社会价值——证券板块与文化价值——黄金板块依次带动指数上涨，此时社会价值证券板块龙头为 4 倍先（快、正好），文化价值黄金板块龙头为 4 倍中（快、正好）；在 4 倍正好契合的成长行业板块中，经济价值、社会价值、文化价值依次带动主板指数上涨，此时 8 倍先为 8 倍快、正好，对应经济价值钢铁板块龙头，因为在指数 2 倍环中，该板块没有上涨；8 倍中与 8 倍后也为 8 倍快、正好，分别对应社会价值证券龙头与文化价值黄金龙头。②金钱杠杆形成的人群环是8倍中、正好人群环，与2倍快、超过与4倍快、超过契合的成长行业板块中，社会价值对应证券板块，经济价值对应高铁板块，文化价值对应航母板块。指数人群环2倍快、超过时，4倍先为证券龙头，4倍中、后依次为高铁、航母龙头。指数人群环4倍快、超过时，8倍先依然是证券龙头，它能够带动指数较慢上涨，不过此时8倍先为8倍慢、正好，8倍中为高铁板块龙头，此时对应的为8倍快、正好，最后8倍后对应航母板块龙头（8倍快、正好）。③权力契约对策形成的人群环是8倍慢、超过，当指数人群环2倍快、正好时，契合的成长行业板块中，4倍先龙头为4倍中、正好，对应经济板块龙头；4倍中龙头为4倍中、正好，对应文化板块龙头。当指数4倍中、超过时，契合的成长行业板块中，8倍先为8倍慢、超过，对应社会板块龙头；8倍中为8倍中、超过，对应经济板块龙头；8倍后为8倍快、超过，对应文化价值板块龙头。

（3）要点3：题材行业板块、绩优行业板块也有8倍龙头个股，但出现8倍上涨概率较小，连续二次上涨8倍，基本不可能。龙头8倍个股出现在成长行业板块是比较容易把握的，出现在价值共同的指数板块契合的成长板块更加容易把握。但是还有很多龙头个股上涨可能来自题材行业板块、业绩行业板块，更有可能是指数板块也不成熟，如现在的创业板、科创板。①题材行业板块可来自成熟主板，但是出现在次板的可能性较大，成熟主板监管严格，投资人稳健，响应的投资人较少，8倍上涨题材个股基本不可能，特别是上海主板，这种机会越来越少。次板出现的机会较多，如果喜欢适量资金投资题材活跃的龙头8倍个股，基本上是在次板指数板块进行投资。如2014～2015年股市行情的全通教育、安硕信息都是在创业板出现的题材8倍龙头个股。题材板块出现的多少代表这个指数板块的成熟度，任何一个指数板块都是从不成熟慢慢走向成熟的，需要早些培养，一旦这个指数板块的题材板块培养为成长板块长期不明显，大量投资人参与该指数板块积极性就会降低，指数板块没有上涨空间。②题材板块龙头适当产生有利于形成成长板块，只是题材板块的龙头不一定是以后形成的成长板块龙头，如互联网开始出现时就是炒作题材，1999年中国股市出现"519行情"就是炒作互联网题材，为互联网发展成为成长板块奠定了基础，但是昔日的龙头早已不是今天互联网成长行业的龙头，而且互联网发展较快的企业都在美国上市，因为龙头企业——苹果手机在美国，这也是世界互联网公司纷纷在美国上市的原因之一，可以在龙头带领下出现溢价。各国都希望在题材板块炒作过程中形成本国的成长板块，在龙头个股带领下产生新的产业，但是题材过分炒作，形成不了新的产业，对于股市和投资人形成伤害，不利于该指数板块和该行业的发展，所以题材龙头容易受到政府监管，可能损失惨重，如仁东控股，因此只能适当参与。

③业绩行业板块龙头个股可能是长期业绩好，是明确的，长期大量分红，个股股价既可以随着股市上涨而上涨，也可以是在股市平稳时上涨，成为慢牛的可能性较大，出现业绩突然变好的黑马还是比较少的，也很难把握，这些都是非常稳健而且对于该龙头个股有感情的投资人才会选择投资的个股。如格力电器、海尔智家、美的集团，但是这些个股如果没有成长性，只是业绩好，上涨 8 倍的可能性和顶格思维的极度受到限制，投资人无法进行迅速和长期的集中，个股价位不会太高，只是起起落落，股价很难超过前期高位，无法打开人们的顶格思维，一旦不能分红或者分红减少，个股上涨动力就会不足。

第五章　基于营商价值的饥饿地位原理及策略

第一节　如何理解饥饿

一、饥饿的理解

（一）饥饿含义

众所周知，"饥饿"是一种医学用语，其日常生活中的含义不难理解。在《辞海》中的解释为：肚子很空，想吃东西、歉收。在古代，"饥"与"饿"存在着程度上的差别。"饥"指一般的肚子饿，"饿"是程度很严重的饥饿。如今，"饥"和"饿"两个字已经混为一谈，合成为一个词，可用来表示任何状态、任何程度下的饥饿感。

"饥饿"主要是以"不够"的含义出现的，这在各类研究中都已获得了认可。"饥饿"这一词语来源于人们的生产生活。从饥饿的起源来看，主要体现在食的方面，个人生活需求不充足，不够，满足不了需求。

饥饿在古代就已经存在，唐代诗人杜甫在《自京赴奉先县咏怀五百字》写道："劝客驼蹄羹，霜橙压香橘。朱门酒肉臭，路有冻死骨。荣枯咫尺异，惆怅难再述。"兴盛时期的饥饿是常态，此时粮食产量有限，受到地域的限制，具有地方特色的物品仍然欠缺。

饥饿是各个发展时期必然的存在，是作为未来时期发展的方向基础。鼎盛时期的饥饿目的最终是为了实现人口集中，形成无可替代的地位。不同时期的饥饿对于投资人有不同的抉择。在鼎盛时期，饥饿地位是投资人根据鼎盛绝对价值量多少进行投资的重要基础，不具有饥饿地位的投资是不安全的，直接影响投资人的抉择方向，最终影响整体的价值投资。从中可以体现出饥饿地位在一个国家和地区政治、经济、时代、文化等方面的作用，这也直接反映了饥饿地位在鼎盛时期的重要地位。

在本书的饥饿策略中，饥饿的概念仍体现在"不够"上。本书在结合全球化、证券化、专业化和逐渐完善开放的营商投资环境的大背景下，重点强调研究的是饥饿形成的绝对价值。虽然饥饿指的是"不足"这一通用观念，但在不同时期其概念侧重点也是不同的。兴盛时期饥饿的概念是在产量有限、地域限制的基础上，形成饥饿缺乏；昌盛时期饥饿的概念是短暂的不足，主要解释为技术进步快、形成尖端技术后，对于生产产品数量缺少；鼎盛时期饥饿的概念是在形成绝对价值最大化的基础上，基于核心价值寻找龙头个股，形成饥饿地位。

（二）饥饿演变

"饥饿"在不同时期的概念在前文中已有铺垫，要想研究透彻饥饿的概念，必须从时期的发展历史来入手，不同时期有不同发展的大环境，在不同的时期也会有不同的研究主体，这时饥饿概念的侧重点也会发生变化。饥饿的演化过程如图 5-1 所示。

"饥饿"在兴盛时期主要表现在食物缺乏方面。兴盛时期，饥饿指的是产量有限、地域限制的主食的缺乏。在兴盛时期发展过程中，饥饿是常态，此时粮食产量有限，由于地域的限制，一些具有地方特色的上品仍然欠缺。缺乏旨在强调多个方面都不足。

随着时期的变化，进入昌盛时期后，"饥饿"的概念不同于兴盛时期，转变为在技术进步、尖端技术形成的大环境下，形成的饥饿缺少，相比前一时期，"缺乏"语义较重，强调极少或没有，如芯片的缺乏。"缺少"语义较轻，多指在数量上少一些，有时也指没有。该时期生产技术明显进步，从棉纺织业的技术革新开始，以瓦特蒸汽机的改良和广泛使用为枢纽，慢慢实现了制造业机械化的转变。昌盛时期，以英国工业革命为例，革命从开始到完成，大致经历了 100 年的时间，影响范围不仅扩展到西欧和北美，推动了法、美、德等国的技术革新，而且还扩展到东欧和亚洲，俄国和日本也出现了工业革命的高潮，它标志着世界整体化新高潮的到来。这就说明，一个国家的发展必然会经历生产技术的进步、技术的革新，最终形成尖端技术，促进经济、社会、文化各方面的发展。但需要明确的是，首先，昌盛时期的企业技术发展快，技术掌握能力相较前时期有所提升，形成尖端技术；其次，该时期技术发展的企业也是有限的，只有少部分企业技术完善，该时期只有少部分国家能够形成一定的尖端技术，所以此时的饥饿含义为精品数量较少的饥饿缺乏，基于生产技术不断发展、越来越多尖端技术的发掘，慢慢地也会有传统技术革新的现象产生。

鼎盛时期"饥饿"的含义有了很大的转变，鼎盛时期形成不可复制、无可替代的饥饿地位。鼎盛时期中的饥饿首先是呈现出不可替代性，即唯一性。其次，鼎盛时期的饥饿表示先进性，遥遥领先，在某个专业化的领域确立优势地位并远远地走在最前面，使其他企业难以望其项背。最后，鼎盛时期的地位饥饿具有前两个特性，拥有独一无二的地位，有利于核心价值寻找龙头个股，创造绝对价值。鼎盛时期属于投资的专业化时期背景下，需要找准哪些具体投资对象是具有饥饿地位的，要呈现出不可复制性与无可替代性，深入探寻奢侈品的可投资价值和把握好投资时机。由此可见，鼎盛时期的饥饿主要理解为投资人为实现奢侈品龙头价值创造，利用专业化投资进行的饥饿地位的抉择。

综上，三个时代饥饿的理解如图 5 - 1 所示。

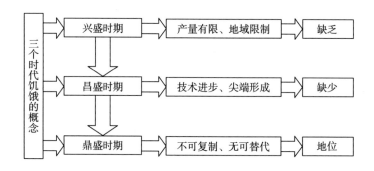

图 5 - 1 饥饿的理解及其演变

二、饥饿表现

饥饿的表现是以含义为基础引申出来的，不同时期饥饿的表现有不同的侧重点。

（一）兴盛时期饥饿表现：稀有珍贵

兴盛时期，产量有限，受到地域的限制，表现为稀有珍贵。这正是由兴盛时期"饥饿"的概念得出的，此时期由于饥饿缺乏形成了稀有珍贵的表现。在最初时期，人类乃至所有动物，填饱肚子一直是最基本的需求。而像野生动物，特别是肉食动物，要想在自然界捕食到心仪的美食，填饱肚子并非易事。所以，该时期受到地域以及某种生产要素的限制，饥饿表现为稀有珍贵。

但是需要注意的是，此时是在合理区间范围内的缺乏，产量缺乏程度越高，且越稀有珍贵越需要节约粮食、节约资源。超过这个合理的区间范围则会引发社会不和谐，甚至是农民暴动、起义等。而且由于天气、技术等要素，产量会波动。在历史上，曾经因为各种原因，多次反复出现粮食危机，它带给人们的最直观的痛楚就是饥饿。饥饿感是人类对食物需要最直接的反应，它会促使人们不顾一切地去寻找可以吃的东西，而除了吃之外的任何需要将会达到一个临界点。在整个合理区间范围内的饥饿缺乏表现为稀有珍贵，让人们珍惜粮食，目的是能够为昌盛时期的发展奠定基础，该时期人们养成节约资源、节约粮食的意识，永远都应该铭记。综上所述，兴盛时期的饥饿，主要是饥饿缺乏，同时是控制在合理区间内的缺乏，否则人类的生命无法延续。具体如图5-2所示。

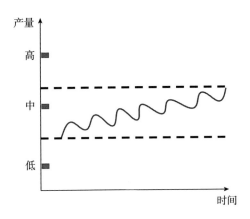

图 5-2　兴盛时期饥饿的表现

（二）昌盛时期饥饿表现：质优价高

昌盛时期的劳动分工决定了任何单独的企业都不可能掌握现代工业生产所需的所有知识、资源及科学技术。由于技术发展快，尖端技术只有部分企业能够掌握，导致产品产量不足，达不到量产所需的规模，此时饥饿缺少表现为质优价高。该时期并不是产品匮乏这种程度，而只是产品数量少一些，但品质已经得到了一定的提升，价格也由于生产技术的提高有所提升。昌盛时期的饥饿也会经常出现，但通常通过价格调整就可以缓解饥饿，因为只要规模生产，就可以解决缺少的问题，而在技术为主的时期，解决量产不是非常困难的事情，所以饥饿营销的精品还是比较少的，时间也是有限的，很快就会被产品寿命周期理论所淘汰，使产品进入衰退期。

随着昌盛时期的到来，技术不断进步，尖端技术涌现。昌盛时期快速发展起来的国际投资和国际贸易促进了国外技术向中国的转移。在"市场换技术"战略的指导下，技术引进和外商直接投资逐渐成为我国技术进步的主要来源。直接投资除了带来先进的技术、设备以外，还带来了先进的管理经验，提升了产品的工艺水平，推动了工业技术的整体进步。在市场化改革的背景下，国家的技术引进管理机制和模式发生了变化，少部分企业已然掌握了尖端技术。企业作为创新主体的地位开始凸显出来。本土企业综合运用成套设备引进、许可证贸易、合作生产、购买顾问咨询和技术服务等方式，开展技术吸收和学习，极大地促进了我国工业技术能力的提升，并开始逐步打破单方面技术引进的局面，技术出口实现零的突破（吴起志，2009）。昌盛时期的饥饿缺少决定了饥饿在该时期的表现，具体如图 5 - 3 所示。

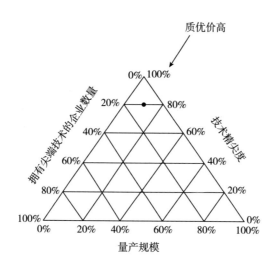

图 5 - 3　昌盛时期饥饿的表现

（三）鼎盛时期饥饿表现：势头向上

进入鼎盛时期，饥饿的表现不再是质优价高，而是在资本存量的积累中保持势头向上。地位的高低与资本存量成正比，在初始阶段，随着资本存量的提高，地位几乎没有波动。当资本存量达到一定规模之后，地位瞬间跳跃到新的高度并开始呈指数式的增长，达到一定高度之后增长速度变慢，但势头始终保持向上。鼎盛时期投资人要明确哪些最具投资价值，要理解好鼎盛时期的饥饿地位，必须将鼎盛时期的绝对价值理解透彻，具有绝对价值才是饥饿地位应当投资的势头。

鼎盛时期一定要选择具有最大价值空间的龙头个股进行投资。鼎盛时期饥饿地位的绝对价值创造形成的是"8 倍先""8 倍中""8 倍后"三种人口顶，是全球化、证券化和专业化在人气营商、人群营商理论上的延续。与昌盛时期的饥饿概念有所不同，鼎盛时期饥饿的表现突出地位性，且投资具有饥饿地位的龙头个股是最为安全的，很难会有其他龙头个股作为投资的备选，这正是饥饿地位的体现。

对于鼎盛时期的饥饿来说，势头向上带来的 8 倍先、中、后是人们在该时期应当抉择的投资，因为在之前的研究中得知，人们不需抉择都会投资 8 倍快、中、慢，空间足够大，只是时间长短的问题，只要是 8 倍，投资人可以宽容时间的快慢。强度大小也不重要，可能不足、正好、超过，这些只是实现指数 8 倍的人群环可能不足，而 4 倍人群环的每个龙头个股 8 倍是足够的，把握个股的 8 倍先、中、后，既能把握个股 8 倍快慢、强度，又能使每一个指数人群环实现过程中投资增值几何倍数最大化。随着时期的演进，饥饿地位会在人们思维的变化中不断完善，成为投资人判断是否继续投资个股的依据。在实际投资中，应该如何抉择投资对象？投资者应该根据龙头个股信任头部的顶格研究进行实际投资抉择。鼎盛时期饥饿的表现具体如图 5-4 所示。

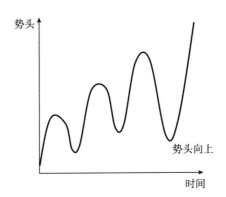

图 5-4　鼎盛时期饥饿的表现

不同的时期演进，饥饿的表现都是不尽相同的。兴盛时期由于产量有限，受到地域的限制，表现为稀有珍贵；昌盛时期由于技术发展快，尖端技术只有部分企业能够掌握，此时饥饿表现为质优价高；鼎盛时期饥饿在资本存量的积累中表现为信任龙头个股的头部顶格势头向上。具体如图 5-5 所示。

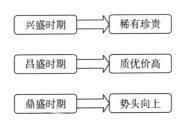

图 5-5　三个时期饥饿的表现

三、饥饿作用

"饥饿"最根本的含义就是不够,"不足"有强度的含义,"不够"更能表现饥饿的含义。饥饿看似是一件坏事,实际上饥饿是人们能否达成最终目标的关键,利用好方法与思维的结合,正确利用饥饿不够,对于时期的演进作用巨大。虽然三个时期饥饿的作用不同,但是每一时期的饥饿都有着至关重要的作用,兴盛时期的饥饿主要基于手工、传统层面,勤俭节约,精细实现;昌盛时期的饥饿主要基于技术、科研层面,进行奋力赶超,最终精密实现;鼎盛时期的饥饿主要基于精神、创新层面,利用眼光独到,最终卓越实现。

(一) 兴盛时期饥饿作用:勤俭节约,精细实现

兴盛时期饥饿的作用是在勤俭节约的时代背景下,为了应对兴盛时期这种饥饿困境,人们节衣缩食,因此,节约是兴盛时期饥饿的表现,饥饿让人们在日常生活中保持勤俭节约、保证精细实现的良好习惯。中国古代民间手工业是中国封建社会中由私人经营的以手工劳动及其协作为基础的各种手工业,包括农民经营的与农业紧密联系在一起的家庭手工业、城乡劳动者经营的独立个体手工业和地主豪强及其他工商业者经营的手工作坊或工矿作坊。

兴盛时期人们在勤俭节约的基础上,尽力完善手工传统层面的精细化程度。进入魏晋南北朝以后,各政权所辖境内,手工业生产虽然由衰复兴,但其发展程度始终不及汉代。直到隋唐时期,私人手工业才又有了显著的提高。另外,手工业行业组织也开始产生。唐、宋两代,是中国民间手工业的又一个兴盛时期。鸦片战争之前,清朝民间手工业的生产水平已超过明代,劳动生产率也相对提高,产量和品种更加丰富。这正是勤俭节约在手工传统层面达到精细实现的体现。

正是人们在兴盛时期不断勤俭节约,对资源进行充分利用,技艺不断进步,才能使得整个时期不断演进,实现更进一步的发展,推动兴盛时期进步到昌盛时期。饥饿的具体作用如图5-6所示。

图5-6 兴盛时期饥饿的作用

(二) 昌盛时期饥饿作用:奋力赶超,精密实现

昌盛时期饥饿的作用是在技术、科研层面奋力赶超,最终使得精密实现。由于昌盛时期技术进步快,部分企业形成了尖端技术,但这只是少部分企业,少部

分企业技术能够迅速发展起来，饥饿缺少迫使企业提高技术水平，加快供给。从兴盛时期过渡到昌盛时期，手工劳作已经逐渐被机械化生产所取代，该时期更多的是技术进步带来规模化生产，使利益达到最大化。技术进步对于经济增长起着重要的影响作用。

技术改造实现技术赶超符合工业化发展规律，国家一向十分重视技术发展，最终推动昌盛时期向鼎盛时期进步。技术赶超是对已有的经营性资产投入资金、技术、智力、物力，以提高生产要素水准、改善资本质量、提升增值能力的投资行为。美国和西欧诸国在 20 世纪 50 年代至 60 年代工业化前后，技术赶超投资占工业投资的50%～69%，科技进步成果不断转化促进了产品推陈出新、产业升级换代。只有在技术、科研层面奋力赶超的基础上，才能最终实现精密化，这对于整个企业甚至国家乃至全球来说都是至关重要的。昌盛时期饥饿的具体作用如图 5 - 7 所示。

图 5 - 7　昌盛时期饥饿的作用

（三）鼎盛时期饥饿作用：眼光独到，卓越实现

鼎盛时期中的价值思维成为了能够创造绝对价值的关键，饥饿的含义是投资人的地位饥饿理念、资本存量的提高。当地位不断提高，那就意味着人们利用眼光独到的特质，能够创造更大的价值空间，促进卓越的实现。鼎盛时期是专业化投资的重要时期，价值思维的运用是眼光独到的前提，没有独到的眼光就无法推动鼎盛时期的演进。鼎盛时期对于投资时机的抉择才是投资人把握的关键，该时期内有不同类型的投资需要抉择，鼎盛时期的投资不仅仅是对于空间和时间的把握，更是要利用好独到的眼光选择恰到好处的保持势头向上的 8 倍龙头个股进行投资。鼎盛时期的投资一定要抉择能够实现绝对价值创造最大化的个股，正确选择具有饥饿地位的龙头个股进行投资。

鼎盛时期的饥饿，逼迫人们绞尽脑汁，专业性地评判饥饿地位，而不仅仅是简单的市场需求分析，是投资人对于文化、经济、社会的综合评判，在全球化、证券化的基础和支撑下，用独到的眼光看到龙头个股的 8 倍增值空间和时机，不能看到个股信任头部的高度、不能了解和实现龙头个股的顶格极度，很难分析出龙头个股饥饿地位的重要性和专业性。

寻求势头向上的饥饿地位龙头个股，培养人们眼光独到的能力才是鼎盛时期最迫切的投资思维。绝对价值饥饿地位，最重要的前提就是拥有独到价值眼光，眼光独到是实现卓越龙头价值的必要条件。鼎盛时期是人们找准最具价值投资的龙头个股的重要时期，需要在精神、创新层面不断探索，这对投资者投资眼光的培养至关重要，鼎盛时期饥饿的具体作用如图5-8所示。

图5-8 鼎盛时期饥饿的作用

综上，三个时期饥饿的作用具体如图5-9所示。

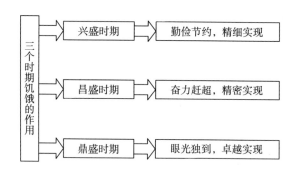

图5-9 三个时期饥饿的作用

四、饥饿赋予

饥饿在三个时期的含义侧重点不同，所以表现和作用就会产生差异，从而会使得饥饿在三个时期的形成赋予各不相同。在兴盛时期，饥饿主要指的是缺乏，不仅仅体现在数量上，种类上也会有匮乏的现象产生，表现为稀有珍贵、粮食缺乏、土地资源和房屋有限，此时产量也有限，这就要求人们勤俭节约，为了延续生命，尽可能多地利用可利用的资源进行相应的生产生活，最终实现精细。在昌盛时期，饥饿主要指的是缺少，此时强调的是数量方面的缺少，尖端技术已有部分企业掌握，工业化也随之到来，饥饿的表现就变为质优价高，此时物质需求增强以及各种各样的制造业的发展壮大为工业化准备了条件。

进入鼎盛时期后，饥饿主要指的是地位，此时奢侈品就出现在投资市场当中，以供投资者对其进行价值投资。只有对绝对价值判断正确，人们才能分辨出哪些是值得进行价值投资的奢侈品。消费者过分专注某个品牌奢侈品，很容易使奢侈品价格虚高，可能减少需求，过分强调产品的金融属性，引起大量投资，产品没有进入需求，这对于企业长期发展是不利的。而在资本市场研究奢侈品就会有特殊的意义，将品牌奢侈品的金融属性反映在龙头个股的股价上，既保障投资人投资奢侈品的金融属性，又可以发挥投资人赞美奢侈品的想象，从个股股价投资中共建共享奢侈品，创造最大化绝对价值。虽然饥饿地位的奢侈品也是不断产生和变化的，但是一旦一个国家奢侈品众多，这个国家的饥饿地位在全世界就会形成和发展起来，该国成为发达国家指日可待。

兴盛时期主要以延续生命为最终目标，但土地资源与劳动力的有限表现为稀有珍贵。农业收成不好、资源的欠缺会导致粮食缺乏。因此，在兴盛时期中，生产力因素是形成饥饿的关键因素。按照恩格斯的观点，从本源看，生产力是具有劳动能力的人和生产资料相结合而形成的改造自然的能力。古猿通过劳动转化为人产生劳动生产力，是生产力形成的标志和历史的开始。所以，生产力就是人实际进行生产活动的能力，也是劳动产出的能力，是具体劳动的生产力。生产力的表现是生产中的主体行为以及这些行为的结果的存在，即劳动产物。兴盛时期饥饿赋予是生产力，目标是使人们能够延续生命。具体如图 5-10 所示。

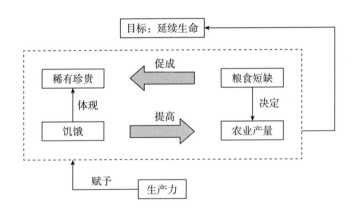

图 5-10 兴盛时期饥饿的赋予

昌盛时期，饥饿主要体现为物品质优价高。在工业产能、技术最终利益的推动下，为了实现加快产量的目标，人们通过提高技术方式来体现饥饿。因此，在昌盛时期中，工业产能制造力推动了饥饿的形成。例如在 2020 年的新冠肺炎疫情下，口罩成为人们防范新型冠状病毒传播的第一道防线。面对口罩短缺，中国在口罩供应方面全力以赴、夜以继日地增产扩能，这正折射出中国强大的制造力。综上所述昌盛时期饥饿的赋予方是制造力，目标是为了能够加快量产的效率。具体如图 5-11 所示。

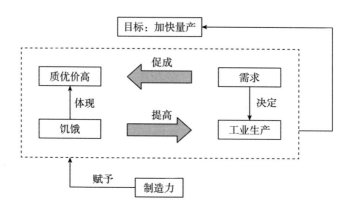

图 5-11 昌盛时期饥饿的赋予

鼎盛时期，随着时期的不断演进，投资人以卓越的价值思维去进行投资，以更加宏大的战略视野，利用独到眼光选择具有龙头地位的个股进行专业投资，创造绝对价值。因此，在鼎盛时期中，地位饥饿是由于想象力而形成的。鼎盛时期的饥饿主要指的是龙头个股地位势头向上，实现龙头个股的价值投资，这种势头是通过人们想象力赋予的，进一步推进鼎盛时期的不断演进，使得投资人能够拥有对于个股投资空间以及时间的把握，最终做出投资抉择，引导人们抉择正确的奢侈品龙头个股进行投资。鼎盛时期饥饿的赋予主要依靠的就是想象力，目标是找到具有绝对价值的个股进行投资抉择。具体如图 5-12 所示。

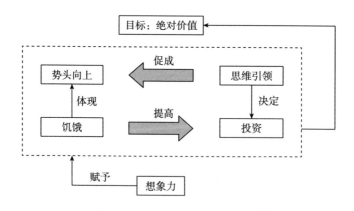

图 5-12 鼎盛时期饥饿的赋予

第二节 鼎盛时期的饥饿

一、鼎盛时期饥饿角色变化

（一）饥饿地位与专业化密切相关

正如本章第一节所描述的，饥饿地位是投资人进行龙头价值创造的思维导向，投资人要实现龙头价值创造必须要进行饥饿地位的判断，这样才能够实现绝对价值，达成投资人最终想要的效果。饥饿地位与专业化密切相关，必须通过专业化的鼎盛奢侈品才能创造出龙头价值。所以专业化是鼎盛时期顺利找到饥饿地位的重要因素。

鼎盛时期的饥饿是基于专业化的绝对价值饥饿地位，区别于前两个时期的饥饿。饥饿地位必然带来专业化，鼎盛时期个股饥饿地位应基于全球化、证券化，在专业化领域的范围中进行抉择，鼎盛时期的饥饿主要研究个股，因为大盘涨8倍的时间有长、有短，也无法落地，投资个股是专业投资人的抉择。同时专业化帮助投资人创造更大价值。

专业化必然导致饥饿地位。鼎盛时期饥饿地位的时机选择应主要参考专业化的因素，投资人往往会在自己熟悉的领域选择价值空间大、增值速度快的国家或商品进行投资，这种时机的选择应该不断趋于专业化。鼎盛时期想要引领世界并得到全球投资人的集中，必须能够拥有百倍先、百倍中、百倍后的绝对价值，这些价值标准应该具有专业化，投资人都是以此为价值标准来决定个股的地位的。必须选择8倍先、8倍中、8倍后的绝对价值，这些价值标准能够反映在龙头个股证券市场价格上。因此投资人要深刻领悟饥饿地位与专业化之间密不可分的关系，依靠时机选择达成两者之间的对接，创造绝对价值。时机选择的前提是鼎盛时期到来，在这一时期人们追求高品质生活，追求高质量经济，有助于饥饿地位与专业化相互推动发展。

（二）饥饿与各国联动关系更为密切

饥饿地位的变动程度对各国专业化联动有直接影响。在全球价值多元、证券价值多样、专业价值多极的鼎盛时期中，世界上的事情越来越需要专业化的企业形成产业链，全球产业链中优势地位的形成离不开专业公司的认可。饥饿地位的变化可能会引起产业链中其他各种因素发生改变。

鼎盛时期的专业化联动密切有利于饥饿地位的达成。全球化、证券化、专业化远远超过局部市场本身的专业化，加入拥有多国成员的世界集团，这个国家的专业化优势地位越明显则说明这个国家具有绝对价值，能够得到专业认可。本国的发展空间就会更大，能够带动产业链的发展，使得投资热情高涨。例如，互联网时代奢侈品苹果移动终端出现，就是专业化的表现。

占领专业化领域中地位的制高点，是越来越能够引起人口集中的必要条件。在产业链中各企业相互促进提高的基础上，饥饿地位可以更有效地利用专业化的资源，为分工的目标去努力，引起人口集中。对于一个人口众多的国家而言，专业化更加容易形成，唯有加快专业领域硬件和软件的改造提升，创新抽象思维，掌握尖端技术，完善配套服务设施，推进信息化、数字化建设，创新交易方式、交易手段，才能适应未来专业化的发展趋势，避免被专业化发展所淘汰。

二、鼎盛时期饥饿新要求

鼎盛时期对于饥饿地位有两个新要求，这两个要求是基于鼎盛时期专业化的背景提出的，饥饿地位提出才能够成功寻找到 8 倍龙头个股进行投资，最终实现龙头绝对价值创造，占领产业链专业化饥饿地位的高点，运用学习心理学、传播行为学，从各个方面深入探讨把握专业化的时期演进机理，推进鼎盛时期的演进，这两个要求分别是：

（一）饥饿地位的广泛影响力

在鼎盛时期中，饥饿地位必须具备广泛的影响力，且在专业领域具有影响力，涉及具体的个股，才能形成专业投资人集中，进而形成更高地位。正如前一小节所言，鼎盛时期的饥饿地位是基于专业化的大背景提出的，饥饿的广泛影响力使得大到一个国家，小到每一个投资人都不会放弃不同程度上的人口集中投资行为，使不同的国家、地区（行业）或专业投资人在鼎盛时期有更大的价值创造空间。

饥饿地位从国家层面来讲，是由单个个体的绝对价值不断汇集形成的总体之和。各个国家将具有饥饿地位的单个个体不断汇集，形成人口集中，该国的地位以及全球影响力、金融地位、营商地位都会不断得到提升，最终能够在社会、政治、经济方面都能占有一席之地。只有全世界人民投资该国，信任该国，该国的更多奢侈品个股与价值才会大幅上涨，社会财富快速向该国积累，加速该国进入和保持发达国家水平。从行业方面来讲，具有饥饿地位的行业龙头必然会带动整个行业的发展，甚至是其他相关行业、地区的发展，形成产业链，对企业以及所在行业都会产生深远的积极影响。

（二）饥饿地位的主动性与独立性

饥饿地位的主动性与独立性是密不可分的，饥饿地位的主动性，是指人在完成某项活动的过程中，来源于自身并驱动自己去行动的动力的强度。主动性又是一种道德境界，是为整体利益建功立业的精神。革命的主动性，是集体主义思想的发扬光大。社会主义制度的建立，为广大劳动者在生产、科研等领域发挥自己的聪明才智、主动开拓进取和攀登科学高峰创造了有利条件。在经济建设时期，主动性起着特别巨大的作用，成为决定和调整人们行为经常动因的不可缺少的因素。鼎盛时期的饥饿地位是在学习心理学的推动下，寻找绝对价值的过程中形成的，投资人需要明确的是通过对绝对价值的判断形成专业投资，使得全球范围内的证券市场的专业奢侈品个股产生至少 8 倍的涨幅。饥饿的主动性是一个持续的过程，投资人需要长期的、集中的专注力与执着。同时，这种关注与执着也体现在专业化领域。总而言之，在专业投资领域，无论是国家还是投资者个人都会对奢侈品做出绝对价值的判断抉择，自主地寻找适合自身的 8 倍先、中、后，从而推动鼎盛时期的演进。

饥饿地位的独立性，是指由于个体的价值思维不同以及在地位内的作用不同，从而具有绝对的独立性。从学习心理学的角度来讲，独立性是指人的意志不易受他人的影响，有较强的独立提出想法和实施行为的能力，它反映了意志的行为价值的内在稳定性。遇事有主见、有成就动机、不依赖他人就能独立处理事情，积极主动地完成各项实际工作，独立性伴随着勇敢、自信、认真、专注、责任感和不怕困难的精神。

只有将主动性与独立性恰到好处地结合，才能适应国际专业化领域的变化，经得住鼎盛时期严峻考验，获得专业领域的饥饿地位。总而言之，鼎盛时期的饥饿地位应当站在专业化角度，保证专业奢侈品龙头个股饥饿地位的主动性与独立性，才能增强专业影响力，吸引更多的资本投入，实现专业共建共享。

三、饥饿与龙头个股价格的关系

进入了鼎盛时期的国家，需要构建饥饿地位理念来使本国永远保持进步。本国的龙头优势地位越明显，越能受到来自全球投资人口的集中学习，这会带来大量的增量资金，带来巨大的社会财富增值，造成龙头个股价格变动，从而使该国较快进入发达国家行列。而饥饿地位的不同是龙头个股信任头部造成的，不同的个股信任学习心理和传播行为会产生不同的饥饿地位。总体来讲，信任头部与后悔龙头、人口策略、饥饿策略、圈子策略、标杆策略共同构成一个正向反馈循环系统，同时它们之间存在正相关关系。

饥饿地位是人口营商学理论中四个策略中的第二个策略，仅排在人口策略之后，说明了其重要性，为人口价值投资提供了一定的指引方向。饥饿地位需要和信任头部产生的 8 倍顶格极度相结合，才能实现龙头价值创造，如果多只个股能够带来 8 倍顶格增值，饥饿地位策略肯定不正确，一定是该行业板块的龙头个股只有一个可以实现 8 倍增值，抉择饥饿地位的龙头个股也是非常困难的一件事情。只要抉择正确，该个股就会带来大量的增量资金，产生巨大的社会财富增值。在实现龙头个股价值创造的过程中，每个投资人都会抉择不同的投资标的进行投资，也就产生不同的饥饿地位绝对价值龙头个股。这些个股将会围绕核心个股上涨，吸引资金大量流入这个行业，进一步推动龙头个股价格上涨，带来巨大的鼎盛时期财富增值。龙头个股价格变动、饥饿地位、信任头部的具体关系如图 5－13 所示。总体来讲，三者组成一个正向反馈循环路径，饥饿地位变动引发龙头个股价格变动，与此同时，龙头个股价格的变化又导致饥饿地位提升，饥饿地位和龙头个股头部实现顶格极度的信任又相互作用。

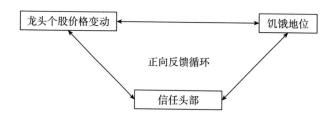

图 5－13　饥饿地位、信任头部和龙头个股价格变动的关系

四、鼎盛时期的饥饿确定

鼎盛时期饥饿的赋予方是对于奢侈品的想象力，但是如何确定寻找到饥饿地位，主要有三种方式，分别是：人口确定、斗争确定和伦理确定，三者相互联系，并非是独立的，只有三者相互配合，才能够实现龙头价值创造。

（一）人口确定

想要弄清楚人口确定，就要清晰地认识到饥饿是一种个股势头向上的地位。人口统计学中将人口定义为是一个内容复杂、综合多种社会关系的社会实体，具有性别和年龄及自然构成，多种社会构成和社会关系、经济构成和经济关系。人口的出生、死亡、婚配，处于家庭关系、民族关系、经济关系、政治关系及社会关系之中，一切社会活动、社会关系、社会现象和社会问题都同人口发展过程相关，是一定数量个人的综合，强调规模。人口是社会物质生活的必要条件，是全部社会生产行为的基础和主体。以上对于人口的概念大多从其形态上做出阐述，而本书所讲的人口有所不同，本书中的"人口"是以鼎盛时期为大背景所形成的以追求绝对价值最大化为目标的、能够起到集中效应的集合。综合之前"人口"的含义，将其归纳理解为由所有存在某种联系的个体组成的人类集合体。这同样适用于价值投资领域，饥饿地位始终朝着人口集中的方向进行不断的规划调整，以保证二者的统一步调。

人口是由一个个个体组成的，每个个体价值的大小是不同的，看起来每个个体人口价值是没有办法进行计量的，其实不然，从人气理论可以知道倍增是人气关注的起点，是由"房价、股价、物价"三价人气线品种决定的；从人群理论可以知道蓝海是人群跟随的路径，是2倍与4倍共同构成的指数人群环，那么人口理论就很容易理解，其实在个股的投资实践中也可以总结出在人群环实现4倍增值时，代表人口的个股形成人口顶就会有8倍增值，8倍增值是每只个股增值的极度，虽然投资人不能知道每只个股增值的空间和时间，但是人口集中到8倍增值的个股是专业投资人的追求。

没有众多的人口，是不可能出现8倍增值的个股的，没有8倍增值的个股吸引不了众多人口集中，龙头个股8倍增值也会成为一句空话。龙头个股的8倍增值也是不以个人意志为转移的。人口确定演进矩阵如图5－14所示。

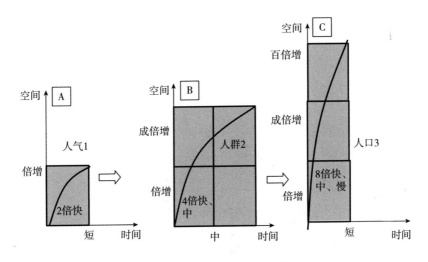

图5－14　人口确定演进矩阵

（二）斗争确定

斗争确定是确定饥饿地位的第二大方式，是竞争确定、力争确定的延续提升，是获得饥饿地位的最优选择。斗争确定是指在相互斗争过程中，力求战胜其他方，而获得龙头地位。从广义上讲，斗争是不稳定（或打破稳定之后）环境下矛盾的体现。处处都体现斗争确定的重要性，斗争是饥饿地位抉择的结果，同时斗争影响和产生饥饿地位，是鼎盛时期8倍奢侈品特有的，不仅有利于研究房价、股价、物价"三价"之间的关系，还能够引起人口集中，实现8倍龙头增值。

竞争是比较价值创造的前提，国家与国家之间的竞争，形成币值平台心理关口的突破，使人气线关注的房价、股价、物价"三价"上涨。力争是相对价值创造的前提，力争不是轻而易举，是人气对策和指数板块、行业板块共同作用的结果，没有各个方面的力争，股价指数上涨是不可能实现的，力争的结果是股价指数上涨，掀起一波又一波大的行情；斗争确定是在个股鼎盛时期通过一次次交锋，力排众议，获得龙头地位的过程，从而实现8倍增值。有斗争精神的人，才有8倍增值的可能。龙头个股是一样的道理，只有在几十只股票中，加快斗争进入前三，继续斗争，才能成为专业投资人心中的唯一龙头，实现饥饿地位。

斗争确定要求专业投资人竭尽全力寻找选择绝对价值最大的对象进行最低价位的判断抉择。结合人气4个对策和人群契合成长板块，进行复杂的思想斗争，得到饥饿地位龙头个股的8倍增值结果，从而以人口营商的龙头个股带动相关产业发展，这些都是斗争确定饥饿地位的表现。饥饿地位如何斗争确定？具体如图5–15所示。

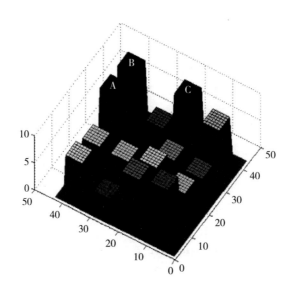

图5–15　饥饿地位与斗争确定

（三）伦理确定

鼎盛时期伦理确定主要指的是商业伦理、社会伦理。随着中国经济的蓬勃发展，在市场经济领域中的商业伦理已成为社会讨论的焦点。商业伦理研究的是商业活动中人与人的伦理关系及其规律，研究使商业和商业主体既充满生机又有利于人类全面和谐发展的合理商业伦理秩序，进而研究商业主体应该遵守的商业行为原则和规范、应当树立的优良商业精神等商业道德问题。

人气营商的心理确定是投资人对于币值平台的趋势判断，趋势是上升还是下降，一旦下降趋势形成，必将使该国资产价格下跌，所以币值平台的心理关口格外重要；人群营商的道理确定是投资人对于指数的路径规划方向判断，指数和行业板块方向是向上还是向下，没有弄清向上和向下的道理，必然使股票指数和板块股价下跌，所以路径规划的心理防线非常重要，通过设置向下的心理防线，规划方向向上才能成立；人口营商的伦理确定是投资人对于表现饥饿地位的个股心理站位，判断个股的地位势头是向上还是向下，伦理确定综合反映个股价位的心理站位高低和具体的上涨和下跌的势头，判断龙头个股 8 倍上涨实现的时机和每一次上涨的空间大小，在此基础上的龙头个股增值空间实现是最为真实的。没有向上的伦理，龙头个股价位必然下跌，所以龙头个股的心理站位非常重要。个股心理站位的牢固程度是专业投资人抉择投资的关键，心理站位是对于饥饿地位势头可能产生逆转向上的每一个价位，这时人们往往通过心理站位夯实的牢度来判断如何利用心理站位进行正确投资决策。

心理站位动态变化，并不是固定的某一价位，因此对于心理站位的把控一般都很难准确掌握，如同制定价格策略一样，制定价格的方法多种、影响因素很多，导致产品价格千差万别，龙头个股的心理站位受到的影响因素很多，如大盘指数的人群环波动情况，还有龙头个股的历史价位、信任头部高度、顶格的极度都会影响龙头个股的心理站位。但需要明确的是，龙头个股心理站位与指数人群环波动紧密联系，在龙头个股价值投资过程之中，要明确心理站位的高低、倍增与成倍的启动、8 倍的形成，图 5 - 16 是龙头个股心理站位的影响因素分析。如图 5 - 17 所示，个股心理站位主要分为向上突破和向下突破两种情况。

龙头个股向上强劲突破分为三类：一类是确定百倍增值的心理站位，是历史高位与现在位置的价位倍数正好是 8 倍，如中信证券历史高位就是 14.7 元的 8 倍增值位，站住这个价位和向上突破，是 8 倍个股增值开始形成的时间点，没有站住这个价位，8 倍增值无法实现。结合头部分析，证券龙头个股的头部就是 240 元附近，是 117 元的倍增位，进一步说明龙头个股的价位 14.7 元就是 8 倍增的心理站位，2005 ~ 2007 年中信证券 12 元的价位就是 8 倍增值 96 元的心理站位。二类是龙头个股倍增的心理站位、成倍的心理站位，8 倍是 2 倍和 4 倍的转换，个股低位 × 1.2 开始启动是倍增的起点，个股低位 × 1.4 启动是成倍增值的起点，这正是心理站位牢固与否以及能够创造多大价值的关键点位，例如，19.72 × 1.2 = 23.67 就是 19 元的 2 倍 38 元启动的重要点位，19 元必须站住，是历史高位 38 元的倍减位，但是 23.67 元启动才能实现倍增到 38 元，否则机构建

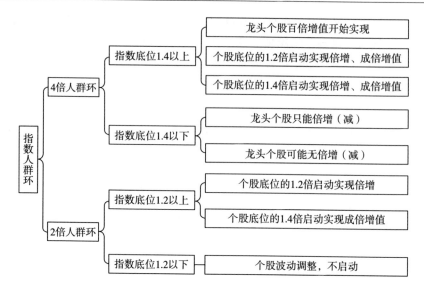

图 5 – 16　分析龙头个股心理站位的指数因素影响

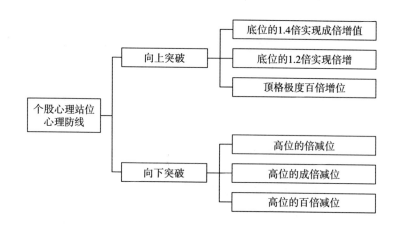

图 5 – 17　饥饿地位势头变动时的心理站位

仓没有完成，实现倍增是不可能的。该点位没有站稳固，就说明此时不是启动的最佳时机，只有再次将心理站位夯实牢固后，配合整个大盘站位走势，指数站在低位的 1.4 倍位开始启动 4 倍人群环，才能够成功启动实现 8 倍的个股增值空间，成为人口营商学中研究的具有饥饿地位的龙头个股。三类是实现百倍增位，是在倍增位和成倍增位基础上才能够形成的个股的 8 倍最后站位，如中信证券在 14.7 元的倍增位 28 元实现后，下跌至 19.4 元，目标倍增位是 38 元，从 34 元下跌至 90 元的成倍界限 22.5 元站位上，从 22.5 元上涨至 1.4 倍 31 元站位，实现

22.5 元的 4 倍增值至 90 元附近，从 90 元下跌至 60 元附近，从 60 元倍增实现 120 元的 14.7 元的顶格 8 倍增值，龙头个股的 8 倍增值是在具有倍增和成倍增价值的基础上才能够形成的，不会是简单的一次上涨 8 倍，具体如图 5 - 18 所示。

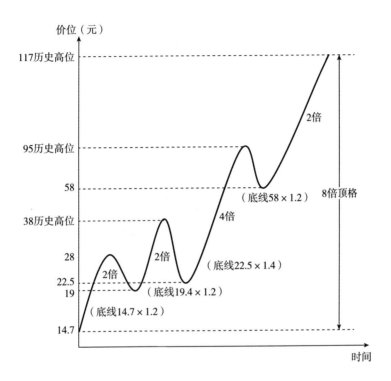

图 5 - 18　中信证券个股向上突破心理站位

当个股饥饿地位出现低迷的势头时，就会出现低迷的向下突破心理站位，分为三类：一类是向下突破高位到达倍减位，如中信证券在 2005～2007 年的行情中，从 90 多元下跌至 40 多元，从 40 多元下跌至 20 元附近，每次都是实现倍减，由于指数没有见底，个股继续下跌至 15 元多，最后随着大盘反弹至 38 元。二类是从高位下跌至成倍减位，如中信证券从 38 元下跌至 9 元多，下跌 4 倍。三类是从高位下跌至百倍减位，可能是一泻千里，直接下跌 8 倍，仁东控股从 64 元下跌至 7 元；也有逐步下跌，超过 8 倍下跌，如中信证券从 117 元经历 2 次 2 倍下跌，反弹至 38 元，一次下跌 4 倍至 9 元多，超过 8 倍跌幅。后来新的上涨趋势形成，从 9 元多上涨 4 倍至 38 元，下跌后反弹至 8 倍上涨的底位 14.7 元，与指数上涨同频共振，如图 5 - 19 所示。龙头个股心理站位出现向下突破，也是不可避免的，主要是学习顺势而为，只要是行业成长，龙头地位不变，信任头部，一定会重新上涨，但是分析清楚股价的对策、指数波动幅度、契合的行业对于龙头个股价位的影响。

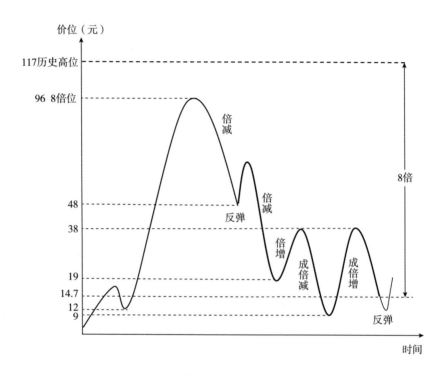

图5－19　中信证券个股向下突破心理站位

只有龙头个股才有心理站位。需要特别注意的是，越靠近百倍顶格极度，站位越夯实，势头也越强劲，反之，心理站位越高越危险，基础不牢固，高处不胜寒。此时就提醒投资人要讲好个股的专业性故事，依据人们认可的伦理讲好个股的故事。每一个人只有不断学习，才能有强劲向上的势头，始终保持向上的状态。没有向上突破的强劲伦理，龙头个股就无法实现8倍增值。

人口营商学与心理站位相结合，既有相互的联系，又有很大的区别，如表5－1所示。心理关口、心理防线和心理站位三者在营商学的研究中侧重点不同，分别体现在"三价"品种、股价指数以及龙头个股价位上，并且三者各有体现，心理关口体现在货币汇率变化上，心理防线体现在股价指数的波动上，而本书心理站位主要体现在龙头个股价位上。三者研究的核心分别是币值平台、路径规划和饥饿地位，分别表现为趋势向上、方向向上和势头向上。其创造的价值也不同，需要特别注意的是心理站位主要创造的是倍增快，成倍快、中，百倍快、中、慢价值。百倍快、中、慢价值中一定包括倍增快和成倍快、中价值。

表 5 - 1　心理关口、心理防线、心理站位关系

	心理关口	心理防线	心理站位
研究学科	人气营商学	人群营商学	人口营商学
体现	货币汇率变化	股价指数波动	龙头个股价位高低
研究核心	币值平台	路径规划	饥饿地位
表现	预期趋势永远向上，单边，不能向下，只是时间和速度不同	预判方向向上、向下，双向波动是常态，向上为主	预估势头向上、平稳、向下三种情况；龙头个股势头最终向下；把握势头向上的次数，信任头部顶格，站位高，封住向下的空间
研究对象	"三价"	股价指数	龙头个股
创造价值	速度：倍增（减）快	速度：倍增快，成倍快、中 强度：倍增不足、正好、超过，成倍正好、超过	速度：倍增快，成倍快、中，百倍快、中、慢 强度：倍增不足、正好、超过，成倍正好、超过，百倍不足、正好、超过 顺序：百倍先、中、后，成倍先、中、后，2 倍先、中、后
价值确定	价值支撑	价值网络	价值分工

第三节　鼎盛时期的饥饿地位原理

一、饥饿地位原理的理论来源

饥饿在鼎盛时期，其角色和要求都发生了根本性改变。鼎盛时期，能发生价值百倍增（减）的所有个股均在研究范围之内。龙头价值已成为实现鼎盛时期价值饥饿地位的代名词。鼎盛时期的饥饿地位主要表现为人们的心理预估及龙头价值变动，饥饿地位原理并非凭空而来，而是具有夯实的理论来源，主要从管理学和营销学两个方面进行阐述。其中管理学主要为饥饿地位原理提供了方法支撑，而营销学则为饥饿地位原理提供了主要思维源泉。

（一）管理学来源

饥饿地位在管理学中的研究前身可以归结到地位理论当中，地位是影响人们社会活动的决定性因素之一（Hogan & Holland，2003）。地位包括正式地位与非正式地位。正式地位指员工在组织中的职位等级和工作头衔等，通常源于组织规

定，是"制度设计"的结果；非正式地位则指个体在组织这个社会网络中由他人赋予的地位，是人际交互后"投射"出来的身份或形象，比如个人影响力、声望、得到的尊重和认可等。在团队工作的情境下，非正式地位的高低反映了个体作为团队的一员的重要性高低、可获得的资源的多少，以及对团队的影响力大小（Anderson et al.，2001）。根据地位特征理论，个体的地位特征影响着自己和他人对其能力所持有的信念或评价（Berger et al.，1972；Berger et al.，1980）。研究认为，地位的形成基于个体为团队做出贡献的潜质和能力（Berger et al.，1980；Pettit et al.，2010；Ridgeway & Berger，1986）。

在人口营商学的研究中，更多的是针对个体的研究，有关地位理论的研究也同样是针对个体的。总体而言，每个人都关心自己的地位，但这种关心的程度存在着个体差异（Blader & Chen，2011）。有些人对社会情境下的地位动态更为敏感，更倾向于根据地位调整自己的行为，或者表现出某些特定行为以获得他人对自身地位的肯定（Flynn et al.，2006）。通过地位关心水平能够捕捉到人们在多大程度上倾向于把注意力分配到与地位相关的信息上，它也反映了人们在多大程度上倾向于把地位作为判断决策或者自我评价的参照标准和依据（胡琼晶、谢小云，2015）。地位关心水平高的人对于与地位相关的信息更为敏感，关心如何确证、保持和提升自己的地位；会更加注意自己在团队中的地位，也更倾向于使用有关地位的信息和线索来指导自己的行为（Blader & Chen，2011）。反之，地位关心水平低的个体在社会生活中并不十分在意自己与他人的地位关系，无论是否享有威望，自我评价和行为方式都不会有太大差异。

综合管理学所涉及理论的相关研究，可以看出对于饥饿地位研究的相对普遍性，其逐渐被人们重视。关于饥饿地位的研究十分全面，最终目的就是让投资者实现增值最大化、损失最小化，引导投资市场实现快速发展。如何将饥饿地位运用到奢侈品投资领域，更加有效地创造绝对价值，实现龙头价值创造，是饥饿地位原理在后续内容中研究的重点。

（二）营销学来源

营销学与管理学又有所不同。营销学注重投资人创新投资思维的培养，管理学则更多关注技术和方法。饥饿地位的营销学基础就是产品营销中的价格策略。价格策略的研究为人口营商学的价值投资提供了方向与指引。

4P是美国营销学学者麦卡锡教授认为的一次成功和完整的市场营销活动，意味着以适当的产品、适当的价格、适当的渠道和适当的传播促销推广手段，将适当的产品和服务投放到特定市场。美国营销学学者杰罗姆·麦卡锡教授在20世纪60年代提出"产品、价格、渠道、促销"4大营销组合策略，即4P。产品（Product）、价格（Price）、渠道（Place）、促销（Promotion）四个单词的第一个字母缩写组合在一起为4P。

　　人口营商学的饥饿地位相当于产品营销中的4P策略中的价格策略。价格策略就是根据购买者各自不同的支付能力和效用情况，结合产品进行定价，从而实现最大利润的定价办法。价格策略是一个比较近代的观念，源于19世纪末大规模零售业的发展。在历史上，多数情况下，价格是买者做出选择的主要决定因素，不过在最近的十年里，在买者选择行为中非价格因素已经相对地变得更重要了。但是，价格仍是决定公司市场份额和盈利率的最重要因素之一。在营销组合中，价格是唯一能产生收入的因素，其他因素表现为成本。饥饿（地位）策略与价格策略、路径规划决策的关系如图5-20所示。

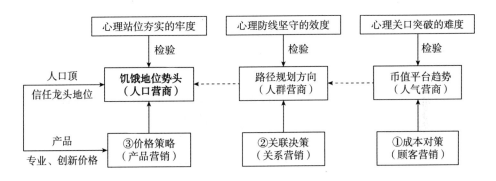

图5-20　饥饿（地位）策略与价格策略、路径规划决策的关系

　　《人群营商学》的营销学基础是关系营销学，其中的关联决策为路径决策奠定了很好的研究基础。"关联"指与顾客建立关联。在当前竞争激烈的市场中，客户忠诚度不高，或者客户忠诚度可能会发生变化，关系方可能随时成为其他公司的客户（敖露，2011）。为了长期获得客户的信任并维护存量客户，营销决策的重点是通过业务和客户需求与客户建立关系，从而形成相辅相成、相互需求的关系，将客户与企业联系起来。综上所述，关联决策作为理解路径决策的基础是十分重要的。有关成本对策作为理解币值对策的基础已经在《人气营商学》中介绍过。

　　人口营商学的研究基础是产品营销学，根据不同的市场定位，制定不同的价格策略，产品的定价依据是企业的品牌战略，注重品牌的含金量。定价的组合，主要包括基本价格、折扣价格、付款时间、借贷条件等。它是指企业出售产品所追求的经济回报，价格制定是由定价目标、定价方法、定价步骤、定价技巧多因素构成的。

　　人口营商学中研究的饥饿地位就是用最少的时间损失，实现最大的龙头个股

8 倍价值增值，形成信任的投资抉择。上文提到，饥饿地位的核心在于股价投资中最能够缩短时间损失形成最大价值饥饿地位龙头个股才是投资人最安全的选择。投资路径规划方向向上形成饥饿地位势头向上的 8 倍龙头个股上涨人口顶，投资者要明确龙头个股的每一个心理站位。人口营商学的核心在于龙头个股的人口信任。人口营商以人口顶为基础，通过信任来进行绝对价值的龙头个股集中，根据人口集中对饥饿、圈子、标杆策略进行相应的分析，创造绝对价值最大化。

二、鼎盛时期饥饿地位原理

（一）基本原理

鼎盛时期原理主要是指心理预估与地位之间的关系，没有路径规划的基础，对于饥饿地位的抉择判断不可能做到合理有效，路径规划与心理预判的关系在《人群营商学》中有过介绍，币值平台与心理预期的关系已在《人气营商学》中详细介绍过。有了币值平台和路径规划的基础，人的心理预估是通过影响人们饥饿地位的龙头个股势头向上或者向下，使得人们创造最大化绝对价值的同时，实现时间损失最小化。反过来，饥饿地位的心理站位与势头向上、向下修正人们的心理预估。鼎盛时期饥饿地位主要是指心理预估与心理站位的关系。人的心理预估通过影响人们对于个股价值分工的理解，进而使得饥饿地位龙头个股呈现预估性，价值分工是连接心理预估与心理站位的桥梁。如图 5 - 21 所示。

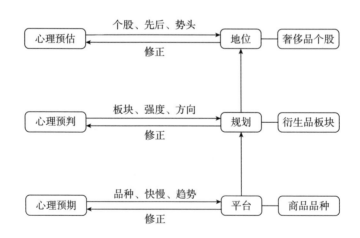

图 5 - 21　饥饿地位原理的作用机理

心理预估之所以可以影响饥饿地位的空间和方向，其原因在于鼎盛时期投资的基础是对奢侈品个股进行抉择。对地位预估越合理其附属于资产所产生的价值创造就越大，但抉择的空间强弱程度又受到心理预估的影响。投资人自身的评定预期估算与比较，若某只个股具有高心理预估能力，投资人具有敏锐的察觉能力，能够在一定时间内快速辨别出一只个股是否具有龙头特质的奢侈品，更好地把握和利用好饥饿地位的特质，也就是说心理预估的正确与否能够帮助决定饥饿地位的势头。

同样，饥饿地位的空间和变动的势头也会影响奢侈品价格的心理预估，金融市场的研究就是对价值投资的心理预估影响分析的关键。鼎盛时期从技术层面上升为思想层面，通过高品质的生活需求驱动形成人口顶。而思维的支撑需要汇集领域中懂行并且持续专注的专业人士共同研讨、共同建设。只有如此才能最大限度实现奢侈品的文化价值，为其三个 8 倍开拓价值空间。鼎盛时期的高铁、白酒等奢侈品的出现，表明人们的价值创造能力，对于饥饿，鼎盛时期的人口投资集中能够反映在奢侈品的个股股价上，它们之间是一个不断演进的过程。也就是说，如果人们期待奢侈品有某一个长期的均衡价格，那么由于他们采取相应的投资决策，而这种大进大出的投资决策的变动，往往就影响奢侈品价格向这个方向移动，人口营商学研究饥饿地位夯实心理占位对于奢侈品价格的心理预估产生重大影响，所以投资人对于股价这种专业市场的心理预估对龙头价值产生的影响，是人口营商学研究的重点。

（二）饥饿作为地位研究的逻辑

要理解饥饿地位，必须要理解饥饿地位的逻辑。鼎盛时期饥饿地位的根本目的是追求龙头个股绝对价值的创造，而龙头价值创造的过程是通过抉择作用在奢侈品价值创造中实现的。因此鼎盛时期饥饿地位的过程也就是龙头个股投资的过程。饥饿地位从饥饿营销——缺少的理论延伸出来，运用于产品或服务的营销推广，是指产品提供者可能有意调低产量，以期调控供求关系、制造供不应求"假象"，以维护产品形象并维持产品较高售价和利润率的营销策略。销售是一个简单的数字关系，在供不应求的情况下，自然就会引发价格的上涨。

饥饿地位思想在兴盛时期饥饿缺乏和昌盛时期饥饿缺少的基础上，结合专业投资的大环境，在鼎盛时期逐渐形成并成熟，涉及的领域较为广泛。地位—角色理论（Status – Role Theory）是社会学中程理论，源于互动论，研究个体在一定社会关系中的身份地位及表现该特定地位的行为模式。"角色"一词原为戏剧用语，美国社会心理学家乔治·米德综合詹姆斯、库利等的研究成果，率先将之引入社会心理学领域，用以探索人的行为方式及其与社会的互动关系。米德的理论虽受到不少批评，但其"角色"概念进入了社会学学科，并从 20 世纪 30 年代起受到广泛研究。一般认为，地位与角色是相互依存的两个方面，个体在任何社会关系中总有特定的地位，始终存在与此地位相符的一整套权利、义务及角色行为规范。没有无角色的地位，也没有无地位的角色；角色是地位动态、外在的表现，地位是角色静态、内在的基础；地位为角色提供活动范围，角色充分显示地位在社会关系中的位置实体。

饥饿地位是鼎盛时期最为重要的一个抉择策略，投资人的选择，8 倍的快、中、慢，人们都愿意投资，因为空间足够大，时间等待也是可以理解和宽容的；8 倍的不足、正好、超过是强度问题，人们也愿意理解和接受；只有 8 倍先、中、后才是每个投资人非常需要抉择的投资，饥饿地位会随着人们思维的迷雾被层层拨开，最终呈现在众多投资人的视野中，此时专注力随时间和龙头个股股价上涨的先、后顺序而不断集中上涨，直至分别达到龙头个股 8 倍的顶点，只有最先发现、低价位投资，同时又不轻易放弃 8 倍个股投资顺序的人，才能实现最大增值。龙头个股引领板块，板块成就大盘指数。如果奢侈品饥饿地位的理解不到位，没有理解先后顺序的重要性，时间节奏把握不清晰，就会大大增加资金的使用成本和利用效率；龙头个股心理站位没有夯实，导致对可能成为龙头的个股产生误判，逐渐退出很多投资人集中的个股视野。

（三）心理预估变化的内在含义

心理预估变化的实质是绝对价值发生了变化。随着预估程度的变化，饥饿地位对象的心理预估会发生变化，其绝对价值也随之发生改变，进而对饥饿地位的价值创造产生影响。饥饿地位的心理处于不同阶段时所创造绝对价值的能力是不同的，心理预估处于个股"龙头"时创造绝对价值的能力要强于其他个股。而心理预估变化的实质就是个股创造绝对价值的能力由低迷到强劲或者由强劲到低迷的过程。随着时间的推移，一个国家的鼎盛时期龙头个股价值会随饥饿地位之间的相互改变而发生改变。当鼎盛时期价值发生改变，就意味着个股饥饿地位绝对价值发生了变化。

国家之间绝对价值变化过程可以用图 5 - 22 示意。具有路径规划方向力争向上突破的相对价值国家之间，才能分析选择两个进入人们视野、绝对价值斗争的国家 A 和国家 B。纵坐标表示为鼎盛价值量，横坐标是心理预估。随着时间的推移，A、B 两国的鼎盛价值量是不同的。在初期，A 国的鼎盛价值量与 B 国具有绝对价值，因此 A 国起到人口集中的作用，A 国的饥饿地位心理站位向上突破强劲比 B 国高。随着 B 国鼎盛时期价值量的挖掘，B 国心理站位夯实的空间和速度迎头赶上 A 国，B 国的鼎盛价值量逐渐凸显，B 国最终的鼎盛价值空间和速度超过 A 国，在这种情况下，人口集中的主体也将随之发生改变，B 国的绝对价值凸显，从而使 B 国的饥饿地位势头上升，超过 A 国原有的地位，B 国的饥饿地位提升，在鼎盛时期所扮演的角色也随之发生了重大变化。

B 国的鼎盛价值提升，是绝对价值判断，意味着该国各个行业龙头个股绝对价值提升速度大大加快，但是不会使龙头个股同步，有先有后，由此可以看出，

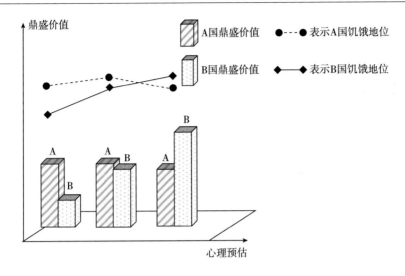

图 5－22　鼎盛时期国家绝对价值变动

投资者心理预估是随鼎盛时期绝对价值变动的，正好揭示了处于鼎盛时期的国家龙头个股辈出，揭示了其重视绝对龙头价值创造的原因。每个国家都在相互斗争，稍不努力就会淹没在不被人口集中的绝对价值变小的国家行列，逐渐走向衰退，由此将导致一系列不利于该国资本市场和产业发展的问题产生，最终使该国落后于鼎盛时期的先进国家，慢慢失去国际话语权。因此，要想成为鼎盛时期的"领头羊"，创造更大的龙头价值，就应该不断地培养创造绝对价值的人口，实现本国的龙头价值创造。

（四）饥饿地位的类型及适用对象

有关饥饿地位的类型以及选择对象是来源于饥饿地位的相关原理，为了更深入地理解，就需要在心理预估的基础上研究鼎盛时期各个国家都希望能够通过饥饿地位的积极影响来带动投资人心理预估的变化。综上所述，对应着人口矩阵，可以将饥饿地位按照对人们心理预估的影响程度主要划分为三种类型，分别是"8 倍先""8 倍中""8 倍后"。

这三种地位的划分依据是专业投资人的心理预估的时间顺序。具体表现为：8 倍先是饥饿地位最优先心理预估，是价值分工的最先表现，也是专业投资人的最先投资，受到专业投资人的集中。8 倍中的饥饿地位可以带来非常稳定的投资回报，顶格的范围也适中，风险也有所减少，因此，受到投资人的集中更为容易。具备 8 倍后的饥饿地位，其可以创造绝对价值的时间向后延长，这是利用顶格思维和心理站位共同判断的。作为投资人，要结合自己的专业深刻了解选择不同饥饿地位类型的国家和个股进行投资，同时各个国家自身可以根据本国不同的地位特性选定饥饿地位的目标。三种饥饿地位的特点和适用对象可用图 2 - 28 来表示。

1. 8 倍先（时间快、中、慢；强度不足、超过、正好）

特点："8 倍先"是饥饿地位的最先心理预估，是价值分工的必然结果，也是专业投资人的心理预估，受到专业投资人的学习与专注。8 倍先是契合指数上涨相对时间较短的板块龙头个股，该个股或行业优先吸引各方资本流入，则相应的资产价格就会上涨，但是时间不一定快，快慢与否与大盘指数 4 倍启动的点位和个股心理站位密切相关。路径规划的心理防线和饥饿地位的心理站位向上突破是 8 倍先龙头个股形成的前提，如 2021 年的中信证券 8 倍上涨是在大盘指数界限位 2240 的 1.4 倍位 3417 站稳并且开始启动，龙头个股在 90 元的 1/4 价位 22.5 元附近建仓，1.4 倍位 31 元附近开始快速上涨，以前的所有上涨都不可能形成龙头个股的 4 倍和 8 倍上涨，就是因为大盘指数的 4 倍快还没有形成，8 倍先无法实现。能够准确把握 8 倍先，可以大大减少龙头个股等待的时间，降低资金的使用时间和成本，减少由于龙头个股股价的波动带来的心理压力，8 倍先的投资成功，有利于资金的原始积累，可以实现自身价值的第一个百倍。由于个股心理预估的不断变化，该个股或行业必须随时保持高度敏感，不断理解龙头个股的价值分工，保证在鼎盛时期是最具投资价值的第一个龙头个股。

适用对象：对于资产增值有较高要求的投资者，希望在最短时间内实现资产升值最快的投资者，提高心理预估能力较强、可以承受双向波动风险的投资者。

2. 8 倍中（时间快、中、慢；强度不足、超过、正好）

特点：具备"8 倍中"的饥饿地位，虽然创造龙头个股 8 倍价值的时间有所延后，但仍然具有百倍的价值增值空间，对比百倍先，顶格思维比较明确，心理预估的难度也趋于稳定和容易，界限的波动范围也将缩小。在没有"8 倍后"的饥饿地位的情形下，"8 倍中"的饥饿地位可以带来非常稳定的投资回报，界限的范围也适中，风险也有所减少，因此，专业投资人士很好把握。如 2021 年对于中国中车这个龙头个股把握起来就比较明显，在 5.24 元的 1.4 倍 7.3 元附近启动 4 倍和 2 倍。

适用对象：希望资产升值较大的投资者，提高专业投资人心理预估能力强、可以承受双向波动的风险的投资者。心理预估在一定时间内改变个股的势头，从 8 倍先转向 8 倍中，绝对价值增值空间很大。8 倍中是投资人在 8 倍增值中的第二次选择，应该毫不犹豫。

3. 8 倍后（时间快、中、慢；强度不足、超过、正好）

特点：具备"8 倍后"的饥饿地位，其可以创造绝对价值时间延后，更多的是利用个股顶格思维进行判断，8 倍上涨的时间可能很短。在实现"8 倍先"与

"8倍中"的前提下，该龙头个股同样具有提高心理预估的必要，因为该个股可以创造8倍的价值增值，可以很快提高专业投资人的心理预估。

适用对象：追求极大投资收益的投资者。提高心理预估程度强、可以承受双向波动风险的投资者。只有3个8倍全部收入囊中，才可能在一定时间内实现资产的最大升值。

4. 4倍先（时间快、中；强度正好、超过）

4倍先是蓝海价值投资中的指数板块实现2倍增值空间，龙头个股最早阶段选择，也可能是8倍增值过程中一个阶段，是4倍与2倍的组合，所以在判断是4倍增值，还是8倍增值中的4倍，主要是看大盘指数上涨的倍数，大盘指数在底线×1.2启动，龙头个股就具有4倍的价值升值空间。此时在提高心理预估的作用下，投资人在时间层面可以容忍4倍快和中，在强度层面可以容忍4倍正好和超过，对于4倍慢与4倍不足的龙头不予考虑，因为饥饿地位的要求一定是要调整时间短，这是由其龙头价值增值空间与板块蓝海契合的成长行业龙头属性决定的，也是后续8倍龙头判断的初始依据，没有在指数板块上涨实现2倍时，个股上涨4倍，可能在指数上涨4倍时，实现龙头上涨8倍，如2005~2007年行情，大盘指数上涨2倍，龙头个股武汉钢铁就没有上涨，后来指数上涨4倍时，第一个上涨8倍的是武汉钢铁。这是由契合的行业板块龙头顶格和大盘指数上涨空间决定的。但是指数上涨2倍时，龙头个股上涨4倍，在大盘上涨4倍时，龙头个股肯定上涨8倍，如2005~2007年行情，大盘指数上涨2倍，证券板块龙头中信证券从4元上涨至16元；大盘指数上涨4倍，中信证券从12元上涨至117元。

5. 4倍中（时间快、中；强度正好、超过）

4倍中是蓝海价值投资中指数板块实现2倍增值空间的中间阶段选择，此时龙头个股具有4倍的价值升值空间，但也不作为饥饿地位投资选择研究的对象，因为4倍中对于上涨先后顺序的研究不深刻，也达不到心理预估程度的要求。此时投资人在时间层面可以容忍4倍快和中，在强度层面可以容忍4倍正好和超过，对于4倍慢与4倍不足不予考虑，一般在指数板块实现2倍增值时，至少存在4倍中龙头个股，如果只有4倍先龙头个股，大盘指数则无法上涨2倍。如2005~2007年行情，大盘指数上涨2倍不足，证券板块龙头中信证券从4元上涨至16元，黄金板块龙头从7元上涨至30多元，船舶板块龙头中国船舶从5元上涨至20多元，只是三个契合的行业4倍龙头时间交叉，很难分别依次投资，创造更大价值，这是由其价值增值空间与板块蓝海属性决定的。在大盘指数是8倍正好、超过时，指数2倍、4倍明确，甚至出现2倍超过，4倍龙头个股的判断非常重要，如2014~2015年行情，由于大盘2倍超过，出现证券龙头4倍先、高铁龙头 4 倍中、航母龙头 4 倍后，专业投资人至少可以实现增值 $4 \times 4 = 16$ 倍。

6. 4 倍后（时间快、强度中；正好、超过）

4 倍后是蓝海价值投资中指数板块实现 2 倍超过增值空间的末尾阶段选择，此时龙头个股也具有 4 倍的价值升值空间，在币值平台对策研究中已经得知由于指数 2 倍不足的影响，基本没有 4 倍后，指数 2 倍超过的增值空间大、时间长，所以就会出现龙头个股 4 倍后。并且依次排序，否则即使有三个板块龙头，也是很难依次投资的，在 2014～2015 年的行情中，4 倍先是证券龙头中信证券，4 倍中是高铁龙头中国中车，4 倍后是航母龙头中信重工，这样依次按照时间排序是由指数 2 倍超过的增值空间和时间长度决定的，其实在具体投资中也很难实现 $4 \times 4 \times 4 = 64$ 倍的增值投资，其中可能出现重组停牌，耽误了投资时间，成功投资两个 4 倍已经很好了。

7. 2 倍先（时间快；强度不足、超过、正好）

2 倍先是指数板块实现 2 倍、4 倍增值空间，龙头个股出现 2 倍投资机会，是龙头个股增值空间需要在 4 倍、8 倍上涨之前上涨 2 倍，也有可能是下跌过程的反弹，改变龙头个股的下跌趋势，将心理站位夯实得牢固，才能出现准确的 4 倍或者 8 倍上涨空间，是龙头个股上涨的起始判断和上涨空间的进一步拓展。在 2 倍先的基础上，很有可能就会实现 8 倍先，因此，抓准 2 倍先增值，是形成龙头个股的坚实基础，但也只能作为基础，该种类型并不是本书研究的重点。个股具有 2 倍的价值升值空间，研究上涨时间的长短是为了判断龙头个股 4 倍或者 8 倍投资的基础，重点不是投资 2 倍个股。具有 8 倍价值的个股，4 倍、2 倍增值现象的准确把握是 2 倍、4 倍价值增值的正确落地，也是饥饿地位投资选择研究心理站位的重要基础。如 2015 年 9 月，中信证券由 12.84 元反弹至 22.14 元，实现 2 倍不足，证明中信证券龙头 8 倍先基本形成，在大盘下跌至 2018 年 10 月 19 日的 2449 点时，中信证券为 14.72 元，中信证券的 8 倍先更加明确，$14.72 \times 8 = 117.76$，大盘在 2019 年 1 月 4 日再次下跌至 2440 点，中信证券再也没有下跌至 14.72 元，可以看出中信证券的 2 倍先就是 8 倍先的前奏，使下跌趋势扭转，为龙头 8 倍打下坚实基础，此类现象在 4 倍个股增值形成时也先出现 2 倍增值，如中国中车 2014 年 10 月先上涨 2 倍超过，从 5 元多上涨到 14 元，为中国中车从 10 元多上涨至 39 元多打下基础。指数 4 倍没有形成之前，龙头个股经常上涨 2 倍，但是一直上涨不了 8 倍，如 2021 年大盘没有站在 2440 点的 1.4 倍位 3417 点站位之上，中信证券曾经 2 次上涨 2 倍，由 14.7 元上涨至 27 元、由 19.5 元上涨至 34 元，就是形成不了 4 倍和 8 倍上涨的势头。

8. 2 倍中（时间快；强度不足、超过、正好）

2 倍中指出现一个 2 倍个股增值，是使 8 倍先龙头出现后，又出现 2 倍个股增值，一定要密切关注，可能新的龙头 8 倍又会出现，并不一定要立即投资，因为 8 倍先没有实现之前，新的 8 倍空间还比较难以形成，饥饿地位的投资类型的选择既要耐心等待，还要清晰新的 8 倍龙头形成的价位应该是多少，否则投资过早，既占用资金，还要等待较长时间。在前文的伦理确定中有详细介绍，投资 8 倍龙头个股的价位一定要明确。如中信重工在 2019 年 2 月从 2 元多上涨到 6 元多，结合航母板块，以及上轮行情上涨空间，说明新的龙头 8 倍已经开始形成，但是价位应该在 7 元多，无论从时间、业绩、价位看都不可能达到龙头 8 倍形成的最合适时机，不能投资，不能被 2 倍超过吸引，一定会下跌的。在 4 倍增值个股形成时也有这种现象，中信重工在 2018 年 8 月从 3 元多上涨到 12 月的 7 元多，实现 2 倍增值，后来才形成从 6 元多上涨至 30 元的 4 倍增值。2 倍个股增值一般不是投资个股增值的最佳选择，投资个股目的必须明确 4 倍和 8 倍，重点是 8 倍，8 倍实现后迅速寻求另外一个 8 倍，不能为了投资 2 倍，丢失 8 倍，因小失大，但也不能在龙头的 8 倍没有完成时，而过早投资第二个龙头 8 倍，第二个龙头不会上涨，耽误时间。

9. 2 倍后（时间快；强度不足、超过、正好）

2 倍后可能是继出现第二个 2 倍增值个股后，再次出现 2 倍增值个股，这时可能是又一个新的 8 倍增值龙头出现，这就需要判断是否是饥饿地位选择的龙头个股，还要对心理预估程度进行判断。结合上轮行情进行分析，以及板块的契合分析和心理站位的把控，最后一个龙头个股产生了。如 2021 年 1 月的中国中车出现 5 元多上涨，结合前期 40 元的高位以及高铁板块，可以清晰判定最后一个龙头个股开始启动，但是并不会立即实现 8 倍，只是 2 倍上涨，说明新的龙头个股下跌底线已经封死，因为证券龙头的 8 倍先还没有完成。只有金钱杠杆对策、指数板块 4 倍超过，才一定会形成完整的 3 个 8 倍龙头个股。第三个 2 倍个股形成的最后一个龙头个股，并不是最后一个上涨的龙头，还要结合指数板块上涨的推动力、大盘的具体点位，才能正确判断 8 倍先、中、后的顺序。还有 2 倍后是龙头个股 8 倍先实现后，信任头部还没有实现，继续上涨 2 倍，这时应该放弃 2 倍，寻求 8 倍中、后增值。

（五）投资人饥饿地位选择的步骤

投资人在选择饥饿地位、调整心理预估的时候需要遵循以下三个步骤：

第一步：判断饥饿地位的龙头个股势头。首先判断饥饿地位的龙头个股势头是向上、盘整还是向下的，是否存在人口矩阵中的 8 倍"龙头"是一个重要的判断，只有正确判断龙头个股势头，才能做出正确的投资决策，这是绝对价值创造的前提，饥饿地位龙头个股下跌势头延续、下跌势头反弹、上升势头形成是判断饥饿地位形成的前提。饥饿地位势头对于价值投资来说意义重大，因为饥饿地位是判断绝对价值投资的关键，饥饿地位又是价值投资的重中之重。当投资人所选择的奢侈品具有绝对价值时，这时应该尽早进行饥饿地位的判断从而进行投资，当所选择的投资领域的价值逐渐缩小直至消失时，就需要重新找寻投资的奢侈品个股。随着投资价值的潜力及他人的饥饿地位不断进行调整及改变，若势头判断失误，且未能及时发现及调整，将会造成不堪设想的后果。

第二步：判断饥饿地位的龙头个股价值投资空间。投资饥饿地位空间大小与吸引力有关，空间越大，对于投资人吸引力越大。从顶格思维来讲，结合人口顶理论能够基本判断绝对价值的空间大小是8倍。除了判断饥饿地位的势头，饥饿地位的空间也是投资者在进行饥饿地位判断时需要重点关注的一个问题。在进行饥饿空间地位的选择时，根据实际情况，结合投资者的心理预估高低程度，选择价值空间最大且实现价值增值时间最短的奢侈品进行投资。投资人要明确心理预估的临界点，把握夯实好心理站位的牢度，完成在不同奢侈品之间饥饿地位的转换，尽可能通过夯实饥饿地位的牢度，最终实现最大化龙头价值创造。

第三步：判断龙头个股饥饿地位的价值投资时间顺序。时间长短也是人口营商的重要判断，估算饥饿地位的时间长，表明吸引资金速度慢，反之，吸引资金速度快，投资者就会因此考虑资金成本和时间损失。此处的时间判断为奢侈品实现龙头价值增值的时间。投资人在对某奢侈品进行投资时，应关注该类奢侈品随着时间的推移而发生的增值情况。因为鼎盛时期的饥饿地位应对百倍的实现速度进行预估，速度快、慢对于龙头个股很重要，但是往往很快实现8倍，就会使投资龙头个股的数量减少。需要特别注意的是，产生绝对价值的龙头个股先后顺序是十分重要的。饥饿地位心理预估准确的投资者，可以在一定的时间内超越众多投资人，成为鼎盛时期的"领头羊"。主要还是投资人对实现龙头个股价值的时间顺序正确把握，实现3个8倍的几何级数增值。

饥饿地位龙头个股股价的势头与价值投资的空间与时间相互作用依存，形成一种巨大合力，这种合力形成乘数效应，投资人对以上步骤进行准确的判断后，投资的绝对价值个股的价值就会增加更快，相反则会减少。

从图5－23中可以看出，饥饿地位为了判断心理站位保持势头向上的目标会不断面对挑战，每一个心理站位都会面对不同的重新选择。在当下专业化的背景下，每一个4倍大盘指数界限的心理防线有效突破，都会面临龙头个股6种选择情形，即8倍先增（减）、8倍中增（减）、8倍后增（减）。对于饥饿地位而言，为了能够确保饥饿地位的势头向上，需要特别注意夯实饥饿地位龙头个股心理站位牢度，只有通过此种方式才能够保证饥饿地位的心理站位向下突破的可能性大大降低。

（六）虚拟时代饥饿地位的目标

对于鼎盛时期的国家而言，为了吸引专业投资人投资，都希望展现本国更好的饥饿地位，在时间损失最小、空间增值更大的前提下，实现时期增值最大化绝对价值投资目标。

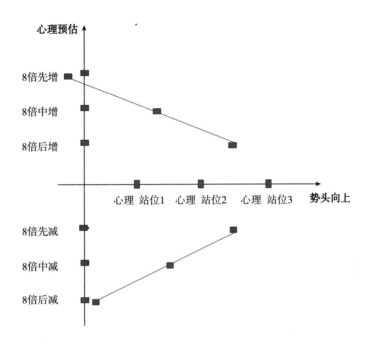

图 5-23　饥饿地位运用心理预估 8 倍增（减）夯实心理站位

　　在鼎盛时期中，充分利用龙头个股上涨势头，投资具有较大升值潜力的奢侈品、创造最大化绝对价值是鼎盛时期饥饿地位的主要目标。在价值创造的过程中，饥饿地位进行方向的选择、创造最大化的时期价值，是鼎盛时期投资人的共同追求。对于鼎盛时期的饥饿而言，为了引发专业投资人的投资，都希望创造时期价值最大化的价值目标。实现目标的基础条件是在价值投资的过程之中合理运用饥饿地位原理，即饥饿地位与绝对价值创造之间存在必然的联系。任何投资人只有在提高心理预估的前提下进行饥饿地位心理站位才能更好地进行价值投资，否则只是盲目地跟风，盲目跟风不仅不能够实现鼎盛时期饥饿地位的目标，反而可能造成投资奢侈品的价值降低、投资风险增大，甚至出现专业投资混乱。在价值创造的过程中，如何利用饥饿地位创造最大化的时期增值，是鼎盛时期投资人的共同追求。

　　龙头个股势头会有上升、平稳、下跌三种状态，当然在饥饿地位不断向上的过程中，必然也有向下的时候。如果出现饥饿地位向下的现象，这时饥饿地位决策就要及时配合人口、圈子、标杆策略合理运用，让人口集中本国专业市场绝对价值创造的饥饿地位，使饥饿地位向下的时间变短，空间变小，充分把握龙头个股上涨的次数和信任的头部高度。总而言之，让投资人夯实饥饿地位重要心理站位，从而赢得饥饿地位持续向上的时间和空间的龙头个股，减少饥饿地位短期向下对一国或地区投资的不利影响。更为具体地讲，鼎盛时期饥饿地位的目标是通过饥饿地位来夯实心理站位的牢度，从而带来价值投资的积极效应。地位的正向拉动带来积极效应，避免和消除负向调整对于个股心理预估的消极影响。饥饿地位处于心理预估的正向效应的主要原因是专业市场的某一指数和行业板块提供源源不断的助力，使板块涨势良好。在专业投资人将饥饿地位运用到该国价值投资中时，就要及时结合其他三个决策，即人口、圈子和标杆策略，选择具有绝对价值的奢侈品进行价值投资，最终实现鼎盛时期的龙头价值创造。龙头个股势头早晚会向下，尽量使其站位较高，平稳度过和交接新的龙头，封住下跌的空间，寻求倍增反弹或者势头再次向上突破的可能。

三、饥饿地位的价值投资选择

（一）饥饿地位价值投资时机选择——饥饿精品缺少作用明显减弱

饥饿从缺乏到缺少最终演变到地位的整个过程，是一个定期、周期和时期逐步演变的过程，在兴盛时期是定期会出现粮食等主要农作物，上品产量缺乏，受到地域和天灾、病虫害的影响，表现为缺衣少食，人类经过几千年的演变，中国的唐朝盛世基本结束了兴盛时期，在此时期由于饥饿缺乏形成了稀有珍贵的表现。饥饿缺乏为的是提醒人们勤俭节约，维持正常生活，最终使得精细实现。昌盛时期的劳动分工决定了任何单独的企业都不可能掌握现代工业生产所需的所有知识、资源及科学技术。由于技术发展快，尖端技术只有部分企业能够掌握，导致产品产量不足，达不到量产所需的规模，所以此时饥饿缺少，饥饿精品缺少作用明显有减弱的作用。昌盛时期注重原装和精品，所以产业经济要求企业重视市场营销活动，注重科学技术的完善，通过高端技术生产为顾客提供产品价值。随着时期的演进，鼎盛时期到来，不同于《人气营商学》对商业社会到来的强调以及《人群营商学》对虚拟时代变迁的强调，《人口营商学》的研究背景需要强调鼎盛时期的演进，其价值体征使供投资的奢侈品变多和越来越多的投资人对自己的投资对象有了长时间和深入的专业了解。鼎盛时期形成不可复制、无可替代的时期奢侈品饥饿地位。鼎盛时期的饥饿首先是呈现出不可替代性，即唯一性。形成饥饿地位的前提就是要将龙头价值创造最大化，要使投资人能够有精确的专业判断能力。

饥饿地位是在技术发展到一定水平的人们学习心理产生作用的结果，是人们的思维在学习心理学作用下形成的。学习心理学是教育心理学的一个重要分支，是专门研究人们尤其是学生群体学习的一门科学，是通过研究人和动物在后天经验或练习的影响下心理和行为变化的过程和条件的心理学分支学科，是学习心理在奢侈品投资领域的具体应用。人们对时期演进和个股投资的长期观察和总结，属于共建共享研究。鼎盛时期地位的根本目的是创造绝对价值，而创造绝对价值的过程是通过专业投资人饥饿地位形成才能产生的投资实践。鼎盛时期饥饿地位的过程也就是投资者选择个股的过程，鼎盛时期以龙头个股投资为主，学习心理学形成的不同时期饥饿地位，才是鼎盛时期的最重要的地位，才能更加有效地创造绝对价值。由于时期的演进，人们对于学习进步的要求也越来越高、越来越严格，不仅是简单的学习行为，而且是更多的深入人心，开始加深对于龙头个股 8 倍增（减）的学习方式，要想在鼎盛时期实现龙头价值，就必须重视对饥饿地位的塑造，形成 8 倍先、中、后的地位选择，创造最大的奢侈品龙头价值。

由此可见，时期演进之下，需要进行自主饥饿地位共建，价值投资尤其需要鼎盛的奢侈品饥饿地位选择，其效果也就非常明显，学习心理如同动机心理一样，产生明显的投资效果，形成具象的龙头绝对价值创造，所以人们不得不利用学习心理学进行奢侈品价值投资决策。

（二）饥饿地位投资情形选择

通过人们学习心理的研究，龙头绝对价值创造是饥饿地位投资情形选择形成的源泉，饥饿地位的转换反映在人们实现 8 倍增（减）的心理预估上，利用抽象思维分析和判断人口矩阵创造绝对价值的变化，帮助人们把握心理预估和正确抉择饥饿地位的心理站位进行有效投资，是本章的核心。

通过时期演进和人们学习心理的分析，为了正确把握心理预估影响下的饥饿地位，帮助投资人准确识别集中的价值类型，时间快、慢，力度强、弱，顺序先、后，正确投资，创造绝对价值，本书提出了心理站位及势头向上的概念来进行饥饿地位的对象和情形的具体分析。

虽然价值分工不全是营商学研究的范畴，涉及多学科，饥饿地位的营商奢侈品价格反映在人们的心理站位的夯实的牢度上，利用价值分工提高投资人对心理站位高低的影响，分析饥饿地位的奢侈品价格表现情形，只有不断寻找价值分工，才能确保饥饿地位势头向上。

1. 价值分工的定义

地位的提高与否反映为人们的心理预估价值大小，利用价值分工对人们心理预估价值大小的影响，分析饥饿地位的提高情形。只有不断创造可以分工的价值，才能保证饥饿地位的发展势头是整体向上的。价值分工是指许多劳动者分别从事各种不同的工作，有自然分工、社会分工和企业内部的分工。分工有利于提高劳动熟练程度、改进技术和提高劳动生产率。

价值分工源于价值链分工一词，价值链分工是指在经济全球化和知识经济快速发展的条件下，一种产品的设计、原材料提供、中间品生产与组装、成品销售、回收等所有生产环节在全球范围内的分工，是一种伴有中间品的进口和最终产品出口的国际分工形式。近年来，国际分工的范围和领域不断扩大，全球价值链分工是国际分工呈现出的新特点。随着国际分工朝着专业化和精细化方向发展，全球价值链已成为国家贸易合作和分工的基本形式，全球价值链分工地位变迁因素也成为众多学者们的研究方向。有研究者研究了各国全球价值链的分工地位，发现以技术创新为主导的企业能使国家处于价值链上游。部分研究者指出在国际贸易合作过程中，通过价值链分工能显著提升全球价值链分工地位；还有研究者提出生产性服务和技术创新能通过技术溢出和劳动力素质提高，实现价值链整体的提升。

随着时期演进，鼎盛时期人们以专业投资为主，人们专注点逐渐转移到价值投资领域，价值分工指的就是特定社会地位，是在社会生产过程中以创造价值的大小进行的分工，实现人们的心理预估，创造可以实现的价值。饥饿地位是由价值分工决定的。价值分工分为三类：顶端分工、中端分工和低端分工。具体如图 5-24、图 5-25 和图 5-26 所示。

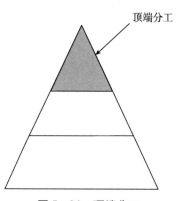

图 5-24　顶端分工

2. 价值分工的情形

鼎盛时期投资人都希望自己所投资的个股的心理预估保持在比较强的程度，并在专业范围内不断提升，长期发挥作用。但是对于个股的心理预估的程度如何，价值分工所产生的影响最大，在饥饿地位的投资选择过程中，由于价值分工不同，投资人心理预估的奢侈品价格增值地位不同、空间不同，可以划分出三种情形，分别是饥饿地位最稳固、饥饿地位较稳固和饥饿地位最低要求，下文就这三种情形进行分析。

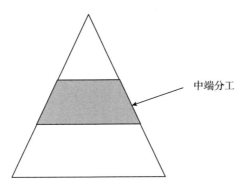

图 5 – 25   中端分工

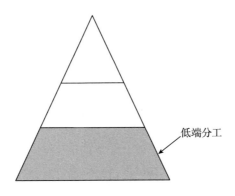

图 5 – 26   低端分工

情形 1：如图 5 – 27 所示，饥饿地位最稳固——顶端分工。

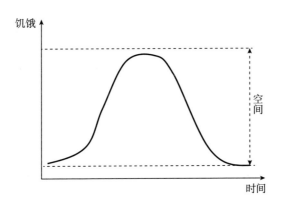

图 5 – 27   饥饿地位最稳固

特点：饥饿地位最稳固，在价值链的顶端，时间长，空间大。

优点：此处饥饿地位的最大优点就是可以有足够多的时间以及足够大的空间，实现最大化绝对价值创造。

缺点：此时饥饿地位效果最优，但需要投资人对多种饥饿清晰地选择，一般没有经验的投资人，很难把握。

适用：鼎盛时期 8 倍上涨的个股。

要求：需要耐心的等待和丰富经验提前发掘龙头个股，由于高收益与高风险因素的影响，人们需要不断进行调整，从而保证饥饿地位程度持续最优，夯实心理站位，成功的饥饿地位在集中人口的同时，不断有持续集中的力量。

饥饿地位最优结果是顶端的价值分工，整个地位的夯实过程所需时间较长，并且可以实现的价值分工的价值空间是最大的，饥饿地位夯实最稳固就是最优的结果，价值分工井然有序是稳固的保障。顶端分工可以实现价值空间最大的收益，但同时也给其带来一定的不稳定性，并非所有奢侈品都可以实现足够大的增长空间与拥有尖端技术有力的价值分工。

情形 2：如图 5 – 28 所示，饥饿地位较稳固——中端分工。

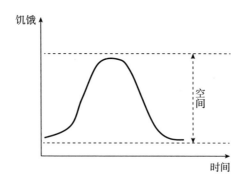

图 5 – 28 饥饿地位较稳固

特点：饥饿地位较稳固，在价值链的中端，时间中、空间中。

优点：此处饥饿地位可以在一定时间内，拥有一定的空间实现一定价值创造。

缺点：对于投资人来说有较多的情况可以选择，但是这种选择不会是最好的。

适用：鼎盛时期具有一定上涨幅度的个股，饥饿地位实现所需时间与龙头相同。

要求：需要储备一定数量的中端价值分工的个股，尽可能实现饥饿地位的较为稳固，同时也要防止饥饿地位由于心理站位不稳，出现不稳固的现象。

饥饿地位较稳固的结果是形成中端价值分工，在这个时期实现个股价值所需时间与龙头相同，但是实现的价值空间不是最大的。中端价值分工个股比较常见，对于投资人心理预估的程度要求也是较高的，大多数投资人都能够进行投资选择。

情形3：如图5-29所示，饥饿地位最低要求——低端分工。

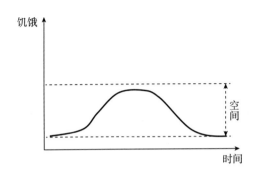

图5-29 饥饿地位最低要求

特点：饥饿地位的最低要求，在价值链的低端，时间长、空间小。

优点：此处饥饿地位往往很容易实现，非常稳定。

缺点：可选择的饥饿地位低端，实现绝对价值的空间较小。

适用：此时的饥饿地位实现个股价值创造的时间往往较长，但是实现个股价值的空间极为有限，适用于上涨时间较慢的个股，适合比较保守的价值投资者。

要求：需要较长的时间进行地位选择和提高，尽可能保证实现饥饿地位的最低要求。

饥饿地位的最低要求就是形成基础低端的价值分工，其实现绝对价值的时间要求较长，可以实现的价值空间较小。该种价值分工虽然预估效果一般，但是可以完成基本的价值分工从而形成较低的饥饿地位，大多数奢侈品开始时都只有形成该类价值分工的能力，这是人们进行饥饿地位选择的前提和基础。

（三）保持饥饿地位势头向上的方法

为了实现价值分工价值链的地位提升，饥饿地位所处的不同时期，分别对应不同的方法。每个国家应该根据自身的实际情况来采取不同的饥饿地位方法，最终顺利实现自身的绝对价值创造。如图5-30所示，主要有4种不同的方法，这4种不同的方法使用的时期也不同，不同的国家和地区可以根据不同的时期分别使用这4种方法来保持饥饿地位势头向上。

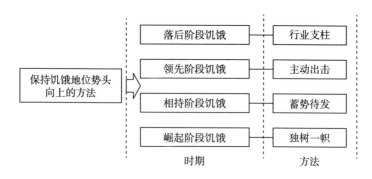

图 5 - 30　保持饥饿地位势头向上的方法

方法一：落后阶段饥饿——行业支柱。

要想在鼎盛时期中占有自己的一席之地，要想长期保证饥饿地位的势头向上，就要在落后阶段在众企业中成为行业支柱。所谓行业支柱是指在生产规模、发展速度、技术状况等方面对国家或区域的经济发展、财政收入、就业率、技术进步等能够产生重大的影响，在当前和未来的国民生产总值和工业生产总值中占有举足轻重地位的产业。由于行业支柱对于国家或区域的经济发展起到了举足轻重的作用，很多国家都对其选择和成长采取了积极的干预措施，一些经济学家也从理论上对这种行为的可行性和必要性予以了论证。行业支柱必须具有强大的延伸效应，通过产业链的扩散以带动上游产业和下游产业的共同发展，起到以点带面的效果。行业支柱的发展不能只着眼于经济效益的片面追求，还应兼顾社会效益。

根据前有学者的总结研究，行业支柱选择的理论依据众多，比较典型的有1957 年日本经济学家悠原三代平提出的"悠原两基准"，即收入与弹性基准以及生产率上升基准和1958 年赫尔希曼提出的"关联效应"理论，即区域行业支柱与其他产业之间有较大的投入产出联系。除此之外，还有不平衡增长理论、后发优势论、领先论等从各个不同的方面对行业支柱的选择和布局进行了系统描述。

方法二：领先阶段饥饿——主动出击。

主动出击是在饥饿地位处于领先阶段时期的国家应当采取的方法，自身只有主动进行地位选择，才能够有进一步发展，这也是表现一个国家的创新思维发展的水平。如何能够成为龙头，在鼎盛时期占据领头羊地位，就需要迅速做出反应，采取快速发展的方法就是主动出击。伴随着市场竞争日益激烈，主动出击乃是每一个企业发展的具备要素。每一次商机出现得快，消失得也快，消费者的需求变化更是快速。接连不断的新竞争、对手的崛起等，这些都在要求企业一定要主动、主动再主动，否则，出手慢的企业是不可能获得商机的。

面对危机，主动出击是最好的防御。只有迅速采取行动，果断承担责任，才会把损失降到最小，才能重新赢得生机。当前处于剧烈变革的商业时代，竞争的程度已远远超出了以前，风险和危机就像"达摩克利斯之剑"，不知什么时候就会降临到我们身上。现代人面对压力大多会采取回避态度，明知问题即将发生也不去想对策，结果只会使问题更加复杂、更难处理。作为企业管理者，应当以正确的心态面对风险和挑战，困难面前要知难而上，这样才能在危机中开拓出一条生路，为企业赢得良好的发展机遇。

　　主动出击的关键在于对饥饿地位的未来能够寻找到新的立足创新点，没有思维以及方法的创新变革是无法完成饥饿地位的夯实的。创新的思维逻辑是指引饥饿的核心，最终才能够实现龙头价值创造。

　　方法三：相持阶段饥饿——蓄势待发。

　　该阶段往往都是出于相持阶段的饥饿，该时期往往要蓄力，在完成准备后实现蓄势待发的状态，为了能够跟其他对手拉开距离，牵制住竞争对手的发展，就要设置不同的障碍，从而使自身具备长期优势，始终保持该国股价领先的优势地位。托克维尔曾说：如果事先缺乏周密的准备，机遇也会毫无用处。端正自己的态度，把要做的事情从头到尾梳理好，做好充分的准备，应对一切将要发生的和突发的情况，防患未然，才能有条不紊地走下去。

　　关于两个国家处于相持阶段的饥饿地位，强势国家为了保持领先，必须对另一个即将寻求向上突破国家进行抑制。如中、美两国目前在世界上都具有较为强大的扩张力，美国利用阻碍中国的高端制造和5G通信技术发展、利用芯片技术和展开拉锯式贸易战，就是明显地表现出美国正利用两国地位的相持阶段，此时就需要蓄势待发。

　　方法四：崛起阶段饥饿——独树一帜。

　　该方法往往是针对饥饿地位处于崛起阶段的国家而言的，这些国家经过对饥饿地位的选择的不断学习，最终实现自身崛起。企业文化独树一帜是崛起阶段的必要条件。历史经验表明，卓越的公司之所以成功，就在于它们大都具有独特的文化个性。在饥饿地位选择的过程中，地位逐渐有一个相对稳定或者向下的阶段到迅速上升的过程。

　　企业要想在竞争激烈的行业中独树一帜，无数成功的企业家们用行动给出了答案：一个企业有别于其他企业最本质的地方就在于它所传达出的使命感。尽管传达方式不同，有些企业是通过产品，有些是通过文化，而有些则是通过管理机制呈现给受众的，但它们都用行动证明了使命感在企业发展中的力量，相信"唯诚可破天下之伪，唯实可破天下之虚"。

　　关于饥饿地位的崛起阶段主要的适用对象是国家在某一领域之前处于落后阶

段，而放眼未来，前途无限。一个国家在某一领域想要实现崛起阶段的赶超，必须在前瞻性领域具有非常强的发展后劲，只有这样独树一帜的能力，才能支撑起该国进行崛起阶段的赶超。

四、心理预估的提高与调整

（一）心理预估的调整类型：主动调整与被动调整

对于鼎盛时期的国家而言，饥饿地位持续向上的调整分为主动和被动。主动调整是指一国通过圈子和标杆策略的调整，对饥饿地位方向变动产生影响。无论在指数板块上涨还是行业板块上涨的过程中，龙头个股上涨作用非同小可，没有龙头个股上涨的强有力带动，人群跟随的板块上涨很难形成，人气关注的股价才有投资价值。

1. 主动调整

主动调整是指一国以头部信任为核心，综合运用后悔龙头分析，通过饥饿、圈子和标杆策略对人口集中的持续专注力产生了影响，适当引导或者集中人口，避免投资人集中错误的饥饿地位选择而造成失败，导致心理预估很难达成，继而产生投资错误或者失败的结果。饥饿地位主动调整有助于更好地防范金融风险。主动调整首先要明确调整时机，一般调整时机有三个，分别是饥饿地位到达顶部或者地位势头向下、关键的心理站位与饥饿势头偏离时，调整也要结合圈子策略和标杆策略，将饥饿策略与其相结合时，才能使得饥饿地位选择最优，最关键的环节就是把控好饥饿地位势头低迷的情况。

每一个鼎盛时期的国家都要在国内、外利用创新价值分工，通过寻找适合的价值分工，进行相应的饥饿地位选择，主动调整饥饿地位的心理预估。主动调整可能成功，也可能失败，具有极大的不确定性，但是都不能发生重大失误。同时，人们应当主动调整使创造价值的高度保持在合适范围，发现"龙头"并且及时集中，但是高度也要把控好，以保证该国能正确利用"龙头"创造价值，人口集中的实现给投资人创造 8 倍绝对价值，其他个股开始上涨的时间和速度不一定比龙头慢，开始上涨得比龙头快和多，但是，很多个股之所以不是龙头，往往就是速度、强度、高度把握不好，或者过高，或者过低，合适的时间、强弱、高低永远是龙头个股投资人应该正确把握的，把握龙头个股的心理站位高低，是饥饿和为龙头个股投资的核心，个股上涨得早且快，不一定是龙头，龙头是实现 8 倍牢度的判断。

每一个国家自身都必须勇敢地预估龙头个股心理站位的牢度，如美国的波音飞机是专业龙头，其他国家想挑战龙头心理站位基本不可能，本国如果形成龙头，投资巨大、时间较长、没有核心技术、应用场景不是最好，得不偿失，因此在其他国家形成新的飞机龙头基本不可能，中国于是利用高铁技术发展形成新的出行龙头，让人们脑海中慢慢淡忘出行的飞机龙头。

2. 被动调整

被动调整指的是顺应国际、国内资产价格的情况，是由国际、国内资产价格的一般规律决定的方向性变动。一国之所以会出现被动调整主要有以下两个原因：第一，为了拓展空间，当该国饥饿地位龙头个股实现空间有限，就会有一些投资人撤离对该国的投资从而造成价值投资的重新调整；第二，投资人为了寻求新的龙头饥饿地位价值分工，投资了其他国家。

被动调整往往出乎投资人的意料，必须谨慎应对。在资本市场的投资银行领域和军备领域，中国能够也必须形成自己的投资银行龙头和航母龙头，否则在全球化的今天没有发言权和相应地位。其次是他国原因。全球范围内的绝对价值出现变化，本国某些领域的人口顶饥饿地位的心理预估无法实现，就会出现有些龙头个股在另一国家比该国具有更大的绝对价值的情况，使得人口被引导集中到另一国家，而本国实现这些个股龙头价值基本不可能，如西方国家的牛奶、手表、啤酒，本国想挑战龙头基本不可能。饥饿地位的被动调整是由于心理预估发生巨大变化，在投资人意料之外，被动调整的国家必须积极应对，变被动为主动，寻求价值分工，对于一个已经进入鼎盛时期的国家而言必须积极应对被动调整，因为被动的调整如果不谨慎应对，很有可能变为长期趋势，使该国远远落后于鼎盛时期的其他国家，很难跟上鼎盛时期的发展大趋势。

（二）提高饥饿地位的心理预估

想要把控好饥饿地位心理站位的预估，提高饥饿地位的心理预估，实现最优饥饿地位的目标选择主要有三个步骤：一是寻找夯实的饥饿地位心理预估的价值分工，其核心就是要充分了解心理预估的各种价值分工，判断其是在价值链的顶端、中端，还是低端。二是在实践中寻找价值分工的爆发力，因为除了重要价值分工以外，不同的价值分工的爆发力有所不同，想方设法夯实重要心理站位，增加夯实心理站位的牢度。三是围绕这些价值分工，选择对应控制手段，对不同分工要选择不同的应对手段，把控好饥饿地位的心理预估。选择对应控制手段，面对不同价值分工要选择不同的把控手段，从而使饥饿地位势头保持不断强劲向上。

人们心理预估的产生，主要取决于国内价值分工和国际价值分工。在专业投资领域，短期流动资金的数额非常巨大，投机性很强。这种短期投机资金对各国的政治、经济、军事形势等都十分敏感，有一点风吹草动，就会改变资金的流向。所以任何专业的投资信息都可能改变投资人的心态和投资人对龙头个股的心理预估，从而影响专业领域个股的价格走势。因为饥饿地位的向上具有不可持续性，对于国际资本而言，心理预估的提高会造成热钱流入的情况，但是由于每个国家经济缺乏持续增长的龙头就会使得投资该国的资本快速流出，从而发生货币严重贬值的情况。所以，不论是国内价值分工还是国际价值分工都会影响人们的心理预估。

影响饥饿地位牢度、心理预估的价值分工体系主要分为国内分工和国际分工各两个方面，具体如图 5-31 所示。

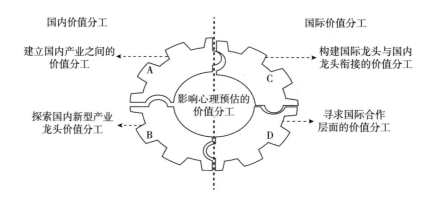

图 5-31　影响心理预估的价值分工

第四节　饥饿地位的龙头价值创造

一、饥饿地位策略的研究对象

本节的研究重点在每个个体策略上。个股地位的抉择以及运用在鼎盛时期中是一个复杂的过程，研究饥饿地位具体表现为专业投资主体对于心理站位的把控，那么选择饥饿地位策略的研究对象就显得尤为重要。饥饿地位适用于任何具有龙头价值的奢侈品，着重选择个股股价进行研究。

在饥饿地位的判断过程中，明确为什么要选择个股股价作为饥饿地位研究的重点，主要原因如下：第一，随着鼎盛时期的演进，专业化的股价是最为重要的投资商品，股价也是人气线关注的商品之一，在人气线关注的房价、物价、股价"三价"的基础上进行研究，既有现实意义，又能帮助人们深入理解股价，特别是个股股价。第二，股价有连续的指数，具有广泛的金融基础，便于形成研究体系，对接和提升金融研究，由于个股的特性将其作为人口营商研究的重点对象。

第三，研究龙头个股是在实现绝对价值的过程中，同时，饥饿地位理论作用在价值分工的龙头个股最为清晰，并且对于房价、物价具有重要的参考意义。房价表现在"楼王"上，物价表现在消费品中的奢侈品上。第四，个股股价研究的成功理论有益于人们对整个股价指数的研究，更加有益于人们研究投资房价和物价。第五，人气营商学研究以倍增为主的房价、物价、股价"三价"；人群营商学研究以蓝海价值为主的股价指数和行业板块；人口营商学研究以"龙头"价值为主的个股，当投资者的第一重地位对象即"三价"选择正确之后，就需要对具体的专业化商品进行选择，最后地位的研究应该置于龙头个股上。

人口策略的研究从人气对策的商业社会转换到虚拟时代，再转换到鼎盛时期，营商的研究越来越深刻，这是以人气关注的"三价"奠定基础所确定的，饥饿地位策略的研究对象与信任头部的研究对象一致，如图2-36所示。从图的纵向来看，饥饿地位的研究首先要基于人气关注的角度去研究一个国家的"三价"，在"三价"中选择人群跟随的股价作为研究对象。人群跟随的研究重点在金融衍生品的股价蓝海指数板块上，人群跟随与人气关注的研究相结合，将研究对象落实在推动股票指数上涨契合的成长行业中。而人口集中的研究重点就进一步发展到主要研究奢侈品龙头个股，并且是蓝海成长板块中的专业化奢侈品龙头个股。将人群跟随的"蓝海"作为研究人口集中龙头的支撑，可以使问题简化、方便、易量化、更确切。从图的横向来看，在人口营商学中，是从鼎盛时期奢侈品的角度进行分析的。进入鼎盛时期，奢侈品——龙头个股是投资实现8倍的最佳对象，是饥饿地位的代表，是产业链的顶端，营商带动产业，可以为投资人带来更大、更快实现个股增值的心理预估，坚定投资人培养龙头个股的信心。

二、饥饿地位龙头价值实现的类型

鼎盛时期饥饿地位龙头价值的选择对象很关键，判断饥饿地位价值实现类型首先要判断人气的四个对策，对策不同，股价上涨的逻辑是不同的，对应形成股价指数人群环是不同的。人是最为智慧的，鼎盛时期饥饿地位是以商业社会人气关注的对象——"三价"以及虚拟时期人群跟随契合成长板块为基础进行聚焦的。人口集中主要有三种典型的先、中、后心理站位，这三种心理站位均能够对应到人群跟随的人群环中，分别是：8倍快、不足人群环形成的龙头个股三种价值内涵百倍心理站位；8倍中、正好人群环形成的龙头个股三种价值内涵百倍人口顶；8倍慢、超过人群环形成的龙头个股三种价值内涵百倍心理站位。每个成长行业板块都有龙头，也都有8倍的投资空间，由于不同人群环下契合成长行业板块的龙头8倍增值的时间点存在差异，因此在现实投资类型选择上一定要先判断三种人群环类型，再去判断契合的成长板块人口顶先后顺序情况，也就是说不同类型的人群环由于投资对策的不同，人群环的时间长短、速度快慢、2倍、4倍形成的空间、时间快慢也不同，形成的三种价值代表行业板块不一样，轮动的时间顺序也不一样。

个股饥饿地位的实现需要投资人对人气的对策、指数人群环契合成长行业板块轮动的时间顺序进行准确把握，从而判断龙头个股人口顶形成的投资策略，在头部信任理论的基础上，从抽象思维与具象推理的龙头个股高度来把握奢侈品龙头个股投资买进和卖出价位。如图5-32所示，比如说，在8倍中（2快超过×4快超过）人群环中，是金钱杠杆对策推动股票上涨，股票指数板块容易2倍超过，大盘上涨快、空间大，首先是社会价值证券板块龙头4倍先形成，其次是经济价值高铁板块龙头4倍中形成，最后是文化价值航母板块龙头4倍后形成；杠杆推动股票，上涨快，一旦去杠杆，由于参与人数较少，容易形成指数大幅下跌，指数板块形成第二次杠杆推动上涨也是4倍快超过，首先是社会价值证券板块龙头8倍先，其次是经济价值高铁板块龙头8倍中，最后是文化价值航母板块龙头8倍后，是最大的几何级数绝对价值（8×8×8=512倍）。

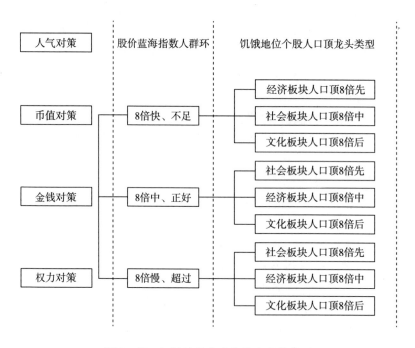

图5-32 饥饿地位龙头价值实现的类型

从饥饿地位蓝海价值实现的类型分析中来看，人口矩阵中九种类型中只有实现最上方的3个8倍，才可以称之为龙头个股，2倍、4倍是为了帮助实现8倍，而它们所代表的板块（社会、经济、文化）奢侈品龙头个股的识别和把握是实现"8倍先""8倍中"或"8倍后"的三种人口顶关键。在不同对策作用下形成人群环是不同的，不同价值内涵的龙头个股实现顺序非常明确，错误地判断顺序，饥饿地位个股投资就会失误，所以就需要人类运用自己的智慧进行相应策略调整。但是，很多情况下饥饿策略只具有参考性与从众性，当绝大多数投资人看清楚股票行情走势的时候，此时龙头基本上8倍已经完成了，或者投资人根本等不及，早早卖出。因此专业投资人必须具有前瞻性和极好的耐心。由本书前文章节理论得出，龙头个股实现绝对价值需要投资人对头部保持坚定的信任，只有在涨跌的过程中，把握时机，才能在恰当的点位卖出。人口营商学选择龙头个股进行研究的道理，就会非常明确了。

三、绝对价值龙头的饥饿策略

（一）饥饿投资策略选择步骤

从饥饿地位的内容来说，本章分别从饥饿在鼎盛时期中的含义、表现、作用，说明了饥饿在鼎盛时期中的运作原理，在鼎盛时期饥饿地位的变化主要是由专业化投资人共同决定的，具有巨大的不确定性。引起全球投资人对奢侈品龙头个股集中投资，营商带动产业快速发展，也使更多专业投资人集中在龙头个股上，站在产业链价值分工的顶端。

对于投资人来说，饥饿地位投资策略选择步骤一共分为5步，如图5-33所示。只有根据这些步骤，鼎盛时期奢侈品投资人才能更好地在鼎盛时期投资奢侈品从而创造更多价值，占得时期演进的先机。

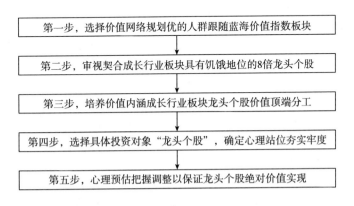

图5-33 饥饿地位投资策略的步骤

第一步，选择价值网络规划优的人群跟随蓝海价值指数板块。在《人群营商学》中已经阐明人群是以跟随为主要标准进行投资的，因此进入股价投资第一步就是选择人气关注国家的股价，以及价值网络范围下的股价指数板块。人口集中龙头个股后，形成绝对价值，只有拥有绝对价值的个股，才能够进行投资，而需要注意的是，个股有很多个，如何能寻找到最为恰当的个股进行投资才是关键。对投资人而言，选择规划优的价值网络的股价指数板块是绝对价值创造的首要前提，若投资的第一步就会出现错误，那么选择具有饥饿地位的龙头个股就无从谈起，投资人需要寻找价值网络规划较优的全球投资人价值网络指数板块进行投资，在鼎盛时期，一个国家证券投资市场存在多种指数板块，选择规划优的价值网络的指数板块是投资者的首选。只要该板块在人群环研究范围内，价值空间和发展速度清晰，投资人就可以投资。

第二步，审视契合成长行业板块具有饥饿地位的8倍龙头个股。选择最合适的指数板块进行具有价值内涵的成长行业龙头饥饿地位，就是选择具有8倍价值增值的龙头个股的饥饿地位。契合指数的成长行业板块，是人群营商学研究的核心内容，是人气对策作用下产生8倍不足（快）、8倍正好（中）、8倍超过（慢）形象思维指数人群环，成长板块内个股数量众多，多达几十只股票，而板块龙头个股只有一只，只有龙头能够在一定时间内（可能慢、中、快，可能不足、正好、超过）实现8倍增值，其他个股是不可能实现的，最后由它带动整个板块上涨，直至大盘指数上涨。在前文的研究基础上可以得知，只有龙头才能集中人口，一旦确认了龙头股，就应该确认介入，而且龙头个股往往抗跌性较强。在龙头的选择过程中，投资者需要注意在上涨过程中会有不同阶段的调整，需要耐心等待，直至8倍价值的实现。

第三步，培养价值内涵成长行业板块龙头个股价值顶端分工。了解价值内涵成长行业板块的每只股票，在前三甲中寻求人口集中的个股，着重培养具备8倍增值空间的龙头个股，这是由龙头个股的价值分工决定的。与指数板块协调一致，引领行业板块上涨和下跌，保持与信任的顶格思维一致的势头，都是投资龙头个股、寻找饥饿地位的必需步骤，没有站在价值分工顶端，龙头个股8倍增值不可能实现。由前文的研究可以得知，投资人进行龙头个股投资，必须清楚地知道顶格的位置以及人口集中龙头的先后顺序。在价值分工顶端投资龙头个股的过程中，形成三种价值分工类型——顶端分工、中端分工以及低端分工，投资人才会进行投资。心理站位夯实的牢度影响着饥饿地位的实现，人口信任是人口营商学研究的核心，而站位牢度是结合人口信任的龙头个股顶格以及4个策略分析得出的，是人们投资理论和实践经验的总结。龙头个股的股价是由价值分工决定的，这便是运用饥饿地位理论进行投资价值分工龙头个股的选择逻辑。心理站位夯实的牢度如图5-34所示。

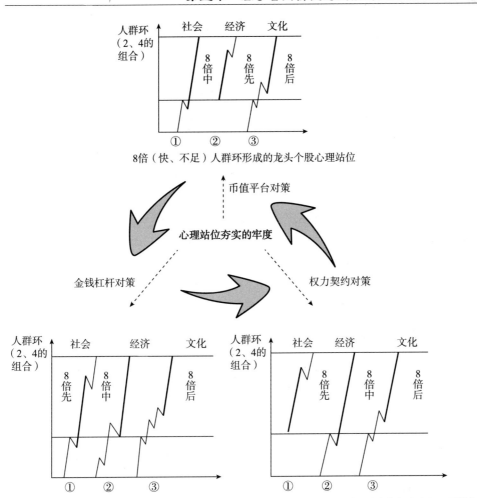

8倍（快、不足）人群环形成的龙头个股心理站位

8倍（中、正好）人群环形成的龙头个股心理站位　　8倍（慢、超过）人群环形成的龙头个股心理站位

图 5－34　心理站位夯实的牢度

　　第四步，选择具体投资对象"龙头个股"，确定心理站位夯实牢度。在营商学的研究中，确定具体的投资对象是关键。对于投资龙头个股的价值分工的具体应用，主要是依据顶格思维进行的。同样地，人口顶高度不确定，投资人也就很难踩准投资节奏，买进和卖出个股的价位也会犯错误，导致损失时间和金钱，使投资人感到错失良机，个股没有到顶就将股票卖出，股票没有进入8倍上涨，买进股票，占用大量资金，浪费时间。心理站位正确与否是饥饿地位夯实牢固的重要基础，也是建立好价值分工的关键保证，根据时间和空间的变化以及上涨顺序的判断，不断进行调整。需要注意的是，龙头个股8倍的上涨顺序要尤其注意判

断，因为 8 倍上涨可能会有重叠。在本章研究中，只有判断心理站位是否夯实得牢固，才能保证龙头个股为投资人带来最大的价值增值。币值平台对策作用下，出现 4 倍快人群环，8 倍个股上涨就会重叠，能够实现 4×4×4＝64 倍，在龙头个股的 4 倍价位顺利卖出和买进，时间节奏把握好，几何倍数实现最大。在金钱杠杆对策作用下，出现 4 倍快、超过人群环，8 倍先×8 倍中×8 倍后＝512 倍，即使是这样清晰的 8 倍，也会有扰乱投资人的情况发生，无法准确把握，因为在 8 倍先上涨时，8 倍中的个股也在波动，8 倍后的个股也在上涨，如何放弃小幅波动，把握 8 倍增值，就需要投资人的定力和丰富的投资经验，实现绝对价值创造。

第五步，心理预估把握调整以保证龙头个股绝对价值实现。龙头个股 8 倍增值是投资人的心理预估，奢侈品龙头个股的心理预估的把握能力是实现龙头价值创造的重要因素。首先就是要将心理预估的能力把控好，龙头个股人口顶的实现是人口信任以及策略共同创造的结果，因此能够把控的龙头个股人口顶是投资的首选。龙头个股的心理预估必须不断进行调整，只要与指数板块上涨协调一致，行业板块契合，龙头个股的顶格极度没有出现错误即可，但是龙头个股的实现不是一帆风顺的，相信龙头个股的绝对价值一定实现，是把握心理预估的关键。同时运用人口信任理论、人口集中理论、大盘指数的波动幅度，进行龙头个股心理预估，这就是最优的饥饿地位策略。

（二）饥饿地位龙头个股的投资策略

鼎盛时期饥饿地位所投资个股的策略受心理站位的影响。心理站位夯实的牢度，直接影响投资人对于鼎盛时期奢侈品个股的绝对价值判断。在本书中，饥饿地位的投资对象不再是房价、物价和股价"三价"之间比较价值的投资品种的人气关注转移，也不是股价中相对价值的人群跟随，而是在股价基础上将个股股价作为本书的研究重点。饥饿地位策略共有三个要点，如图 5－35 所示。

具体要点分析如下：

（1）要点 1：紧随大盘指数的行业龙头，契合指数 2 倍、4 倍成长行业板块龙头分别到 4 倍、8 倍心理站位，并且势头向上。

投资人必须要注意的是，要明确投资选择的个股是否是契合指数 2 倍、4 倍成长行业板块的龙头个股，没有清晰的行业，也就没有确定的龙头。只有契合指数 2 倍、4 倍的成长行业板块龙头是在 4 倍、8 倍心理站位之上并且势头向上，低于心理站位须反弹至心理站位的个股，投资人才能够进行投资选择，从而实现 4 倍、8 倍价值增值。如中信证券站在 9 元多是 36～38 元的 4 倍心理站位，14.7 元就是历史高位 117 元的 8 倍心理站位，站住这个价位和向上突破，是龙头个股增值开始形成的价位，没有站住这个价位，8 倍增值无法实现。因此，任意选取一只个股投资肯定会出错，造成不可挽回的局面，投资人要利用专业领域的知识以及智慧，实现4倍和8倍增值。

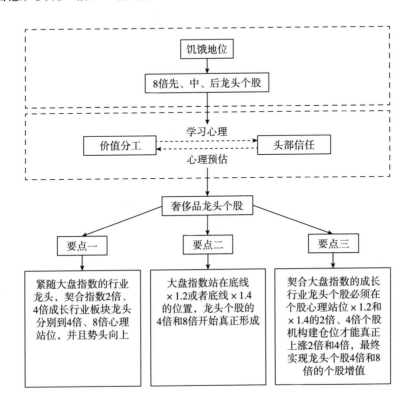

图 5－35 饥饿地位绝对价值龙头个股投资策略的选择逻辑

心理站位的个股上涨有先后之分、速度有快慢之分、强度有强弱之分，投资人必须明确时机和空间的把握，没有站在4倍、8倍心理站位的个股不可轻易投资。否则，该价位没有站稳固，就说明此时不是启动的最佳时机，必须再次将心理站位夯实牢固，配合整个大盘指数走势进行分析。

（2）要点2：大盘指数站在底线×1.2或者底线×1.4的位置，龙头个股的4倍和8倍开始真正形成。

只有清晰分析出大盘指数的人群环界限，才能进行下一步研究，确认其个股是否启动4倍或者8倍上涨，龙头个股的心理站位不能准确把握个股的上涨，只有结合大盘指数，才能判断龙头的先、中、后开始形成，若不能分析出指数人群环界限，投资龙头个股启动先、中、后是危险的，并且是不准确的，也就是龙头个股的站位就不会准确。龙头个股上涨会不断反复，很难出现8倍上涨空间。心理站位动态变化的特性，并不是固定的某一价位，因此对于心理站位的把控一般都很难准确掌握，这就需要投资人运用证券化的大盘衍生品指数把控好心理预判，运用心理预估的调整来判断心理站位的龙头势头是否真正向上，最终投资真正的龙头个股，实现个股的 8 倍增值。

在大盘指数没有站在底线 ×1.2 或者底线 ×1.4 的机构建仓位时，契合指数的成长行业板块龙头上涨基本无法实现，可能只有倍增，没有 4 倍和 8 倍，但是其他分类的板块，如大消费、大健康板块龙头可以配合大盘形成 8 倍上涨，不会受到大盘指数的影响。

（3）要点 3：契合大盘指数的成长行业龙头个股必须在个股心理站位 ×1.2 和 ×1.4 的 2 倍、4 倍个股机构建仓位才能真正上涨 2 倍和 4 倍，最终实现龙头个股 4 倍和 8 倍的个股增值。

大盘指数站在底线 ×1.2 或者底线 ×1.4 的位置，龙头个股的 4 倍和 8 倍开始真正形成。但是龙头个股还有可能不上涨，没有机构建仓，龙头个股启动很难完成，必须在龙头个股心理站位 ×1.2 和 ×1.4 的 2 倍、4 倍个股机构建仓位才能真正上涨 2 倍和 4 倍，最终实现龙头个股 4 倍、8 倍增值。

参考文献

[1] Gong W. Chinese Consumer Behavior; A Cultural Framework and Implications [J]. Journal of Academy of Business, 2003, 9 (3): 373 – 380.

[2] Morgan R. M., Hunt S. D. The Commitment – Trust Theory of Relationship Marketing [J]. Journal of Marketing, 1994, 58 (3): 20 – 38.

[3] Schneider B. The People Make the Place [J]. Personnel Psychology, 1987, 40 (3): 437 – 453.

[4] Schneider B., Goldstiein H. W., Smith D. B. The ASA Framework: An Update [J]. Personnel Psychology, 1995, 48 (4): 747 – 773.

[5] Schutte H., Ciarlante D. Consumer Behaviour in Asi [M]. London: MacMillan Business. 1998.

[6] Sproles G. B., Kendall E. L. A Methodology for Profiling Consumers' Decision – Making Styles [J]. The Journal of Consumer Affairs, 1986, (20): 267 – 279.

[7] Sproles G. B., Kendall E. L. From Perfectionism to Fadism: Measuring Consumers' Decision – Making Styles [J]. The Proceedings of the American Council on Consumer Interests. Columbia, 1985 (31): 79 – 85.

[8] Sterman J. D. A Behavioral Model of the Economic Long Wave [J]. Journal of Economic Behavior and Organization, 1985, 6 (1): 17 – 53.

[9] Thaler R. H. Toward a Positive Theory of Consumer Choice [J]. Journal of Economic Behavior and Organization, 1980 (1): 39 – 60.

[10] Thaler R. H. Mental Accounting Matters [J]. Journal of Behavior Decision Making, 1999 (12): 183 – 206.

[11] Triffin R., Kenen P. B. Gold and the Dollas Crisis [J]. Journal of Political Economy, 1961, 69 (3): 308 – 309.

[12] Wong H. P. C. Ethnic Assortative Matching in Marriage and Family Out-

comes: Evidence from the Mass Migration to the US During 1900 – 1930 [J]. Journal of Population Economics, 2016, 29 (3): 817 – 848.

[13] Yuyan Shen, Shen Yuyan, Qian Yan, Zheng Xiutian. Study on Promotion of the Professional Market Mode and Service Mode in New Economic Times: Take Zhejiang Hai – Gang Intelligent Home City as Example [J]. Journal of Physics: Conference Series, 2020, 1622 (1): 5.

[14] 陈敬东. 基于关系价值的顾客关系层次理论与实证研究 [D]. 西安: 西安理工大学, 2010.

[15] 陈柳之芝. 地方特产品牌形象设计探索 [D]. 杭州: 杭州中国美术学院, 2018.

[16] 陈伟, 陈银忠, 杨柏. 制造业服务化、知识资本与技术创新 [J/OL]. 科研管理: 1 – 17 [2021 – 06 – 08]. http: //kns. cnki. net/kcms/detail/11. 1567. G3. 20210603. 1711. 002. html.

[17] 陈文涛, 罗震东. 互联网时代的产业分工与集聚——基于淘宝村与专业市场互动机制的空间经济学分析 [J]. 南京大学学报 (哲学·人文科学·社会科学), 2020, 57 (2): 65 – 78 + 158 – 159.

[18] 陈文旭, 易佳乐. 习近平"共同价值"思想的哲学解读与现实路径 [J]. 湖南大学学报 (社会科学版), 2018, 32 (5): 7 – 13.

[19] 陈叶烽, 林晏清, 丁预立, 郑浩宇, 郑昊力. 禀赋不均、信任水平与财富增长——来自实验经济学的证据 [J]. 经济理论与经济管理, 2021, 41 (4): 27 – 38.

[20] 崔兆玉, 张晓忠. 学术界关于"全球化"阶段划分的若干观点 [J]. 当代世界与社会主义, 2002 (3): 68 – 72.

[21] 歹国杰. 中国伦理思想史 [M]. 北京: 中国人民出版社, 2008.

[22] 戴维·赫尔德. 全球大变革——全球化时代的政治、经济与文化 [M]. 北京: 社会科学文献出版社, 2001.

[23] 邓传军, 刘智强. 非正式地位对员工主动变革行为的影响机制研究 [J]. 管理评论, 2021, 33 (4): 215 – 224.

[24] 狄特玛尔·布洛克. 全球化时代的经济与国家 [A] //全球化时代的资本主义 [M]. 北京: 中央编译出版社, 1998.

[25] 丁浩, 王炳成, 苑柳. 国外商业模式创新途径研究述评 [J]. 经济问题探索, 2013 (9): 163 – 169.

[26] 高曼, 池勇志, 赵建海, 姜远光, 付翠莲. 基于边际效益分析的 LID 设施组合比例研究 [J]. 中国给水排水, 2019, 35 (9): 127 – 132 + 138.

［27］高萍．论析企业集团财务政策中的影响因素与应对策略［J］．商场现代化，2018（9）：135－136.

［28］高爽．民国时期高中历史会考研究［D］．长沙：湖南师范大学，2019.

［29］高义夫．北方唐墓出土瓷器的考古学研究［D］．长春：吉林大学，2019.

［30］高园园．论贾平凹《高兴》中的饥饿文化图式［J］．青年文学家，2020（27）：31－32.

［31］韩德强．碰撞——全球化陷阱与中国现实选择［M］．北京：经济管理出版社，2000.

［32］郝晓，王林彬，孙慧，赵景瑞．基础设施如何影响全球价值链分工地位——以"一带一路"沿线国家为例［J］．国际经贸探索，2021，37（4）：19－33.

［33］何萍．全球化与中国改革开放［A］//全球化的悖论［C］．北京：中央编译出版社，1998.

［34］何燕华．兄弟姐妹性别构成、婚姻策略与生育行为［D］．杭州：浙江大学，2020.

［35］胡兵．移动互联时代新型消费模式的变革：价值提供、价值共享与价值共创［J］．商业经济研究，2020，796（9）：50－52.

［36］胡税根．中国名牌发展的政府政策问题研究［J］．政治学研究，2003（4）：95－103.

［37］黄静，王志生．满意情景下的消费者后悔对口传的影响研究［J］．商业经济与管理，2007（2）：63－68.

［38］蒋春燕，金丽．百舸争流独树一帜——记内蒙古新世纪商场在商业零售企业中崛起［J］．草原税务，2001（1）：21－22.

［39］金玉芳，董大海．消费者信任影响因素实证研究——基于过程的观点［J］．管理世界，2004（7）：93－99＋156.

［40］巨水明．全球化：资本的历史使命［J］．探索与争鸣，1999（12）：31－33.

［41］康渝生，胡寅寅．人的本质是人的真正的共同体——马克思的共同体思想及其实践旨归［J］．理论探讨，2012（5）：44－47.

［42］科克．帕累托80/20效率法则［M］．北京：海潮出版社，2001.

［43］赖庆晟．增强国有企业市场主体地位的理论基础与实现路径［J］．商业经济，2021（5）：99－102.

［44］蓝利萍．生态美学视域下河池传统长寿文化研究［J］．河池学院学报，2019，39（6）：41－46．

［45］雷贵帅，时芳芳．工艺美术品的文化价值传承——以陶瓷、丝绸、漆器为例［J］．江苏陶瓷，2020，53（1）：3－5．

［46］李海凤．关系营销——双赢渠道模式管理的重中之重［J］．北方经济，2009（4）：91－92．

［47］李萌．基于价值模式演进的我国旅游企业商业模式发展路径研究［D］．北京：北京交通大学，2016．

［48］李强，徐康宁．资源禀赋、资源消费与经济增长［J］．产业经济研究，2013（4）：81－90．

［49］李雅雯，冯琳，朱芸菲．技术创新、金融风险防范与经济高质量增长的耦合效应研究——来自中国的经验证据［J］．经营与管理，2021（6）：147－152．

［50］刘定平，申覃．论社会管理创新中统一战线作用的发挥［J］．湖南商学院学报，2012，19（6）：54－58．

［51］刘金花，刘洁，吉晓光．基于原产地效应的地理标志农产品品牌建设研究［J］．农业经济与管理，2016（2）：74－79．

［52］刘丽华，李哲，周君明．湖北岑河婴童服饰电商企业供应链研究［J］．经营与管理，2021（6）：47－52．

［53］刘宁，张爽．团队效能经典模型评述［J］．南京邮电大学学报（社会科学版），2010，12（4）：1－6．

［54］刘尚明，李玲．论确立绝对价值观念——兼论对价值相对主义与价值虚无主义的批判［J］．探索，2011（3）：161－165．

［55］刘玉来．特产更需特营销［J］．江苏商论，2008（10）：52－53．

［56］鲁品越，王永章．从"普世价值"到"共同价值"：国际话语权的历史转换——兼论两种经济全球化［J］．马克思主义研究，2017（10）：86－94＋160．

［57］吕国忱．从价值冲突到价值共享［J］．深圳大学学报（人文社会科学版），2008（3）：28－32．

［58］马克思恩格斯选集：第1卷［M］．北京：人民出版社，1995．

［59］聂承静，程梦林．基于边际效应理论的地区横向森林生态补偿研究——以北京和河北张承地区为例［J］．林业经济，2019，41（1）：24－31＋40．

［60］齐世荣．世界史和世界现代史——古老的历史学中两个年轻的分支学

科［J］．社会科学战线，2008（11）：219 - 228.

［61］邱涛．金砖国家制造业产业在全球价值链分工地位研究［J］．现代经济探讨，2021（4）：89 - 96.

［62］任卫东．全球化时期划分的主要观点及其评析［J］．国际关系学院学报，2004（6）：1 - 7.

［63］施良方．学习论：学习心理学的理论与原理［M］．北京：人民教育出版社，1994.

［64］孙维峰，温佳璐．价值链分工背景下山西省产业结构变迁研究［J］．江苏商论，2021（6）：93 - 98.

［65］孙学敏，刘瑞红．城镇居民消费规模对经济发展的影响分析：基于技术创新和产业结构升级的中介作用［J］．商业经济研究，2021（11）：45 - 48.

［66］滕燕美．恩格斯婚姻观视角下中国"80后"婚姻状况研究［D］．福州：福建师范大学，2012.

［67］田志龙，盘远华，高海涛．商业模式创新途径探讨［J］．经济与管理，2006（1）：43 - 45.

［68］王国富，王双双．马克思历史确定性理论及其辩证维度［J］．辽宁大学学报（哲学社会科学版），2014（42）：42 - 47.

［69］王萍霞．马克思发展共同体思想研究［D］．苏州：苏州大学，2013.

［70］王晓燕，宋璐．经济政策不确定性抑制企业投资行为吗？——基于行业竞争程度和企业市场地位的视角［J］．江汉论坛，2021（6）：30 - 40.

［71］王逸舟．全球化时代的国际安全［M］．上海：上海人民出版社，1999.

［72］王政，陈雁．百年中国女权思潮研究［M］．上海：复旦大学出版社，2005.

［73］韦洪涛．学习心理学［M］．北京：化学工业出版社，2011.

［74］吴淼．关系营销和交易营销的演化与兼容［J］．经济管理，2002（10）：41 - 45.

［75］吴晓梅．论后殖民时期的文化身份认同——以本·奥克瑞的小说《饥饿的路》为例［J］．长江大学学报（社会科学版），2015，38（8）：32 - 35.

［76］肖亚超．创新思维："海阔天空"与"九九归一"［J］．销售与市场（管理版），2020（4）：98 - 99.

［77］肖亚超．学营销，从掌握关键点开始［J］．销售与市场（管理版），2019（11）：98 - 99.

［78］徐国庆，黄繁华，郑鹏．价值链分工、技术进步与跨国行业工资差距

［J］．国际商务（对外经济贸易大学学报），2021（3）：33－47.

［79］许淑君，马士华．供应链企业间的信任机制研究［J］．工业工程与管理，2000（6）：5－8.

［80］杨栋旭，于津平．"一带一路"沿线国家投资便利化对中国对外直接投资的影响：理论与经验证据［J］．国际经贸探索，2021，37（3）：65－80.

［81］杨世新，李永峰．独树一帜的企业文化是成长之魂［N］．现代物流报，2014－12－07（A05）．

［82］杨雪，郑磊，胡小玄，王益文．承诺水平对信任与否的影响——被骗预期的中介作用［J］．心理科学，2021，44（2）：355－361.

［83］于雁翎．企业实施名牌战略之思考［J］．哈尔滨商业大学学报（社会科学版），2012（4）：70－73.

［84］余金成．论社会规律形态［J］．天津师范大学学报（社会科学版），2012（3）：1－9.

［85］喻国明，王斌，李彪等．传播学研究：大数据时代的新范式［J］．新闻记者，2013（6）：22－27.

［86］袁祖社．"多元共生"理念统合下的"互利共赢"与"价值共享"——现代"公共哲学"的基本人文理念与实践目标诉求［J］．天津社会科学，2004（5）：28－32.

［87］詹武．用造福全人类的经济全球化替代美国化的经济全球化［J］．当代思潮，2000（2）：8－32.

［88］张卉．中国古代陶器设计艺术发展源流［D］．南京：南京艺术学院，2017.

［89］张磊．基于Logistic函数的我国城镇居民耐用消费品生命周期研究［D］．马鞍山：安徽工业大学，2012.

［90］张文天，杨瑞明．名牌商标：名牌企业的丰碑［M］．北京：中国水利水电出版社，1995.

［91］赵合俊．落后农村的包办婚姻析［J］．社会，1985（4）：60－61.

［92］赵惠霞．中国传统文化中的现实思维方法［J］．徐州师范大学学报（哲学社会科学版），2007（6）：93－97.

［93］赵可金．公共外交理论与实践［M］．上海：上海辞书出版社，2007.

［94］赵可金，倪世雄．中国国际关系理论研究［M］．上海：复旦大学出版社，2007.

［95］赵璐．虚拟产业集群：数字经济时代下产业组织新趋势［N］．科技日报，2021－06－07（006）．

［96］郑必坚. 经济全球化的历史进程与马克思主义的历史发展［J］. 理论前沿, 2000（20）: 3 – 6.

［97］郑倩. 舟山市产业经济核算研究［J］. 统计科学与实践, 2016（10）: 12 – 15.

［98］中国军事百科全书编审室. 中国大百科全书［M］. 北京: 中国大百科出版社, 2007.

［99］中国现代国际关系研究所. 全球化: 时代的标识［M］. 北京: 时事出版社, 2003.

［100］中国心理卫生协会, 中国就业培训技术指导中心. 心理咨询师（基础知识）［M］. 北京: 民族出版社, 2015.

［101］周家珍. 基于物联网技术的供应链金融业务创新探索［J/OL］. 西南金融: 1 – 11［2021 – 06 – 08］. http: //kns. cnki. net/kcms/detail/51. 1587. F. 20210531. 1711. 002. html.